区域经济重点学科系列丛书

教育部人文社会科学研究规划基金项目（12YJA790010）
云南省社会科学规划项目（QN201207）
东北大学秦皇岛分校人文社科重点项目（编号：XNR201307）
云南大学发展研究院理论经济学博士后流动站资助项目
东北大学秦皇岛分校教材专著出版基金资助

区域文化经济论

陈　凯　史红亮　编著

经济科学出版社

图书在版编目（CIP）数据

区域文化经济论／陈凯，史红亮编著．—北京：经济科学出版社，2014.4

（区域经济重点学科系列丛书）

ISBN 978-7-5141-4283-9

Ⅰ.①区⋯ Ⅱ.①陈⋯ ②史⋯ Ⅲ.①区域文化-建设-研究-中国 ②区域经济发展-研究-中国 Ⅳ.①G127 ②F127

中国版本图书馆 CIP 数据核字（2014）第 021603 号

责任编辑：段　钢
责任校对：隗立娜
责任印制：邱　天

区域文化经济论

陈　凯　史红亮　编著

经济科学出版社出版、发行　新华书店经销
社址：北京市海淀区阜成路甲 28 号　邮编：100142
总编部电话：010-88191217　发行部电话：010-88191522
网址：www.esp.com.cn
电子邮件：esp@esp.com.cn
天猫网店：经济科学出版社旗舰店
网址：http://jjkxchs.tmall.com
北京万友印刷有限公司印装
710×1000　16 开　14.5 印张　290000 字
2014 年 4 月第 1 版　2014 年 4 月第 1 次印刷
ISBN 978-7-5141-4283-9　定价：48.00 元
（图书出现印装问题，本社负责调换。电话：010-88191502）
（版权所有　翻印必究）

区域经济重点学科系列丛书
QuYu JingJi ZhongDian XueKe XiLie CongShu

主编：陈 凯

编委：（以姓氏笔画为序）

王艳霞	史红亮	田静毅	刘玉川	初钊鹏
张 伟	张丽峰	张志宇	张晓飞	李 刚
周立斌	庞卫宏	郑 畅	贾卫萍	曹 勇

区域经济重点学科系列丛书简介

改革开放以来，我国打开了对外封闭的大门，大踏步地走向与世界经济、社会、文化融合之路，逐步树立了文明大国的良好形象。随着经济快速发展及对外贸易、文化交往和学术交流的不断深入，我国城乡、各区域，以及国际一体化逐步提高。同时，城乡和各区域间差异也在逐渐增加，各种国际贸易摩擦、异域文化思想冲突和不同学术观点争辩的现象日益增多。如何正确把握当今世界各种成分、多元文化和不同学术流派相互竞争、互相汲取融合的境遇，缩小城乡和区域间差异，促进其一体化进程，成为我们亟待解决的问题。为此区域经济系列丛书精心设计，从三个方面努力完成这一重大课题。

一、区域经济理论融合创新

区域经济理论创新不是寻找一种新理论取代旧理论，而是以一种包容性更大的理论方法体系将旧理论方法兼容升级。陈凯撰写的《中国区域经济理论》和《城乡资源整合论》将现有区域经济管理科学放在包容性更大的新理论体系中，该理论体系将中国传统经济管理理论、马克思主义管理理论和现代西方经济管理理论融会贯通。在新创立的区域经济管理科学原理中，正确地显示经济社会协调发展规律，准确地衡量所有的要素、结构和发展模式的性质与数量差异及其变动原因，适时地将原理体现在实际操作方式上。采取旧理论系统梳理——新理论体系创立——原理实证条理化的研究方案。以《易传》的理论方法为框架，融合各种原理和方法。宏观经济分析从模式到结构再到要素，微观经济分析从要素到结构再到模式。研究定位以道统阴阳平衡机制为主线，演绎和实证相结合，在现代经济学基础上，推导演化区域生产、消费、贸易、分配、货币、财政、金融、投资、股票、证券、期货、保险、价格、利率、汇率、税率、企业治理、制度与政策等均衡法则。

二、区域经济实证研究

任何理论都是在人类经济社会发展推动下自身矛盾思变创新中产生和形成的。区域经济理论发展的前提是区域经济实践。区域经济实证分析既是区域经济理论发展的基础,也是区域经济实践的指导。

"珠三角"、"长三角"和"京津冀"区域是中国最具发展潜力的都市圈,但"京津冀"区域经济发展绩效和理论研究明显落后,而且京津两大核心城市与周边地区在发展上相互脱节,彼此间的空间联系松散,一体化更显不足。刘玉川的《京津冀区域经济一体化研究》填补了"京津冀"区域经济一体化研究的某些缺憾。

我国是钢铁生产和消费大国,1978～2008年我国粗钢产量年均增长率为9.7%。中国钢铁产量的迅速增长伴随着极高的能源消耗。2005～2008年,钢铁业能源消费量分别为3.69亿、4.24亿、4.78亿、5.15亿吨标煤,分别占据当年工业能源消费量的24.6%、25.8%、25.1%、26.1%。研究钢铁行业能源效率问题对我国整体能源效率的提高具有现实意义。史红亮和陈凯的《中国钢铁业能源效率研究》是对能效研究领域的深化和补充。通过各种软件包(如Eviews、Deap和Frontier等)的使用,各种具体分解模型、超越对数生产函数模型和向量误差修正模型的应用及检验,得出了一些有意义的结论。

区域品牌的深入研究对我国地区老字号品牌的复兴和地区经济产业集群化发展有重要的现实意义。现有的国内外区域品牌研究主要从国家、城市、区域和产业集群四个层次展开。研究的内容主要集中于区域品牌结构、区域品牌模型、区域品牌管理战略和沟通策略。张晓飞的《区域品牌营销管理——基于中华老字号品牌的研究》将区域品牌的研究角度转向目标市场和消费者,结合中国现状,重点关注中华老字号品牌的产业化复兴和老字号品牌的网络传播机制,特别聚焦于老字号区域品牌的网络传播以及老字号品牌的保护与开发。把中华老字号品牌面临的现实问题与网络传播理论密切结合,在研究中综合利用数据挖掘、网络实验和问卷调查等方法,得出能解决"老"问题的"新"理论。

在此丛书系列中,每本书都进行了不同程度的实证分析,可圈可点,相信读者看后会有耳目一新之感。

三、区域经济发展新动向

低碳经济是区域经济发展的新方向。区域低碳经济研究是系列丛书的重点内容。

2009年我国政府承诺减少碳排放目标,到2020年单位GDP二氧化碳排放量比2005年减少40%～45%,考虑到我国目前的经济发展水平,减排应是在保证经济增长前提下的减排,而不是绝对量的减少,因此,这个目标的实现依赖于经济增长和碳排放两个方面,而在具体执行过程中,各个地区、各个产业是具体的载体,碳生产率把经济增长和碳排放很好地结合在一起,加强对碳生产率的研

区域经济重点学科系列丛书简介

究,对于我国 2020 年碳排放目标的实现与分解,对于各地区经济增长方式的根本转变、产业结构的优化升级以及"两型"社会的构建具有重要的现实意义。张丽峰的《气候变化背景下碳生产率研究》以经济增长理论、资源与环境经济学、能源经济学、计量经济学和区域经济学的学科理论为基础,从单要素和全要素两个方面,从理论上运用统计指标方法、参数和非参数方法对碳生产率进行了测度,从区域和产业方面进行了实证分析和比较,最后提出了减排对策。该书的研究思路、方法和结论不仅为具体的决策部门(国家发改委等)提供了决策的思路、方法和依据,同时也为其他类似问题的研究提供了借鉴和参考。

李刚的《区域低碳经济评价理论、方法及应用》,一是对区域低碳经济进行了分析,并在此基础上构建了区域低碳经济评价指标体系;二是就低碳经济评价方法进行了研究,构建了基于 Gi 主观赋权的低碳经济综合评价模型、基于熵权法的客观赋权的低碳经济综合评价模型、基于循环修正思路的低碳综合评价模型;三是根据上述模型以秦皇岛市为例进行低碳经济的实证研究,并根据评价结果给出相应的政策和建议。

陈凯的《能源环境政策理论基础》从区域整体角度研究了低碳经济发展问题。指出能源与环境是区域经济可持续发展和社会安全和谐的前提。能源与环境政策则是其正常运行的基本保证。该书系统地介绍了能源环境安全与可持续和谐发展的条件及运行操作要领。详细分解了能源环境政策理论基础中的替代和外部性内在化等基本原理、模型和评价指标体系。

区域经济重点学科系列丛书传承发展中国传统学术,吸收消化马克思主义区域经济理论和现代西方区域经济理论,在融会贯通三大理论体系的基础上,注重区域经济实证研究,突出区域经济发展新方向,建立中国大国区域经济理论。虽然距完整的中国大国区域经济理论体系相差甚远,但我们已经起步,纵有千难万险,我们披荆斩棘,在所不辞。恳请广大读者对丛书多提宝贵意见,我们会虚心接受并不断修改完善。

区域经济重点学科系列丛书主编

陈凯

2011 年 8 月 15 日

前　言

　　中国区域文化资源异常丰富，许许多多的历史文化遗址、遗迹，还有各种类型的自然地理、人文地理景观；图书馆、博物馆里保藏着数以百万计的艺术珍品、典籍和文物；中国民间信仰，人的言谈举止、风情习俗、节日庆典中保留着大量有形无形的文化符号。凡此种种，都为中国文化产品及其他可以负载文化符号的耐用消费品的设计、生产、创新提供了不竭的灵感源泉。当今世界，文化已经具有原生形态、经济形态和技术形态，新兴文化产业得益于资本市场和信息技术两驾马车拉动，才有了前所未见的高速度，才将大批文化资源转化为产业和财富。

　　区域文化经济学是一门新兴的边缘性经济学科，也是一门应用经济学科。本书对区域文化经济学主要研究内容包括：区域文化经济兴起的背景；区域文化市场的内涵；区域文化市场兴起的经济学理论基础；区域文化产品的属性；区域文化产品的供需弹性与差异化；区域文化市场国际化的态势；国内区域文化市场与文化产业，如影视业、音像业、文化娱乐业、文艺演出业、文化旅游业、新闻出版业的开发与产业化现状与趋势；区域文化产业链的横纵向一体化融合与集聚；区域文化产业投入的渠道与模式及其价值创造的原理；本书对文化资源和文化产业、文化生产、文化消费、文化需求和供给、文化市场、文化商品、文化产业链、文化投资的研究，是作为区域文化经济研究的一个背景性、基础性的研究来进行。后续的研究另出姊妹版《区域文化经济研究》，将基于本书的基础性研究，在区域文化产业的国内国际贸易，区域文化产业的经济绩效评价，文化产业知识溢出效应与文化软实力，区域文化经济的消费、发行与经营模式，区域文化产业宏观发展政策，区域文化企业的治理机制方面做进一步的拓展。

  本书为集体合作，撰写者有陈凯、史红亮、李志萍、杨沫、任婷婷、赵娜、任敬国、陈钰、刘威，在写作过程中，参阅和引用了国内外同行的研究成果，在此特向相关论文和著作的作者表示衷心的感谢！经济科学出版社对本书的出版给予了大力的支持和帮助，特此感谢！由于作者水平有限，本书错误和遗漏难免，敬请各领域内的专家、学者和读者批评指正！

作 者

2013年12月26日

目 录

第一章 导论 1

 第一节 区域文化经济研究的背景和意义 1
  一、区域文化经济研究的背景 1
  二、区域文化经济研究的意义 8
 第二节 区域文化经济研究的现状与方法 9
  一、研究现状 9
  二、创新路径 14
  三、研究方法 15

第二章 区域文化经济阐释 17

 第一节 文化 17
 第二节 文化经济 22
 第三节 区域文化经济 32

第三章 区域文化经济理论基础 35

 第一节 马克思主义社会生产理论 35
  一、马克思主义物质资料生产理论 37
  二、马克思主义人口生产的理论 39
  三、马克思主义精神生产理论 41
  四、马克思主义社会关系生产理论 48
 第二节 西方现代社会生产理论 50
  一、西方经济学与马克思主义经济学中关于生产理论的比较 50

二、西方文化生产理论 ·· 55
第三节　中国传统社会生产理论 ····································· 59
　　一、中国传统生产力观 ·· 59
　　二、中国古代分工学说 ·· 64
　　三、中国古代生产布局及管理的观点 ···························· 65
　　四、中国古代文化生产对商业发展的影响 ······················· 67

第四章　区域文化产品供需 ·· 69

第一节　区域文化产品属性 ·· 69
　　一、区域文化产品的商品性 ······································ 71
　　二、区域文化产品的社会性 ······································ 72
　　三、区域文化产品商品性与社会性的统一 ······················· 74

第二节　区域文化产品需求 ·· 76
　　一、区域文化产品需求分析 ······································ 76
　　二、影响区域文化产品需求的因素 ······························ 78
　　三、区域文化产品的需求弹性 ··································· 80
　　四、文化产品需求的区域性差异 ································· 82

第三节　区域文化产品供给 ·· 84
　　一、区域文化产品供给机制 ······································ 84
　　二、影响区域文化产品供给的因素 ······························ 86
　　三、区域文化产品的供给弹性 ··································· 88
　　四、我国文化产品供给的现状 ··································· 90
　　五、文化产品供给的区域性差异 ································· 92

第五章　区域文化市场国际化 ··· 95

第一节　文化市场属性 ·· 95
第二节　区域文化市场国际化 ··· 97
　　一、区域文化市场国际化是文化产品发展的客观要求 ··········· 97
　　二、区域文化市场国际化的三种态势 ···························· 98

目 录

第六章　国内区域文化市场 ... 104
第一节　区域间文化差异 ... 104
第二节　文化市场和文化产业 ... 110
第三节　文化产业市场 ... 116

第七章　区域文化资源 ... 126
第一节　国际文化资源 ... 126
一、文化资源的内涵 ... 126
二、国际文化资源产业化开发 ... 127
第二节　中国文化资源 ... 130
一、中国文化资源的主要特征 ... 130
二、中国文化资源的构成 ... 131
三、中国文化资源产业化开发 ... 148
第三节　国内区域文化资源 ... 149
一、区域文化资源 ... 149
二、国内区域文化资源产业开发现状 ... 152

第八章　区域文化产业整合 ... 155
第一节　文化产业多样性 ... 155
一、文化产业的定义 ... 155
二、文化产业的分类 ... 160
第二节　文化产业融合 ... 163
一、文化产业内部的融合 ... 163
二、文化产业与其他产业的融合 ... 163
三、文化产业融合的必要性 ... 165
第三节　文化产业集聚 ... 167
一、文化产业集聚的定义 ... 167
二、区域文化产业集聚的影响因素 ... 168
三、文化产业集聚度的测算方法 ... 171
四、我国文化产业集聚的形态——文化产业园 ... 173

· 3 ·

第四节 文化产业链整合 ············ 175
一、文化产业链 ············ 175
二、区域文化产业链设计的原则 ············ 177
三、文化产业链整合的原则 ············ 178

第九章 区域文化产业资本与价值创造 ············ 181
第一节 文化产业投融资 ············ 181
一、文化产业的投资特点 ············ 181
二、文化产业的融资渠道 ············ 183
三、文化产业的投融资模式 ············ 187
四、我国文化产业融资现状及对策 ············ 189
第二节 文化产业价值创造与风险控制 ············ 190
一、文化产业贡献于经济增长的主要途径 ············ 190
二、文化产业价值创造的内在机理 ············ 192
三、文化产业的风险控制 ············ 193

附录 ············ 196

参考文献 ············ 208

第一章

导　论

作为一门学科，文化经济学是在社会发展到一定程度时产生的。文化产品和服务对人类的影响早就引起了学者的注意，但是只有文化产品的商品性质充分展现，经济学和文化学的知识充分积累之后，文化经济学才能应运而生。区域文化经济学是文化经济学和地理学交叉而形成的经济学科，目前从事其研究的学者较少，本章总体上对区域文化经济研究的背景意义、研究现状和方法做一个简略介绍。

第一节
区域文化经济研究的背景和意义

一、区域文化经济研究的背景

（一）国际背景

从国际宏观层次看，主要有四大背景交织互动形成文化经济研究的耦合推力，具体为宏观层次经济差异与差距、全球化、世界主要国家经济发展中文化和制度影响加强的新现实、社会科学中相关学科的发展和经济学、经济地理学、经济社会学等学科解释思路的转变[①]。

1. 国家间、大洲间、大区间经济绩效差异与经济发展差距。

就全球而言，一直存在国家富裕和贫穷的巨大鸿沟。但正如美国著名经济学家保罗·萨缪尔森（Paul A. Samuelson, 1970）所言："世界上为什么有些国家

---

① 吕拉昌、魏也华：《新经济地理学中的制度转向与区域发展》，载于《经济地理》2005 年第 25 卷第 4 期，第 437~441 页。

区域文化经济论

富,有些国家穷,至今还没有令人满意的解释①。"面对国家间的"大分流"②,李约瑟(Dr. Joseph Needham,1944)思考并质问:为什么科学和资本主义出现在西方而没有出现在中国?李约瑟问题困扰着许多历史学家。马克思—毛泽东学派的历史学家,将中国社会发展的停滞归罪于中国统治阶级对农民的残酷剥削。黄仁宇认为,中国体制在经济发展上的无能才是中国落后的原因③;马克斯·韦伯(1904)强调文化的重要性,把中国的停滞归因于儒家传统,把西方资本主义的发展归因于特定文化,特别是新教教义,认为"现代资本主义精神,以及全部现代文化的一个根本要素,即以天职思想为基础的合理行为,产生于基督教禁欲主义④⑤",形成颇具争议的韦伯命题。20世纪80年代韦伯命题研究重新升温⑥。同时,冈纳·缪尔达尔(Gunnar Myrdal,1968)发现南亚国家普遍存在的传统价值观与战后现代化理想之间的冲突⑦,劳伦斯·E. 哈里森(Lawrence E. Harrison,2000)发现,在多数拉美国家,文化成为经济发展的一大障碍,并得出不发达是一种心态的结论。因而,20世纪50年代奥斯卡·列文将在贫困家庭和贫困社区反复出现某些共同特性,表达为一种潜在的"贫困文化",即发展的文化障碍。其后,一些学者继续了20世纪50年代奥斯卡·列文的开拓性工作⑧。罗纳德·英格尔哈特(Ronald Inglehart,1977)和韦恩·贝克(Wayne Baker,1977)运用"世界价值观调查"描绘"全球文化地图",发现文化观念、宗教传统和社会信任与经济发展水平之间存在着密切的相关性⑨。尤其在全球经

---

① [美]戴维·S. 兰德斯(DAVID S. LANDS)著,门洪华、安增才、董素华、孙春霞译:《国富国穷(The Wealth and Poverty of Nations: Why Some Are So Rich and Some So Poor)》,新华出版社2007年版,第1~3页。

② [美]彭慕兰著,史建云译:《大分流:欧洲、中国及现代世界经济的发展(The Great Divergence: Europe, China, and the Making of the Modern World Economy)》,江苏人民出版社2003年版,第103页。

③ 黄仁宇:《中国大历史—万历十五年(1587: A Year of No Significance)》,生活·读书·新知三联书店1997年版,第1~6页。

④ 陈平:《文明分岔、经济混沌和演化经济动力学》,北京大学出版社2004年版,第144~166页。

⑤ 马克斯·韦伯著,彭强、黄晓京译:《新教伦理与资本主义精神》,陕西师范大学出版社2002年版,第174页。

⑥ 塞缪尔·亨廷顿、劳伦斯·哈里森:《文化的重要作用——价值观如何影响人类进步》,新华出版社2002年版,第1~24、27~125页。

⑦ 冈纳·缪尔达尔著,谭文木、张卫东译:《亚洲的戏剧》,首都经济贸易大学出版社2001年版,第42页。

⑧ 联合国教科文组织编,关世杰等译:《世界文化报告——文化的多样性、冲突与多元共存(2000)》,北京大学出版社2002年版,第3~10、100页。

⑨ 谢立中、孙立平:《二十世纪西方现代化理论文选》,上海三联书店2002年版,第591~633页。

第一章 导 论

济发展的比较中发现,具有相似文化特点的东亚地区,近几十年来持续增长,迅速崛起。"东亚奇迹"加强了对文化与经济密切关联的认识①。可以说,面对国家间、大洲间、大区间经济绩效差异与经济发展差距,众多学者思考文化因素在经济发展中扮演的角色及其作用机制在意料之中。因此,宏观经济差异是文化与经济探讨一个重要的原因,也是一个重要的背景。这一背景带有传统性,从这一角度而言,经济发展不平衡是这一研究的肇始。

2. 经济全球化与文化全球化。

20世纪90年代以来,经济全球化正以前所未有的速度、广度、深度影响着全球的经济、社会与空间景观。经济的全球化一方面加速了文化上的交往互动;另一方面,也使得文化的民族自觉日益高涨。同时,随着全球化进程的加快,70年代以来所出现的一系列环境问题和社会问题不仅没有得到解决,反而更加凸显。由此,人们开始反思社会发展的模式,并希望通过发挥文化的作用来抵消种种负面影响②③。同时,面对全球化,国家、地方、企业等行为主体,必然进行相应的文化、制度重建,以应对全球化的影响。发展以地方为基础的、自下而上的和积极的经济管制战略,充分利用地方文化以应对趋同化和防止边缘化④成为合意并可行的办法。全球化使文化有了全新的内涵与功能,而文化也成为衡量全球化成就的一个标准,即克服有形距离与克服文化距离之间究竟相差多远。对于文化与全球化而言,文化对全球化至关重要,同时全球化对文化也至关重要。当前,全球化与本土化两极互动,构成了时代的文化动脉⑤。可以说,正是在全球化的不断深入推动下,新时期文化研究才得以快速升温。全球化成为"制度转向"、"文化转向"、"关系转向"、"尺度转向"的催化剂⑥。

3. 新现实与"文化转向"。

20世纪70~80年代,全球范围内出现产业大规模衰退,而意大利中部和东北部的艾米利亚·罗马涅和托斯卡纳、德国的巴登—符腾堡州、法国的瓦约纳克

---

① 李小建:《经济地理学》,高等教育出版社2006年版,第372~375页。
② 庞效民:《90年代西方经济地理学的文化研究趋向评述》,载于《经济地理》2000年第20卷第3期,第6~8页。
③ 苗长虹、王兵:《文化转向:经济地理学研究的一个新方向》,载于《经济地理》2003年,第5期,第577~581页。
④ A. Deffner Dkaype. Culture and Regional Economic Development in Europe: Cultural Political and Social Perspectives. University of Thessaly Press, Volvos (2003). 470.
⑤ [英]约翰·汤姆森,郭英剑译:《全球化与文化》,南京大学出版社2002年版,第4~10页。
⑥ 苗长虹:《变革中的西方经济地理学:制度、文化、关系与尺度转向》,载于《人文地理》2004年第4期,第69~77页。

斯、瑞典的斯莫兰以及美国的硅谷等"新产业区"由于"本地劳动分工基础上产生的外部性、当地社会文化背景支持下的企业间密切合作"成为战胜衰退的"经济之星"①。90年代，格兰诺威特（M. Granovetter, 1985）对"嵌入性"（Embeddedness）②概念的经典阐述之后，经济越来越具有社会根植性、越来越具有历史限定性的研究传统得到了发挥和深化，并认为经济生活不仅是经济的，更是社会和文化的。经济过程是一个社会文化过程，"与其削弱经济，还不如通过将其置于其获得意义和方向的文化、社会和政治关系中而将其情景化"③。同时，随着文化产业的兴起和知识经济的出现，经济文化化与文化经济化，以及文化、经济的交织与互动产生的文化经济一体化，使得文化经济（Cultural Economy）这一对某种文化适应的经济（an Enculturation of the Economic）无论在理论层面，还是在实证层面都逐渐流行起来④。此外，自70年代末以来，西方发达国家经济发展方式由标准化生产、大众化消费的福特主义向柔性化生产、个性化消费的后福特主义转型。在此背景下，经济组织、社会机构和国家本身都在寻找与后福特主义的经济方式相适应的制度框架。世界主要国家经济发展的实践是推动文化经济研究发展的最直接力量，而这些"新现实"引致、促进了"文化转向"，并成为"文化转向"的重要落脚点和研究切入点。

4. 学科发展、理论创新与"文化转向"。

经济本身正被看成是一种修辞形式，"新经济"的关键是知识和学习，重视革新、创造、技能培养，特别是意会知识。这些新的理论思潮的出现和进一步发展，使经济学研究发生某些变化是不可避免的⑤。尤其是随着文化研究的复兴，许多众所周知的经济模型开始强调社会和文化，特别是，强调经济的社会和文化

---

① Becattini G, 1991. The industrial district as a creative milieu, In industrial change and regional development edited by Benko G and Dunford M, London: Belhaven, 102-114.

② Granovetter M. (1985). Economic action and social structure: the problem of embeddedness. American Journal of Sociology 91, 481-510.

③ (eds.) LRaWJ. Geographies of Economies [M]. London: Arnold; 1997: xvii.

④ Chris Gibsonand Lily Kong. Cultural economy: a critical review, Progress in Human Geography 29, 5 (2005) pp. 541-561.

⑤ Box TNPs. Cultural Geographies of Economies [A]. In Clark G L., Feldman M. R, Gertler M. S. eds. The oxford Handbook of Economic Geography [C]. Oxford University Press. 2000. 689-704.

第一章 导 论

嵌入以及这种嵌入的好处[①][②]。同时，主要建基于新古典主义经济学的经济地理理论对解释资本主义新时期和新空间中经济转型的复杂地理不能给出令人满意的解答，促使经济地理学家寻求新的研究领域和知识资源，而这些资源可以从已形成的后结构主义、女性主义和生态文献中获得[③]。全球化、信息化以及与之相伴随的所谓后现代化改变了人类经济活动空间格局的现实，以及经济地理学自身创新的压力和整个西方人文科学对"文化研究"的重视，两方面内外互动共同促成了经济地理学向文化的转向。

(二) 国内背景

近年来，我国学者在对外学术交流中，注重西方研究方法的借鉴、理论的引进，促进了我国文化与经济研究的提升。但我国文化与经济的研究更多的是受到我国自身发展中问题的影响，或者说，这种研究更多的是我国经济实践的内在强烈需求。

1. 国内不同空间尺度的经济差距出现并持续扩大。

区域经济发展不平衡是我国经济发展过程中面临的一个普遍性问题。从空间尺度看，既有长期以来一直困扰着人们的东、中、西三大地带的问题和近年来引人注目的南北差距，也有中观层次的省域内部差距的拉大问题等。我国经济在历经改革开放以来的高速增长之后，区域差异，尤其是区域经济增长差异问题已成为社会经济发展中的一个热点[④]。20世纪70年代以来，国内外学者对中国区域经济差异问题进行了诸多研究。我国幅员辽阔，历史悠久，经济地域差异巨大，丰富多彩的文化在我国经济地理时空格局的形成与演变过程中一直发挥着重要作用[⑤]。通过对温州地区、苏南地区以及浙江、江苏、广东等经济发达地区经济快速发展的文化动力的探寻，为欠发达地区的发展提供一定的经验启示和路径借

---

① [英] G. L. 克拉克、[美] M. P. 费尔德曼、[加拿大] M. S. 格特勒等编，刘卫东、王缉慈、李小建、杜德斌等译：《牛津经济地理学手册（The oxford Handbook of Economic Geography）》，商务印书馆2005年版，第17~33，72，279~286，360页。

② 高波、张志鹏：《文化与经济发展：一个文献述评》载于《江海学刊》2004年第1期，第80~87页。

③ A S. The dialectic of culture and economy [A]. Lee R and Wills J (eds) Geographies of Economies [C]. London: Arnold 1997: 27-36.

④ 李小建、乔家君：《20世纪90年代中国县际经济差异的空间分析》，载于《地理学报》2001年第56卷第2期，第136~145页。

⑤ 苗长虹、王兵：《文化转向：经济地理学研究的一个新方向》，载于《经济地理》2003年第5期，第577~581页。

鉴。同时，通过比较研究，可以探寻欠发达地区经济发展迟缓的文化阻滞力①。一定程度而言，随着我国经济的快速发展和区域差距出现并不断扩大，在我国区域文化差异明显的背景下，文化必然成为一个重要的研究视角。

2. 我国经济、社会、文化的全面转型。

当前，我国正处在一个快速的、综合的经济、文化、社会全面转型期。从产业发展来看，工业和第三产业逐渐成为主导产业，文化产业逐步成为支柱产业②；从制度形态来看，市场将逐步成为配置资源的基本方式。而一个健康的市场，必须有能够支撑它的道德基础③。历史发展充分表明，历史是一个文化积淀的过程。当前，中国经济社会转型的实质是文化转型，经济结构、经济形态的转型归根结底是一种社会发展的文化转型，集中表现为从传统文化向现代文化的转型与创生。文化转型将极大地推动经济结构转型以及现代思维方式的形成，并由此形成了促进社会结构变迁的强大动力④。当前，在我国经济社会转轨过程中，由于政策漏洞和法律不完善，出现道德滑坡、社会信任普遍下降，严重地影响了经济健康发展。面对经济成就与文化发展的失调、文化传统与现代经济的不平衡等文化—经济关系的悖论，人们开始反思现代化的"陷阱"并觉醒，在正本清源回归古典文明寻求思想源泉和力量的同时，开始文化—经济关系的理论批判与理论建构，实现文化、经济、生态整合的管理创新⑤。我国正处于向市场经济体制转型和快速工业化、城市化阶段，社会经济正在发生急剧的变化。在此背景下，经济发展、社会变革、文化冲突及其区域差异逐渐成为人们最关注的话题⑥。正是实践的强烈需求，使得我国学者在借鉴研究方法、引进理论体系的基础上，针对我国社会经济转型中问题，掀起了有中国特色的文化与经济研究热潮。

3. 贯彻科学发展观与构建和谐社会的内在要求。

21世纪头20年是我国重要的战略机遇期和发展关键时期，立足新阶段，面

---

① 朱国传：《区域文化与经济发展——分析淮阴市经济落后的文化地理因素》，载于《地理研究》1995年第1期，第85~93页。

② 方伟：《文化生产力》，河北教育出版社2006年版，第2~86页。

③ 汪丁丁：《市场经济与道德基础》，世纪出版集团、上海人民出版社2007年版，第6、92页。

④ 孙希有：《经济发展的人文向度——面向21世纪的中国市场经济转型与文化转型》，吉林大学博士学位论文2004年，第131~135页。

⑤ 杨承志：《现代化进程中文化——经济协调发展及其管理创新》，南京农业大学博士论文2001年，第1~2页。

⑥ 苗长虹、王兵：《文化转向：经济地理学研究的一个新方向》，载于《经济地理》2003年第5期，第577~581页。

第一章 导 论

对新问题，我国确立了"以人为本，全面、协调、可持续"的科学发展观和"统筹城乡发展、统筹区域发展、统筹经济社会发展、统筹人与自然和谐发展、统筹国内发展和对外开放"的"五个统筹"的发展思想。其中，统筹经济社会发展既是顺应文化经济化、经济文化化和文化经济一体化的世界潮流和发展大势，也是对文化具有提升城市品位、提高商品附加值、挖掘人的经济品质、增加社会凝聚力等价值整合功能科学认识基础上的英明抉择[①]。经济文化协调发展将是实现统筹经济社会发展的重要手段，经济文化良性互动是统筹经济社会发展的重要目的。同时，根据新形势，树立新目标，我国明确提出了构建"民主法治、公平正义、诚信友爱、充满活力、安定有序、人与自然和谐相处"的"社会主义和谐社会"的宏伟目标。其中，诚信友爱，就是全社会诚实守信、平等友爱、融洽相处。构建社会主义和谐社会，是一项艰巨复杂的系统工程，也是一个需要随着经济、政治、文化的发展而不断推进的漫长历史进程，其间文化建设尤为重要。社会转型与构建和谐社会内在要求文化战略的更新和文化价值的重构，并通过科学认识文化与经济互动影响和作用机理为文化战略重构和文化价值创新提供理论指导。

4. 我国对经济全球化与文化全球化的积极响应。

当前，随着我国经济外向度的不断提高，我国逐渐融入全球化进程中，并在全球化中获得发展的力量。但全球化是一柄"双刃剑"。我国在吸引外资、引进技术、借鉴西方发达国家管理经验的同时，也面临着产业空洞化的危险和价值链低端化的尴尬。同时，在资本扩张、资本主义文化、后现代文化、信息技术的综合推动下，文化全球化迅速形成[②]。在全球化进程中，西方文化凭借强大的经济实力和较高的经济水平向外辐射，形成"非领土扩张"[③]。全球化有其主导文化。正如弗朗西斯·福山（Francis Fukuyama, 1992）所言，全球化必然是美国化。因此，文化安全成为一个敏感而重要的问题。正如我国学者指出，"本来文化无高低贵贱之分，但在全球化时代，一个区域、一个民族乃至一种文明要想生存发展就要应对多方面的外来竞争。中国近代以来的历史告诉我们，落后就要挨打，发展经济是民族自强的必由之路。因此探求区域文化和区域经济发展相互作用、相互影响机制对于区域和国家繁荣昌盛有深刻的现实意义。"文化是一个国家根之所系、脉之所维，是一个民族的灵魂和象征。伴随着经济全球化而来的各种思

---

① 漆捷、李英姿：《文化在区域经济中的整合功能—以山西区域经济发展为例》，载于《中共山西省委党校学报》2005年第28卷第5期，第34～36页。
② 赵荣等编著：《人文地理学》，高等教育出版社2006年版，第26～28、399～412页。
③ [英] 约翰·汤姆森，郭英剑译：《全球化与文化》，南京大学出版社2002年版，第4～10页。

想意识、价值观念、行为方式在世界范围的激烈碰撞,发展中国家在文化发展上面临严峻挑战。如果不能迅速确立自己的文化优势,就难以在激烈的国际竞争中捍卫自己的战略利益。同时,随着全球化进程的不断深入,在各种要素不断流动的背景下,区域文化作为重要的结构性因素将是区域发展的重要凭借。在全球不断趋同的背景下,区域文化将成为区域特色的重要标志。在全球化背景下,文化的不可模仿性和不可移动性,使得文化成为区域自生能力的源泉和竞争力的核心[①]。此时,在全球—地方的语境下,从区域文化与经济互动的视角来看,区域文化对地方化而言,文化具有保障文化安全、促进经济发展的双重含义。因此,加强文化创新,保持文化多样性,避免陷入经济贫困与文化贫困的双重泥潭,这对于像我国这样的发展中国家而言尤其至关重要。

二、区域文化经济研究的意义

经济的"文化化"和文化的"经济化"已成为当代社会经济活动的显著特征,文化经济以及文化与经济成为知识经济、知识创造背景下经济学、社会学、地理学,尤其是制度经济学、演化经济学、经济社会学、新经济地理学等学科关注的重要焦点与热点。在全面梳理文化与经济逻辑关系研究的理论、方法、路径的基础上,从理论高度关注经济过程中的文化性质和经济与文化的内在双向交互关系,建构各种文化因素和文化实践内在于经济过程的方式和其地理后果的理论分析框架,这对于实现我国经济社会统筹发展具有重要的理论意义和实践价值。

区域经济学专注于"真实的经济"在时间和空间上的运动,这必然涉及以某种方式处理文化。由于文化关系和结果是不确定的,不可能预先将其彻底理论化,也不可能预测其影响。为了把必然结果和偶然结果区分开来,需要探求在不同(地方的/国家的)背景条件下的文化的责任、趋势和矛盾。因此,立足于区域文化多样性和区域经济差异性,构建一个具有区域敏感性的动态综合分析框架,使其具有一定的,或者说更多的时空内涵,以区别于主流经济学的一般性的、抽象的分析工具和理论,以适应区域差异性和多样性。这不仅是区域经济学对"文化转向"的积极响应,更是区域经济学学科的内在要求和责任所在。

21世纪经济与文化共生互动的机理在于经济是文化的基础,而文化是经济

---

① 高波:《文化成本与地点竞争优势——对世界制造中心转移的文化经济学分析》,载于《南京社会科学》2005年第11期,第1~8页。

第一章 导 论

发展的根本动力与源泉①。作为人类文明的两大车轮的经济与文化，虽然各自有着内在的动因和独立性，但它们保持着"脐带关系"，即经济对文化具有奠基性，文化对经济具有前瞻性，文化对未来经济、社会发展具有久远的明天意义②。正因为如此，党的十六大报告指出："当今世界文化、经济、政治相互交融，文化在综合国力竞争中的地位和作用越来越突出。文化的力量，深深熔铸在民族的生命力、创造力和凝聚力之中。"加强文化与经济研究，对于我国经济快速、协调发展有着重要的实践意义。

第二节
区域文化经济研究的现状与方法

一、研究现状

（一）国外研究现状

国外当代文化经济学的开山之作被认为是 1966 年鲍莫尔（Baumol）和鲍恩（Boyen）发表的专著《表演艺术——经济学困境》。1973 年，国际文化经济学会的建立标志着文化经济学学科的诞生。1977 年，《文化经济学杂志》创刊。文化经济（Culture Economy）是指与礼仪习俗、创意、历史遗物、版权有关的经济活动。

文化（艺术）经济学作为一门运用经济学思维方法的新的交叉学科，在国外已经相对成熟和完善。建立在"人类分析模型"基础上的"理性选择"分析框架，其比较有吸引力的应用对象之一即为艺术。虽然经济学界对这一方法存在不同的看法，但依然有为数众多的诺贝尔经济学奖获得者对此表示青睐，如加里贝克尔、阿马蒂亚斯森等。一直以来，德语国家对艺术领域的经济问题表示出很大的兴趣，尤其是国家在扶持文化的角色方面。国家政府对艺术行业进行补贴，在国际社会是通行的惯例。因为艺术领域为整个社会带来了有利的外部效益，包括存在价值、选择价值和遗赠价值。

国外文化经济学理论在其发展的过程中形成了两种不同的学科方向——以文

---

① 杨继瑞、郝康理等著：《文化经济论：基于成都市文化产业及文化事业对社会经济发展贡献的研究》，西南财经大学出版社 2007 年版，第 33~36 页。
② 王燕：《从经济文化一体化发展的新维度看文化对经济的影响》，载于《长白学刊》2000 年第 5 期，第 94~95 页。

化产业、文化产品和文化市场为研究对象的"狭义文化经济学"和以文化与经济关系为研究对象的"广义文化经济学"。两种不同的学科方向具有不同的研究对象和研究方法,产生不同的演进路径。狭义文化经济学的研究基于 20 世纪 60 年代欧美主要国家文化艺术产业的勃兴,文化艺术产业的产值在 GDP 中所占的比例不断提高,居民的休闲娱乐消费明显增多。文化产业、文化商品、文化市场进入学者的研究视域。鲍莫尔和鲍恩(1966)的开创性著作在狭义文化经济学史上具有重要的意义,两位作者也因此被认为是狭义文化经济学的代表性学者。20 世纪 90 年代,狭义文化经济学的相关著作、文章引入中国;同时从经济发展实践来看,80 年代伊始文化市场陆续开放,大量的民间资本纷纷进驻文化领域,文化产业和文化经济发展也迫切需要文化经济学的相关理论更好地解释这一社会文化现象。从范式类型看,我国目前已经发表的关于文化经济学的文章绝大部分也属于狭义文化经济学范畴,即用经济学的方法分析文化产业领域,本质是文化产业、文化商品和文化市场的经济学分析。广义文化经济学的追溯则相对更为久远一些,有学者认为韦伯发布于 1904 年的名著《新教伦理与资本主义精神》是广义经济学的一部力作。它着力探讨文化对于经济发展的深层影响以及文化与经济的相互关系,主要以文化对经济行为的影响模式和效应为研究对象。

　　文化作为经济发展的内生变量,对经济社会发展具有十分重要的作用几乎是一个显而易见的事实。但文化因素始终没有进入经济分析的研究框架主要有两点原因:一是文化概念太复杂,古今中外不同学术背景、不同理论旨趣的学者对其下了很多定义,人们对这些定义的内涵和外延很难达成共识;二是在技术层面上量化文化因素存在着难以克服的困难。随着经济文化一体化趋势的加快,文化因素对经济发展影响明显的态势使得经济学家重视文化的发展。同时,测量技术的进步也使文化要素可量化成为可能。如果说主流经济学的本质是实证的,它关注的核心问题是资源配置的效率;而广义文化经济学视野里的人是超越整齐划一"经济人"的具有个体差异,有不同偏好,生活在特定文化和传统习俗中的"社会人"。广义文化经济学发展到 20 世纪 50 年代有一个转折,直到 80 年代随着新制度经济学的兴起又转向复兴,第一次用 Cultural Economics 表述广义文化经济学,用 Economics of Cultural 代表狭义文化经济学。

　　西方发达国家较早地完成了工业化进程,因此早已出现文化产业现象,以及对文化产业研究的历史也远比中国要长,至少有六七十年的研究历史。文化产业研究部门广泛,组织相当完善,国外的高等教育水平普遍较高,研究人员一般具有多学科学术背景。不少国家或地区,相应国际组织都有相关的研究和决策机构,甚至一些企业、非政府组织和个人机构都有专职人员从事文化产业的研究,

第一章 导　论

不少大学和科研院所都纷纷建立文化产业的研究机构。近些年来，随着越来越多的国家对文化产业的重视，专家学者们通过著书、文章、政策咨询、网络会议等各种形式对文化产业的理论与实践发表看法，文化经济学俨然成为一门显学，为经济社会的发展和人民生活的幸福贡献着积极的力量。

布鲁诺·弗雷（Bruno Frey, 1987）在《艺术与经济：文化政策分析》一书中介绍了欧美不同国家不同时期的文化经济状况，认为艺术经济学作为采用经济学研究方法的学科，其学科认同早已不成问题。采用的"人类行为模型"可以避免一般"跨学科"所带来的较低思想层次的接触。"理性选择"分析框架虽然包括许多诺贝尔经济学奖获得者在内的著名经济学家都曾采用，但关于此说的争议也一直不断。毫无疑问，艺术领域是"理性选择"方法应用的绝佳去处，这个领域就被称为文化经济学。文化经济的历史很早，德语系国家的研究人员也有关注艺术的经济问题的悠久传统。绝大多数国家普遍认同，国家应该扶持文化艺术事业，因为艺术具有对整个国家和社会有益的外部效应，如它具备"存在价值"、"选择价值"和"遗赠价值"等，因此，发展文化经济是从长远利益关注社会的良性发展和人本身的进步。

布鲁诺·弗雷（1987）更侧重从个人的视角审视文化经济学的研究，认为传统的新古典经济学优势地位虽然显而易见，但此框架也有不尽如人意之处。因此，必须引入新的因素进行更全面的分析。引入制度因素，公共与私人供给的区别自然成为引人关注的问题。将心理学纳入文化经济学的研究框架，重视心理学中人的动机理论，探讨外在激励对于艺术创作的综合影响，适当地内外在激励共同起作用对扶持艺术则更加有利。在新古典经济学方法外勇于尝试新的方法，获得具有挑战性的见解，才有可能越来越接近文化经济学的本质。

（二）国内研究现状

美国经济学家胡佛指出："一个区域，它之所以成为一个区域，就在于区内有一种认识到某种共同区域利益的一般意识。"区域作为时代经济和社会生活基本单元，是文化和经济的发展空间与存在载体，因此区域也是文化研究、经济探讨的基本视角和重要内容[1]。事实上，不同地域有着不同的历史传统和文化背景。从地域角度考察经济现代化的经济模式，实质上也就是从不同地域历史传统

---

[1] 渠爱雪、孟召宜：《区域文化递进创新与区域经济持续发展》，载于《经济地理》2004年第24卷第2期，第149~153页。

区域文化经济论

和文化背景的差异去分析经济现代化的经验模式①。

在具体研究中,根据空间尺度的不同,主要从以下三个方面展开。第一方面,从宏观角度,综合分析文化特征与经济发展,从整体上把握两者的内在联系。长期来看,有的学者认为,中国封闭的经济体系长期抗拒外来文化的影响,尤其是小农经济的传统观念像遗传密码一样,使资本主义生产方式和新科学技术在中国的生长遭到极大的抵制。从现实来看,改革开放以来,家族文化这种非正式制度安排,对中国企业发展产生了很重要的作用,给中国企业制度的演进轨迹打上了深深的烙印。从新制度经济学角度看,家族文化是造成中国企业发展路径依赖的重要因素。因此,价值信念、伦理道德、传统习惯等即非正式制度安排对中国经济体制变迁路径具有重要的影响②。事实上,改革开放以来,中国采取了渐进、双轨式改革,这种转型方式充分反映了"解放思想、实事求是、与时俱进"的中国传统文化特征③。同时,纵观我国经济改革开放的30多年,每一次的推进,无不以思想解放、观念转变为前提,而从经济领域发轫的改革开放又加速了文化观念的嬗变。两者相互冲击与包容、进而整合而演进,区域文化观念在与经济的互动中显示出巨大效应。可以说,经济领域和文化观念领域的改革具有同步性、一致性,两者构成了两条改革主线,而两者的复合也形成了有中国特色的发展道路④。第二方面,将区域细化为发达地区与欠发达地区,以获取成功的经验与失败的教训。研究表明,中国东部沿海与西部内陆地区经济差距的不断扩大,有地理环境的影响、有经济自身的原因、有国家政策倾斜的原因,但是也有文化差异的作用。总体而言,推进东南沿海经济起飞的历史文化背景,主要来自三个方面⑤:一是对新中国成立以来经验教训的深刻反思中形成的新思想和新观念;二是从借鉴日本和亚洲"四小龙"经济起飞的经验中唤起的潜移默化在人们头脑中的儒家文化意识;三是从对外开放中重新树立起来的吸收人类社会(包括资本主义发达国家)一切文明成果的新思维。中西部地区与东部地区比较,个人独立性相对不足、商品货币意识相对薄弱、现代职业意识和责任意识欠缺,是经济发展的制约因素。因此,社会的、个人的、政府的观念的转变是中西

---

① 丁文锋:《经济现代化模式研究》,经济科学出版社2000年版,第66~74页。
② 高波:《中国家族企业的成长文化约束与文化创新》,载于《南京社会科学》2005年第3期,第32~39页。
③ 林毅夫:《经济发展与转型——思潮、战略与自生能力》,北京大学出版社2008年版,第5、12、95页。
④ 孟召宜:《文化观念与区域可持续发展》,载于《人文地理》2002年第4期,第74~77页。
⑤ 林凌:《东南沿海经济起飞的历史文化因素》,载于《中华文化论坛》1996年第2期,第10~16页。

第一章 导 论

部内陆地区加快经济发展的必要条件[1]。从人文地理学出发，可将中国文化划分为"中原传统农业文化区"，和"东南功利文化区"两大部分。中原文化是中国传统文化，这种思维机制使人们思想僵化，观念保守，不思进取，害怕创新。而东南文化勇于创新，注重功利[2]。岭南文化、吴越文化等区域先进的文化对经济的持续快速发展起到重要的背景基础与催化加速作用，正是文化经济的良性互动耦合，为两区域发展提供不竭的动力。由于文化对区域经济发展有着重要的影响，使得文化区与经济区往往叠合一致。一个文化区中，常有许多共同的文化因素：民族同源、语言相近、宗教和风俗习惯同一等。由于相同的文化背景，价值观念接近，有相近的好恶、心理素质、行为趋向，因此易于达成经济协作；语言的接近或同一，减少了交流沟通的障碍，利于彼此融和信任，因而便于经贸往来。文化区往往以文化源地为中心呈同心圆状分布。因此，同一文化区内有地理上的亲缘关系，彼此接近，利于发展经济。另外，相同的民族、种族渊源，血浓于水，有着不可忽略的亲情关系，能形成强大的民族内聚力，为彼此的经济往来奠定了文化地理基础。同时，文化区交汇地带的边缘地区往往成为新文化产生的地域。新文化有着旺盛的生命力，赋予经济发展以巨大动力，从而创造出经济腾飞的奇迹[3]。第三方面，考虑到我国城乡二元性，将区域细化为城市和农村，形成了自然而然并很流行的研究视角。城市辐射，既有经济、技术的辐射，也有文化观念辐射，城市的现代性、辐射力与竞争力，对城乡双方的可持续发展都意义深远。中国传统文化的"根"在农村，同时，众所周知，与地区经济发展水平相比，农村发展水平的地区差距更大。其差异程度决定着区域差异的基本格局，这两方面决定了村庄经济和村庄文化研究的重要而特殊的意义[4]。由于历史原因和体制缺陷，中国形成了"现代城市文化—传统乡村文化"的文化格局，使现代中国的城市与乡村之间表现出巨大的文化反差。根据文化与经济的互动关系原理，城乡文化距离的存在必然导致城乡经济发展水平的差异，这就为改革后中国市场经济发展的城乡差异找到了文化根源，即城市具有市场经济的文化基础，而

---

[1] 王效民：《文化差异对地区经济的不同影响》，载于《生产力研究》1998年第2期，第56~58页。

[2] 张佑林、陈朝霞：《区域文化精神与区域经济发展的理性思考——兼论"浙江工业化模式"的形成机理》，载于《浙江社会科学》2005年第3期，第13~18页。

[3] 范淑梅：《浅析文化区的经济意义》，载于《锦州师范学院学报（哲社版）》2000年第22卷第2期，第96~98页。

[4] 陈吉元、胡必亮：《当代中国的村庄经济与村庄文化》，山西经济出版社1996年版，第1~57、235~254页。

乡村经济的发展受到某些文化制约①。同时，城市文化的价值取向影响城市的资源配置，城市文化的辛劳精神、闯荡意识、竞争心理影响创业精神、创业动力，而其中的求新意识、平等观念、兼容心理影响创新思想的形成、创新氛围的优化，诚信意识、法制观念、协作精神影响交往操守。文化是一种非正式的制度，城市特有的精神文化作为一种无形的、内在的要素资源，是城市竞争力的重要来源，它对城市价值体系的状况及其变化有着重要影响②。

总体而言，通过对区域尺度的细化，可得到不同层次的文化区域和相应的区域文化研究内涵和主旋律，从而使文化经济一体化研究领域更广阔，研究视角也更丰富。在具体区域文化的研究中，有微观层次的企业文化、社区文化、村落文化研究，也有中观层次的文化都市圈、文化大省、区域文化共同体研究以及宏观层次的民族文化，甚至全球化背景下的文化区、文化圈研究。本书力求通过区域经济共同体与区域文化共同体的互动发展和联袂演进，最终促进联系紧密的区域综合体的形成。

二、创新路径

（一）选题创新

目前，国内关于文化经济的研究文章和新闻报道比较多，也有几本文化经济学教材，且发表、出版时间主要集中在前几年，但系统研究区域文化经济的书籍却并不多。本书突出区域这个概念，系统地研究了区域文化经济的各个方面，对区域文化及经济的发展具有重要的实践意义。

（二）理论创新

对区域文化经济的内涵进行了系统的解释，马克思主义社会生产理论、西方现代社会生产理论和中国传统社会生产理论为区域文化经济研究提供理论基础，对文化资源及区域文化资源的零散观点进行系统整理，为丰富文化产业理论体系贡献了新的内容，提出了区域文化经济发展的路径。

---

① 祝影：《中国城乡经济发展差异的文化探析》，载于《探索》2003年第3期，第115~117页。
② 倪鹏飞主编：《中国城市竞争力报告（推销：让中国城市沸腾）》，社会科学文献出版社2003年版，第64~65页。

第一章 导　论

三、研究方法

(一) 科学抽象，理论联系实际

任何一门科学，要从生动直观的对象中形成科学的理论，都离不开科学抽象的方法。文化经济学属于人文社会科学。研究文化经济现象不能像研究自然科学和工程技术科学那样采用实验的方法，直接综合实验结果找出对象内在的规律性。"分析经济形式，既不能用显微镜，也不能用化学试剂，两者都必须用抽象力来代替。"这种方法以实践为基础，通过对现实文化领域中经济现象的调查研究，详细地占有材料，然后运用分析综合、比较概括等思维活动，对丰富的感性材料进行去粗取精、去伪存真、由此及彼、由表及里的加工，造成概念系统，形成理论概括，最终上升为科学。

(二) 系统分析，动态研究

文化的经济现象是互相联系、相互制约、不断发展变化的。研究文化经济学，必须运用系统分析方法将静态分析研究与动态分析研究相结合，注重从整体与部分之间、整体与外部环境的互相联系中综合地、精确地考察对象，从整体的联系和过程的联系中认识对象，从而达到最优化地分析和研究问题。

面对运动着的对象，文化经济理论研究不仅要研究文化事业的过去和现在，而且要着眼发展趋势和未来，加强预见性研究，紧密联系一定时期的社会生产力发展水平和一定的生产关系，对影响文化经济活动的各种因素的发展变化情况进行分析研究，以期从对象的动态活动中做出正确的判断。

(三) 规范研究与实证分析相结合

文化经济学是一门理论性和应用性都较强的学科，在研究方法上还要把规范研究与实证分析结合起来。规范研究，就是在揭示文化经济运动规律的同时，依据对象运动的内在逻辑性，指明文化经济应该如何运行、产业结构应当如何调整、文化资源应该如何配置的理论。因此，规范研究所要陈述和解决的是对象"应当怎样"的命题，通常是根据一定的价值标准，运用逻辑思维进行科学的推理论证，从而确立相应的原则。实证分析，旨在判明文化经济及其结构、组织、资源、投资等在一定条件下是如何运行、如何重组的，通常运用统计分析和比较的方法，对对象的运动趋势做出判断和描述，阐明客观对象"是怎样"的命题。

(四) 定性分析与定量分析相结合

任何文化经济现象都是质与量的统一。既有对象的本质规定,又有一定的数量体现。运用定性和定量分析的方法,就是在对文化经济范畴、概念进行逻辑推理的基础上,对所研究的对象做出质的判断和量的评估。

这两者之间,定性分析是基础,只有在定性分析的前提下,定量分析才心中有数,才能充分说明问题。质的规定性把握不住,定量分析再仔细也无济于事。因此,弄清楚对象的性质具有特别重要的意义。同时,对象的一定的质又总是蕴涵在一定的量当中。

文化经济现象有数量界限,文化经济规律有数量表现,完全离开数量分析而全靠逻辑推论很难对对象的本质及规律有准确的把握,例如,制定文化发展战略,要求调整投资结构和产业结构,都有一个规模适度和比例恰当的问题。只有把定性与定量有机地结合起来,才能使我们对对象的系统分析和理性把握达到科学的认识。

第二章

区域文化经济阐释

区域文化经济是一种综合性的文化经济发展的地理概念。它反映了区域性文化资源开发和利用的现状及其问题，反映了区域地理现象、地缘文化关系对区域社会经济的互动作用和影响。

第一节　文　化

（一）文化的概念

"文化"一词是人类词汇中最复杂的字眼，在文化研究中，"文化"是一个尚无统一定义的概念。"文化"一词在西方源于拉丁语"cultura"，原意是"加工"、"耕作"、"居住"等生产工艺或生产方式，包含主动改变客观形态，摆脱自然状态等内容。"文化"在英语是"culture"，它不仅包含土地耕作、作物培育的含义，还引申到社会精神生活，用于指人类自身的心灵、智慧、知识、风尚、德行等的培养教育，进而引申到泛指一切知识乃至全部社会生活内容。

从外延来看，"文化"一词有广义和狭义之分。广义的文化是指人类在社会生活中所创造的一切，包括物质生产和精神生产的全部内容及其成果，特指社会意识形态。在阶级社会中，文化是阶级斗争的武器，一定文化（当做观念形态的文化）是一定社会的政治和经济的反映，又给予伟大影响和作用于一定社会的政治和经济，从洪秀全的金田起义、康梁的维新变法、何子渊的教育革新，再到孙中山的民主革命无一不是推动社会向前发展的动力。广义的文化，着眼于人类与一般动物，人类社会与自然界的本质区别，着眼于人类卓立于自然的独特的生存方式，其涵盖面非常广泛，所以又被称为大文化。

区域文化经济论

李二和在《舟船的起源》中写道,"文化是一种生命现象。文化本不属人类所独有,我们更应该以更开放和更宽容的态度解读文化。文化是生命衍生的具有人文意味或生命意味的现象,是与生俱来的。许多生命的言语或行为都有着先天的文化属性,我们也许以示高贵而从来只愿称其为本能。"

狭义的文化专指文学艺术,在广义和狭义之间的中间层次的文化是指与政治、经济有别的全部精神生产成果。例如,有人把文化定义为人类复杂精神生活的整体,包括了知识、信仰、艺术、道德、宗教、风俗以及作为社会成员的其他各种能力与习惯。狭义的文化,排除人类社会历史生活中关于物质创造活动及其结果的部分,专注于精神创造活动及其结果,主要是心态文化,又称小文化。

1871年,英国文化学家爱德华·泰勒(Edward Bernatt Tylor,1871)在《原始文化》一书中提出了狭义文化的早期经典学说,即文化是包括知识、信仰、艺术、道德、法律、习俗和任何人作为一名社会成员而获得的能力和习惯在内的复杂整体。

本书中的文化是一种社会现象,是人们长期创造形成的产物,同时又是一种历史现象,是社会历史的积淀物,是指一个国家或民族的历史、地理、风土人情、传统习俗、生活方式、文学艺术、思维方式、行为规范和价值观念等。也就是说,文化是一个由社会历史积累而成不断变化的复杂有机系统,是人类按照个人与集体的生活要求,能动地支配、改造客观环境、追求与创造理想生活,实现人类自身价值的过程。在这一过程中产生的文化财富包括科学、艺术、道德、法律、经济、宗教等内容。文化的核心有两部分:一是传统思维,即历史上产生并经过社会实践选择的思维;二是与人们的生活相关的价值观。从经济活动的角度来讲,文化是指人们习得并遵从的特定价值观体系,它构成了人们的主管模式。[①]

文化有下面两层含义:

第一层含义:在社会学和人类学框架中的文化,经常用来描述任何群体所共有的态度、信仰、习惯、风俗、价值和规范等。这里所指的群体可以是政治的、地理的、宗教的、种族的或其他可具体划定的。如墨西哥文化、巴比伦文化、儒教文化、中国文化、女性主义文化、公司文化、青少年文化等。用来界定某一群体的特征的文化应具备以下具体形式:符号、象征、文字、语言、产品、成文或不成文的传统以及其他形式。在表现群体文化的众多形式中,最关键的是能够建

[①] 大卫·索罗斯比著,张维纶等译:《文化经济学》,典藏艺术家庭出版社2003年版,第25~35页。

第二章 区域文化经济阐释

立、至少是能帮助建立一个成员对他所属群体的特定认同感，使人们能借此形式将该群体的成员与其他群体成员区别开来。当我们研究文化因素在经济发展中扮演的角色，以及文化和经济发展之间的关系时，经常使用文化的这种含义。

第二层含义：为了实用的目的，将文化定义为人类从事的某些活动，这些活动本身及其产物与人类的知识、道德及艺术层面相关。文化的这层含义与人类心智经过启发培育后所从事的活动有关，而不仅仅指获得某种技术和职业技能。这种意义上的文化，比较像是形容词而不是名词。例如，文化商品、文化机构、文化产业、文化部门等概念中的文化就是第二层含义。这层含义的文化是具有三个特征的人类活动：在生产活动中融入了创意；文化活动涉及"象征意义"的产生和传递；文化活动的产品含有某种形式的"智慧财产"。

（二）文化的本质

从历史唯物主义的基本观点出发考察，文化的本质是对经济的反映，文化是由政治这个中介对经济反映，文化是在实践的基础上对于经济和政治的能动反映。

文化对于经济来说是第二性的东西，文化作为观念形态虽然是精神的东西，但它在内容上却是客观的。文化作为一种社会现象，不是凭空产生的，而是有一定的社会根源。文化最终的根源在于物质资料的生产方式，在于社会的经济关系。作为文化的重要组成部分的文学艺术的各种形式，例如，音乐、舞蹈、绘画、文艺作品等都产生于物质生产并表现它；宗教、哲学这些看起来远离社会现实的东西，也都直接或间接地与社会的物质生产相联系；作为文化现象的道德也是如此，因为人们自觉或不自觉地从他们阶级地位所依据的实际关系中，即从他们进行生产和交换的经济关系中，汲取自己的道德观念。在任何一个社会形态或历史阶段，文化的性质都是由经济的性质决定的。我们所说的原始文化、奴隶文化、封建文化、资本主义文化、社会主义文化，都是对文化性质的一种界定，而这种界定的基础或依据，就是各自社会经济的性质。不承认这一点，就会走向历史唯心论。

（三）文化的特征

1. 文化的全人类性。

文化的全人类性，即文化的共性。文化与人类一起诞生，在人类发展史上，文化发展与人类进步成正比。人类从动物界分化出来后，逐渐形成了人类社会特有的人性、人道、人情，形成了人们的社会关系，这些社会关系成为文化形成的基础。由于人类的本质相同，人类所创造的文化就有相通的一面。同时，人类面对的是同一个自然界，因此，尽管世界各民族的文化各有特色，但却存在一个世界文化，如自然科学，就是人类世世代代不懈探索自然所积累的经验上升为理论的结晶，我们才常说：科学无国界。正因为文化存在共性，各国各民族的文化具有相通的一面，那么，各国各民族之间是可以进行文化沟通的。

2. 文化的阶级性。

由于文化的主体是人，而人的本质，在马克思看来，并不是单个人所固有的抽象物，人总是生活在一定的社会关系中，是属于一定的社会形态的。人所处的这种社会关系，在阶级社会中表现为一定的阶级关系，因此，人总是从属于一定的阶级，具有阶级性。而社会的阶级性反映在观念形态上，就是文化的阶级性。正因为文化具有阶级性，那么，在国与国的交往中，必须防范和警惕文化霸权。

3. 文化的民族性。

文化的民族性，即文化的个性。一定的民族、国家和区域的人们共同依据一定的自然环境，创造出了别具特色的劳作方式、社会事务的参与方式，也创造了别具特色的风俗、习惯、伦理、道德等精神文化，这些文化特质不断积累，构成一定的文化体系。不同的文化体系具有不可替代性，这就是文化的民族性。文化的民族性，从横向看，具有无法替代、独一无二的特征；从纵向看，具有在历史演变中始终保持自身同一性的特征。一个民族的文化构成一个民族的心理，植根于民族的心灵之中，它影响着一个民族的行为、交往的方式、价值的取向、宗教信仰等。正因为文化具有民族性，在国与国的交往中，就应该尊重对方的文化。

4. 文化的时代性和发展性。

文化的时代性是指文化的历史性，它是指文化因其所属的特殊历史时代而具有的特殊性质以及它存在的暂时性。文化的时代性思想，是我们判断某种文化的性质和某种文化的价值的标准。判断文化是奴隶制、封建制、还是资本主义的或社会主义的，只要看其反映的是哪种社会制度就可以了，其中最主要的是看反映了哪种生产方式，是为哪个阶级服务的。文化价值，应该放在特定历史时代来判定，如果是与时代精神一致的，反映了社会发展方向的，就是对社会发展起积极作用的文化。文化的发展性，源于人类社会实践活动是一个不断深化的过程，在这一过程中，文化呈现不可逆的、不可还原的由简单到复杂、由低级到高级的发展状态。

（四）文化的分类

根据不同的标准，文化主要有以下几种分类方法：

第二章 区域文化经济阐释

1. 物质文化与非物质文化。

物质文化是指为了满足人类生存和发展需要所创造的物质产品及其所表现的文化，包括饮食、服饰、建筑、交通、生产工具以及乡村、城市等，是文化要素或者文化景观的物质表现方面。与"物质文化"相对，非物质文化指人类在社会历史实践过程中所创造的各种精神文化。大体上可分为三个部分：与自然环境相配合和适应而产生的，如自然科学、宗教、艺术、哲学等；与社会环境相配合和适应而产生的，如语言、文字、风俗、道德、法律等；与物质文化相配合和适应而产生的，如使用器具、器械或仪器的方法等。物质文化与非物质文化的区别在于两者在使用上有差异，物质文化因自然规律的作用在使用过程中不断被损耗，而非物质文化却可以被反复使用而不被损耗。

2. 主文化与亚文化。

主文化是指在社会上占主导地位的，为社会上多数人所接受的文化。它对现存社会秩序起着维护、支持作用。亚文化是指仅为社会上一部分成员所接受的或为某一社会群体特有的文化。主文化就是被大多数人认同的价值观、采取的行为方式，而亚文化是只有少数成员认同的价值观及所采取的行为方式。主文化与亚文化一般都发生在局部，住在同一个地区的不同民族拥有不同的文化，其中主体民族的文化是主文化，在我国的大部分地区，汉族文化是主文化，其他少数民族的则是亚文化。主文化与亚文化可以随着群体范围发生变化而改变。主文化与亚文化其实没有很特别的区分，因为在许多情况下不同的文化模式，只是处理的方式不同而已。例如是在教堂举行婚礼，还是举行传统婚礼。

3. 主文化与反文化。

反文化是一种特殊的亚文化，是对现存秩序的背离和否定，直接对主流文化的价值观、信仰、观念、风俗习惯等构成挑战。例如20世纪60年代在学生反叛的历史氛围之下，嬉皮士运动形成规模。当时许多年轻人以着奇装异服，留长发，蓄长须，穿超短裙、吸食毒品、听爵士乐、跳摇摆舞、同性恋、群居村等极端行为反抗社会，抗拒传统。

4. 评比性文化与非评比性文化。

评比性文化是指有好坏、高下之分的文化，即在两种文化的比较中评出孰优孰劣的文化。非评比性文化也叫中性文化，指在文化比较中没有明显的优劣、高下之分的文化。多与人们的行为方式，习惯，习俗相联系。如各种礼仪、风俗等。

(五) 文化的功能

1. 整合。

文化的整合功能是指它对于协调群体成员的行动所发挥的作用，就像蚂蚁过江。社会群体中不同的成员都是独特的行动者，他们基于自己的需要、根据对情景的判断和理解采取行动。文化是他们之间沟通的中介，如果他们能够共享文化，那么他们就能够有效地沟通，消除隔阂、促成合作。

2. 导向。

文化的导向功能是指文化可以为人们的行动提供方向和可供选择的方式。通过共享文化，行动者可以知道自己的何种行为在对方看来是适宜的、可以引起积极回应的，并倾向于选择有效的行动，这就是文化对行为的导向作用。

3. 维持秩序。

文化是人们以往共同生活经验的积累，是人们通过比较和选择认为是合理并被普遍接受的东西。某种文化的形成和确立，就意味着某种价值观和行为规范的被认可和被遵从，这也意味着某种秩序的形成。而且只要这种文化在起作用，那么由这种文化所确立的社会秩序就会被维持下去，这就是文化维持社会秩序的功能。

4. 传续。

从世代的角度看，如果文化能向新的世代流传，即下一代也认同、共享上一代的文化，那么文化就有了传续功能。

第二节
文化经济

(一) 文化经济的内涵

伴随着21世纪知识社会发展步伐的加快，文化与经济的关系越来越密切。社会生活中既没有纯粹的脱离经济的文化活动，也没有纯粹的脱离文化的经济活动。在日常生活中，人们广泛使用的银行卡、信用卡、电话卡等已经模糊了文化与经济的界限。风俗习惯和饮食起居等文化活动无不与经济生活相关。文化自身的繁荣与发展也日益经济化、产业化、市场化。饮食文化、服饰文化、建筑文化、园林文化、旅游文化等既是文化现象，也是经济现象。文化与经济之间的渗透、融合与倚重程度逐步加深，文化与经济活动的领域日益向对方扩展。换言

第二章 区域文化经济阐释

之,文化经济化、经济文化化和经济文化一体化的进程逐步加快。文化对经济发展的作用越来越突出。思维观念、精神状态、管理理念以及智力水平等文化因素逐渐成为经济发展的内在驱动力。法国著名作家安德烈·马尔罗（Andr Malraux, 1958）断言:"二十一世纪的发展无非是文化的发展。"文化竞争已经成为综合国力竞争的重要领域,特别是在西方发达国家为代表的新经济发展趋势影响下,世界各国各地区都把文化发展战略当做国家发展战略来看待。

当今知识经济的首要特征是文化经济,文化已深深融入经济之中,成为社会生产力的重要因素和经济增长的重要推动力。1999年10月,世界银行提出:文化是经济发展的重要组成部分,文化也将是世界经济运作方式与条件的重要因素。这意味着经济与文化在不断接近以后开始走向融合甚至部分重合,一种新的经济类型或者经济发展模式——"文化经济"诞生了。

一方面,文化经济是指文化的经济化,是以文化为轴心的经济活动,是指文化产品商业化,文化单位企业化,文化发展市场化。或者说文化进入产业,文化进入市场,文化中渗透经济的、商品的要素,使文化具有经济力,并对经济社会发展起到巨大的推动作用,成为社会生产力中的一个重要组成部分。文化经济化既可以把文化的商品属性解放出来,增加文化的造血功能,为文化发展创造新的发展机制,又可以改善经济结构,增强经济活力,提高经济效益。综观发达国家的历史经验,文化经济的发展和繁荣以市场经济为基础和前提,以文化产业为载体,以文化企业为基本活动单位。现在,文化企业日益增多,文化产品日益丰富,文化市场日益繁荣,文化消费日益活跃。以电影、电视、录像为代表的影视业,以音乐磁带、激光唱盘、MTV为代表的音像业,以奥林匹克运动会、世界杯足球赛、世界拳王争霸赛为代表的体育业,乃至会展业、演艺业、文化艺术业等都已名正言顺地成为当代经济发展中的新兴产业,文化经济已经变成一种相当普遍的社会生活实践。摩登时代的主要标志是其采纳、发现新的生产方式、沟通媒介、管理形式的能力。具体说来,文化经济包括教育经济、传媒经济、体育经济、假日经济、培训经济、网络经济等。在过去很长一段时间里,文化被看做一种消费性的活动,是与市场化、产业化经营不相关联的社会生活方式。实际上,当今社会文化产业化和产业文化化步伐加快,再加上创意产业的兴起,文化活动的经济价值极为巨大。近年来,文化经济受到世界各国的普遍重视,已成为经济发展的重要组成部分。文化经济现已成为一个巨大的产业范围,正在形成新的产业群体。

另一方面,文化经济在经济学中属于实体经济,是非资本主义国家的品牌经济。文化经济是文化知识产权所有人通过工具包括计算机网络非实体工具,在现

区域文化经济论

实生活和虚拟的计算机网络空间中创造的产品,包括实体的和非实体的价值。文化经济发展的模式得到国家的保护。例如,数字平面设计、网络百科全书和著作权。确切地说,文化经济是指生产要素、生产方式等经济过程的文化化,即生产要素的信息化、知识化,生产方式的人性化。也就是说,整个经济活动由文化(或人类精神)引导和主导。生产要素的信息化、知识化是说生产者是掌握处理信息的现代手段、懂得现代知识的劳动者;生产对象都是在信息控制下,按科学管理的规则运行的;生产工具都是在人工智能控制下的高科技工具(手段),生产资料和生产过程都是由知识型劳动者合规律、合目的控制和科学配置的。生产方式的人性化是说生产不仅仅是为获取利润的物质性生产,而是更加符合人性全面发展的文化生产(即使是以物质的形式表现的)。生产组织是一种全面学习的组织,是个性能够自由发挥的组织,是发扬人性、创造未来的组织。经济过程的文化化,是说经济活动的目的主要是创造精神产品,包括以物质形式表现的精神化产品;经济活动控制是人文主导科技,是道德引导知识,经济活动的成果是人们在精神的满足中获得物质享受。

(二) 文化经济的特征

文化经济与物质经济相比具有很多特殊性,文化经济的特征是由文化经济本质决定的,亟待新的经济理论对其进行合理解释。文化经济反映了人类经济社会发展的一种必然趋势,是在新的时代背景下,人们在解决基本生活实现物质需要的基础上对提升自身素质、发展的需要。

1. 创新性。

文化经济的基础是精神生产,精神生产以创新性为本质属性。文化是最需要创新的领域,创新是文化的本质特征。文化经济的特殊性决定了它必须具有创新性的特征。文化经济的本质在于创造者运用现有的文化资源和科学技术成果无限地创造更加丰富的文化产品和服务,在于永无休止地研究新问题、总结新经验、探索新境界。包括电影、音乐、绘画、雕塑等在内的文化经济形式,如果想获得社会效益(成为伟大作品为一代又一代的中国人提供精神营养)和经济效益(创作者、出版发行方等各方获益),就一定要选取题材新颖,表现视觉独特,表现手段丰富和表达思想深刻的作品,能够在反映现时代人们内心的需要和渴求方面下工夫,做到有创新、有创意、有特色。无论是思想内容、组织结构,还是传播方式和手段都表现出创新性。新技术的广泛应用,使更多人便于接受各种文化产品,同时也作为时尚符号吸引更多人参与和体验。文化产业在英国、加拿大、澳大利亚、新加坡等国被称为"创意产业"的名称就可以看出,创意、创

第二章 区域文化经济阐释

新本身对于文化经济具有至关重要的作用。

2. 可持续性。

可持续发展理念经过罗马俱乐部和世界环境与发展委员会等组织、专家和政界领袖的倡导现在已经成为大多数国家奉行的发展理念。传统的经济模式无论是农业经济还是工业经济，本质上是一种资源性经济。资源性经济的发展模式依赖于土地、工业资源消耗和资本的投入实现经济效益，也就是粗放型的经济增长方式。随着人口数量的急剧攀升，城市和工业规模的扩大，以土地占用、矿产资源枯竭等过分依赖不可再生资源的模式终究难以为继，造成了人类生态环境破坏，极端恶劣天气，引发一系列的自然灾害。这种资源的刚性制约和环境保护的压力越来越成为可持续发展不可逾越的瓶颈，经济发展迫切要求利用可再生、绿色、清洁、低耗能源。文化资源恰恰是可重复利用，永不枯竭的活的资源。人类精神文化需求的无限弹性与文化资源开发的无限弹性相匹配。文化经济就可以突破传统经济关于资源、环境压力所带来的发展极限，使经济的可持续发展变为可能。文化资源的开发利用不仅不会消耗原有的资源，反而有利于文化资源的再生和积累，而且不以自然资源的利用与掠夺为代价，因此，客观上减轻了对环境的污染和破坏。所以法国前文化部部长朗哥曾经说过"文化是明天的经济"。

3. 非物质性。

当今社会，政治、经济和文化三者深度融合成为一个显著趋势。计划经济时期人们选择商品普遍遵循的原则为"物美价廉"，在考虑同等使用价值时选择价格相对便宜的，主要重视商品的使用价值和交换价值。在市场经济时期，物质商品中渗透了越来越多的非物质性因素，从商品的结构功能、外观设计、产品包装到广告营销，商品生产与营销的各个环节无不渗透着文化的因素，符号体系和视觉形象的生产对于控制和操纵消费趣味和消费时尚发挥了重要的影响。符号价值被认为是继商品使用价值与价值的第三种价值。人们在选购时不仅考虑物品本身具有的内涵，更重要的是选择商品所代表的符号价值。商品生产商利用电视、杂志、网络等一切营销渠道所塑造的代表声望、权利、品位的商品，经过长时间甚至上百年的文化积淀，培养了一代又一代的忠实顾客群体，品牌精神已经深入人心，并逐渐使特定消费者形成消费习惯，选择商品标榜的阶层、身份、风格符号。一个品牌代表一个阶层，体现一种心理，在西方，消费者对名牌品位的要求相当严格，拥有一套皇家道尔顿瓷器就是高贵、高尚的象征。劳斯莱斯汽车所代表的贵族气质和精湛品质是打动消费者的关键因素。即使是内容相差无几的商品，世界知名品牌与一般品牌的差价可能达到几十倍。在消费文化的广泛传播下，包括中国在内的新兴经济体富裕起来的新贵阶层，过度追求奢侈品牌，就是对其品牌精神的认同，对其品牌所宣扬的浪漫、高贵、典雅的身份认同。

4. 成本特殊性。

文化产品的精神生产属性必然决定其产品性质是智力高投入，大部分文化产品都具有高固定成本和低复制成本。例如，科技含量非常高的一套操作系统面世，需要无数科研工作者花费大量的时间和精力，还很有可能没有成功。即使研发出来最终效益如何也还要经过市场检验。一部人文社科著作，可以是作者苦心研究十年、二十年或终其一生的研究成果，凝结了作者对人生的深刻体验和对学术的执着追求。对于其个人来说，成本无疑是巨大的，但其作品一旦产生，其复制成本却相对低廉，而且其价值不以其耗费个人劳动时间为准，经济价值要经过市场检验，其定价取决于物质载体的成本，社会效益则只能通过历史来检验。"一个电子计算机网络上传播的文化产品的复制品的质量与第一个产品是完全相同的，它的使用价值是完全相同的，复制一次，它的销售收入就增加一倍。"文化经济的这种成本特殊性特征一方面使消费者几乎不花费特定的成本就可以获取相关信息成为可能，同时也有利于有实力的文化企业积极投身高科技、高文化产品，一旦成功将获得十分可观的效益。

5. 文化与经济的融合性。

文化经济是在回答文化何以成为经济现实这一总问题的基础上展开的。计划经济时期一切文化事务作为国家政治、经济服务的工具统一由文化行政主管部门管理。政府作为唯一的投入者，也由其平均分配文化资源。随着市场经济的建立大部分文化可以交由市场进行产业化运作，这部分被称为文化产业。将少部分与意识形态紧密相关的以及文化公共服务产品的基础设施划归文化事业。文化的产业化过程则是赋予文化以商品属性，由市场决定其价值。文化经济具有经济属性和精神属性。文化产品承载的"非物质性"会对消费者个人的思想行为和精神消费产生持久的影响力。任何文化产品必然浸润创作主体的情感、价值观念和理想信念。因此，便具有了意识形态属性，由于文化产品具有市场和精神双重属性，要求必须处理两者关系。文化精神属性产品应该树立健康、积极的生活态度，使社会主流文化反映现时代的核心价值观念。但如果缺乏休闲娱乐性，就无法在市场上出售。文化产品市场属性本能要求产品迎合大众口味，休闲娱乐，单纯追求感官刺激，使一种消费娱乐文化、快餐文化充斥荧屏。过度市场化，容易导致文化产品的庸俗化，使商业化、市场化背离人的价值属性。

(三) 文化经济的功能

功能，同"结构"相对，"指有特定结构的事物或系统在内部和外部的联系

第二章 区域文化经济阐释

和关系中表现出来的特性和能力。"文化经济的功能就是文化经济的效用,主要具有文化传播功能、繁荣市场功能、意识形态功能和娱乐身心功能。

1. 文化传播功能。

文化经济的基本功能是文化传播功能,文化经济的发展过程就是在消耗原材料的情况下,源源不断地创制和传播文化产品的过程。文化传播作为文化经济的基础性功能,其他功能都是在这一功能上引申出来的。文化产品的生产一般包括精神生产过程和物质生产过程两个阶段。精神生产阶段是由文学家、艺术家等文化生产主体激发创作灵感,利用或借鉴已有的文化素材,投入全部身心的、持续的、辛苦的文化创造,生产出绘画、雕塑、文章、戏剧、音乐、文物、方案、创意等观念性的、以非物质形态存在的精神劳动成果的阶段。而后又借助于物质生产部门高新科技手段生产(或者说复制)出大批量的廉价文化创制品,从而赋予精神劳动成果以物质外壳,使之以实物形态独立存在。如歌曲的生产,首先是由作词、作曲家作词谱曲,由歌唱家唱出悦耳动听的歌声,这是精神生产阶段。然后由物质生产部门录制成磁带、光盘等可出售的歌曲产品,这是物质生产阶段。当然,非物质文化产品的生产过程的阶段性并不明显,如戏剧现场演唱等。

文化和传播是互动一体的,传播是文化的传播,文化是传播的文化。文化传播促进了文化整合,不同文化碰撞、兼容和重组,异质文化之间彼此吸收、借鉴并达到一体化,中华文化是经历了几千年时间的融合和传承的。文化传播促成了文化增值,现代社会知识的快速融合、生产、复制和迅猛传播形成了所谓的"知识大爆炸",是文化经济源源不断地运作的源流。文化经济所带来的丰厚利润刺激着文化生产主体的再生产积极性,生产出精品化、普及化的文化产品。

文化产品的生产尤其是以市场运作的方式出现大规模的精神产品的创制、复制,使得文化产品广泛传播和扩散,文化产品的认知教育功能得以良好的发挥,文化教育的产业化更使人类文化文明在全社会得以广泛传播。现代社会的科技知识和经济基础也为文化经济的发展和繁荣奠定了更好的物质条件,为艺术创造提供了不竭的技术推动力。如电子计算机的广泛运用使作家、艺术家们摆脱了机械的记忆和手工式的枯燥操作,更加全身心地投入到专业性的文化艺术创作中去。文化产品的物质生产阶段进入到电子指令化操作的程度使产品的生产过程更加简易,产品的传播范围更加扩大。

2. 繁荣市场功能。

文化经济的快速发展以文化市场的繁荣为主要标志,反过来说文化经济具有繁荣市场的功能。文化产品的市场化运作和消费活动的高度商业化,人们购买力

区域文化经济论

水平的普遍提升，大量闲暇时间和相对自由工作环境的实现，为形成相对完善的文化市场，推动国民经济的快速发展提供了新的契机。按照配第—克拉克法则产业下游化规律，文化产业不仅面对直接的消费者，而且更多面向其他产业满足生产性需要，伴随文化经济的持续发展，文化产业的行业门类肯定会越来越多，或者说更多的产业部门具有文化产业的特征。文化产业作为第三产业在吸纳就业人数、满足人民群众文化需求、促进经济发展和社会进步方面都将发挥重大作用。在西方国家已经成为经济支柱的文化产业，也是世界主要国家重点规划发展的行业，代表着未来经济的发展趋势。我国文化产业化带动了文化产品的人力物力财力投入，有力地促进了文化产品的消费和流通，被认为是拉动内需、值得大力发展的经济增长点。

放眼文化产品的国际出口不单能够换取大量外汇，在对外贸易中平衡国际收支，更为重要的是，文化产品区别于一般物质产品，它带有很强的意识形态性，通过产品本身传达一种价值观和思想观念，从而对使用者产生潜移默化的影响。因此，一个国家文化经济发展水平和对外竞争力直接影响着该国在世界文化竞争格局中地位和认同度。美国的影响力如果说通过其强有力的硬实力起作用，还不如说是其文化产品——肯德基、美国电影、可口可乐、沃尔玛更能发挥其力量。在文化经济时代，文化力成为综合国力的重要因素，传统的军事、政治、经济实力的竞争在某种程度上在向文化实力的竞争演变，以科学技术和文化创意相结合的文化产业成为强大的经济实体，其产值的增长具有显著的优势。在繁荣文化市场促进消费的同时，为世界经济的复苏做出了重要的贡献。甚至可以说"谁拥有了文化，谁就拥有时代"。

随着我国社会主义市场经济改革过程的进展，经济的持续稳定发展，人们的精神文化消费需求日益增长，文化产品的供应存在较大的市场缺口。正是由于我们对文化产业的逐步认识和政策支持，文化产品的商品属性得以释放，文化产业化成了必然，而且最明显地起到发展经济、繁荣市场的功能。中国文化产业的发展有广阔的前景，这是由中国13亿人口的巨大文化消费群体的需求决定的。在文化产业刚刚起步的阶段，它越为文化市场的繁荣服务，市场越大，越能广泛而强烈地刺激多种多样的文化需求，从而形成文化产业与文化市场的互动效应。

3. 意识形态功能。

文化经济是文化走向市场经济的产物。文化经济的发展不仅要注重其经济效益，而且要注重其社会效益。在文化产品的生产、消费过程中，它本身所包含的精神因素得以传承，会潜移默化地影响人们的生活习惯、文化心态、知识结构乃至世界观，文化经济由此发挥着政治宣教、意识形态的功能。在文化经济全球化

第二章 区域文化经济阐释

浪潮中，任何一个国家不仅要面对国家传统文化的安全保护和对外交流的问题，还应该注重对外来文化产品的政治意识形态的甄别，在国家意识和文化主流上确立社会文化生活的话语权及权威地位。文化经济的全球化发展导致的最大范围和最大程度的文化竞争，已经引起各个国家的关注。

我国的社会制度和社会意识形态与西方国家不同，我们要坚持以马克思主义为指导的社会主义社会意识形态，吸收全人类的精神文明成果，坚持社会主义核心价值体系。以先进文化为统领，弘扬主流文化和先进文化，宣传社会主义制度的优越性。通过体现民族文化特色的文化产品和服务，努力挖掘中国传统文化中支撑现代中国人的精神价值，发展具有中国特色的文化经济就必须对当今西方发达国家日渐凶猛的"文化帝国主义"的"文化侵略"、"文化殖民"浪潮予以密切关注，对他们所宣扬的资本主义世界观、人生观、价值观予以批判性的审视。我们必须充分利用我国丰富的历史文化遗产，坚守中华文化为本位，竭力维护我国的文化安全，进一步完善文化市场，大力倡导文化消费，不断发展壮大民族文化产业和文化事业。建立民族自尊心和自信心，鼓舞民族士气，宣扬科学和文明，把中国特色的社会主义文化事业和文化产业推向世界。

4. 娱乐身心功能。

文化经济的娱乐功能是人自身的生理和心理机能需要放松的反映。伴随生产力水平的提高和人们对生活质量、生活品位的追求，越来越多的假日时间已经成为发展的一种必然趋势，以至有人认为文化经济是"吃喝玩乐"的经济，或者说一种休闲经济。文化产业的众多部门都是满足人们休闲娱乐需要的，毕竟在电影院打算观看文艺片或纪录片的观众不多，而绝大多数人都是奔着放松的心情去观看娱乐生活类电影的。现代社会人才竞争日益激烈，高强度高压力的工作状态使得人们更迫切需要一种精神层面的放松。仿照发达国家重视休闲度假需要，甚至有点懒散的生活方式，一向以勤劳著称的中国人对娱乐表现出前所未有的兴趣和爱好。文化经济通过音乐会、舞会、体育俱乐部、电子游戏室、影视等娱乐媒介将文化产品强烈的视听感受传播到文化消费者终端，使人们暂时从快节奏的社会现实中解脱出来，缓解人们的心理负荷，宣泄情感，消除压抑、紧张、疲劳的状态，消费主体获得轻松休闲快慰体验或其他情感体验，获得娱乐。

（四）文化经济学

1. 文化经济学产生的条件。

文化经济学产生于20世纪60年代以后，一般认为对艺术文化的经济研究是自鲍谟尔（W. J. Baumoi, 1966）和鲍文（W. G. Bowen, 1966）的论文《艺术表演：其经济困局》的发表之后开始的，现在这一研究领域已基本成型，在欧洲和美国的一些经济学系已开设有关文化经济学课程。文化经济学的产生不是偶然的，它产生的主客观条件如下：

（1）文化经济学产生的物质条件。

20世纪60年代以来，随着经济的发展，文化艺术产业在欧美各国得到长足和快速的发展，文化艺术产业的产值占GDP的比例不断提高，文化娱乐的支出占人均可支配收入的比例也随着经济的增长而不断扩大，因此，文化艺术产业、文化商品和文化市场也逐渐进入经济学家的研究范畴。

（2）文化经济学产生的知识条件。

对文化学、人类学、社会学的研究积累了对文化规律的认识。现代西方经济学发展出的理论和数量分析方法为文化经济学的产生提供了方法论上的支持。主流经济学不断地放松原先一些严谨的基本假设，从而使理论模型进一步接近真实世界，主流经济学的这种发展趋势也使得文化因素进入经济学分析成为可能。计量经济学的发展，为文化经济学的发展提供了必要的分析工具，文化因素的量化问题一直是文化经济学发展的瓶颈，但虚拟变量的引入在一定程度上解决了这个问题，在计量分析中，一些工具变量被用来替代文化因素。[1]

（3）文化经济学产生的学术条件。

鲍谟尔和鲍文（1966）在《艺术表演：其经济困局》一文中提出了生产力滞后和病态成本理论，作者在这本著作中对美国表演艺术行业的非营利性和生存困境进行了深入细致的经济学分析，为经济学家提供了分析艺术文化生产和消费的视角和工具，并首次提出文化经济学这一说法，标志着文化经济学的诞生，从而开创了文化经济学的研究先河。20世纪90年代，文化经济学文献陆续问世，相关论文大量出现在一些权威或重要的经济学刊物上，如《美国经济评论》、《政治经济学杂志》、《国际社会科学评论》、《文化政策》、《艺术经验研究》、《国际文物杂志》、《国际文化管理杂志》等学术杂志。早在20世纪70年代，国际文化经济学会就已在美国成立，其名下有一份较有影响的刊物《文化经济学》（Journal of Cultural Economics），每期以不同的主题发表大量文化经济学的文章，该刊也成为狭义文化经济学研究的最为重要的理论阵地。国际文化经济学会的成立以及《文化经济学》期刊的诞生，有效地促进了文化经济学的繁荣和发展。在这个时期，有若干本文化经济学的教科书问世[2]，这些颇有影响力的教科书的

---

[1] 塔伯里尼（Tabellini, 2005）对文化影响欧洲地区经济发展的研究成果。
[2] 梁碧波：《文化经济学：两种不同的演进路径》，载于《学术交流》2010年第6期。

第二章 区域文化经济阐释

出版,标志着文化经济学进入了一个较为成熟的发展阶段。

2. 文化经济学的定义。

国际上权威的文化经济学刊物《文化经济学》杂志将文化经济学定义为:"文化经济学是一门将经济学分析方法应用于一切公共及私有的创作艺术、表演艺术、文化遗产及文化产业的学问。它着重研究文化部门的经济组织以及与文化相关的生产者、消费者、政府部门的行为。它的研究主题涵盖了很广泛的范围,包括主流的及新兴的经济学、新古典经济学、福利经济学、公共政策及制度经济学。"①

文化经济学是一门应用性较强的文化科学和应用经济学,它按照政治经济学所揭示的国民经济运行变化的一般规律性,探寻文化产业发展的特殊矛盾关系以及文化的生产、流通、分配、消费等环节的运行机制和运动规律,以求在文化的现代化和市场经济的发展中,按照文化产业运动的特殊规律性,制定科学的文化产业和文化经济的政策,促进文化事业和文化产业的发展。

文化经济学把关注点集中于文化生产力诸要素的合理配置、文化经济结构的有效调整和文化经济运动规律的考察上,并通过文化生产、文化供求、文化消费、文化市场、文化商品、文化商品价格、文化资源、文化投资、文化发展战略和文化经济管理等一系列主要范畴的具体分析,深刻地揭示文化经济自身矛盾运动和发展变化的特殊规律性,从而在根本上把自己同其他经济学分支和文化学分支区别开来。

3. 文化经济学的研究对象。

文化经济学的研究对象并不是文化本身,而是生产文化、供应文化和使用文化的活动过程中表现出来的经济现象,是从文化理论与经济理论的互相结合上来考察文化商品的运动、变化和发展的客观规律。文化经济学的最新发展动态是把艺术市场、文化遗产经济学、文化产业、文化资产评估、文化规制经济学等几个方面作为研究对象。②

文化经济学的对象性研究范围,主要是指与物质文化密切相连的精神文化的生产、流通、分配和消费,包括文学艺术、广播电视、图书出版、文化娱乐、文物博物、音像制品、文化旅游,以及与之相适应的设施和组织机构,如艺术表演团体、出版社、影剧院场、影视制作公司、书店、图书馆、美术馆、博物馆、群众艺术馆、文化馆等。

---

① Schulze Günter G., Schuster J., "Mark, Editorial", Journal of Cultural Economics, 2005 (2).
② 沈全芳、范汉熙:《文化经济学研究新进展》,载于《经济学动态》2010 年第 6 期。

4. 文化经济学的研究内容。

文化经济学从资源配置角度阐明文化资源配置和开发、文化供给与需求、文化投资与消费的现象及其规律，也从流通角度阐明文化市场、文化商品及其价格的特点和运行规律。文化经济学研究的内容大体包括文化资源的配置问题，文化资源的利用效率问题，以及文化产品和服务的分配问题。

文化资源配置问题包括生产哪些文化产品和服务？应该保护哪些文化遗产以及怎样保护？也就是说，如何将文化资源在当代人和后代人之间进行配置等文化遗产的利用和保护问题。

文化资源利用问题包括怎样充分利用现有文化资源来生产更多的产品，选择生产哪些文化产品和服务以及怎样生产。

文化产品及服务的分配问题包括如何将文化资源在不同代人及同代人之间进行分配？采用市场价格进行分配还是政府采用行政手段分配？

第三节
区域文化经济

（一）区域的概念

区域与空间的概念类似。根据区域经济学的定义，区域是指根据一定的目的和原则而划定的地球表面的一定范围的空间，是因自然、经济和社会等方面的内聚力而历史地奠定，并具有相对完整的结构，能够独立发挥功能的有机整体[①]。这里的区域内涵包括：第一，区域所指更多的是一个抽象的空间概念，在区域经济学中，区域和空间这两个概念可以互换；第二，区域的内聚力、结构、功能、规模和边界是构成一个区域的基本要素，其中内聚力是最关键的要素；第三，区域具有客观性和动态性两个最根本的特征，其动态性是随着区域内聚力而发展变化的；第四，区域具有一定的等级体系，不同等级区域的规模可能相差较大。

（二）区域文化的形成及研究意义

我国区域文化形成于方国时期，繁荣于史志时期。先秦，尤其是商周时代，实行分封制，即在地方上采用"封邦建国"的办法进行管理。可以说，分封制开行政区的先河，是在当时特定历史条件下国家统治的适当形式。"封邦建国"

---

① 魏后凯：《现代区域经济学》，经济管理出版社2006年版，第25~30页。

第二章 区域文化经济阐释

将地区的文化提炼、集中和推广，使区域文化成为方国内的统一文化，从而使其成型和稳定。同时，"封建"给地域附上不同的制度和文化。因此，方国时期，是我国区域文化成型的重要时期。史志时期是指社会进入到一统天下时期，文化区域已经被地方行政区划所代替，形成以地方行政区划为地域特征的区域文化。随着历史发展，区域文化出现两个变化，一方面沿袭古代或俗成的历史区域，由于历史漫长而疆域模糊、景物易貌，只剩下了大致的所在地区，如"齐鲁"概指山东，"关东"泛称东北等。但这种模糊的"地域"概念已经转化为对文化界分的标志，深深地积淀在人们的头脑之中，并通过奠定文化基本内涵、影响文化发展宏观走向而产生着深远而广泛的影响。另一方面，地域文化渐被行政区划所替代，文化汇集使地域文化有了更明确的指谓，如岭南专指广东、荆楚专指湖北、燕赵专指河北、齐鲁仅限山东等[1]。

区域是一个模糊的概念，一般而言，被作为一个中观的概念加以分析，其具有承上启下的作用。在进行企业文化、村落文化等微观分析时，对于价值观念的解读依然是以区域文化作为重要的背景来分析，很多内容来源于区域文化，一定程度而言，村落文化的分析更多的是变相的区域文化分析，或者说是为区域文化的微观分析找到一个很好的视角和载体。而对于更大的国家文化而言，在探讨的时候更多是从宗教角度进行分析，如中国的儒家文化，乃至东亚地区的儒家文化传统，西方欧美地区的基督教文化背景，这种分析在宏观格局分析以及国家乃至大的经济区差异时有效，但对于我国这样一个幅员辽阔的国家而言，儒家文化揭示了统一性，但对于多元性认识，还必须借助区域文化的分析与理解。当前，我国正处在经济、文化迅速变迁与转型期，地域文化多元和经济差异较大的时空耦合使得我国区域文化与区域经济之间关系的探讨具有特殊而重要的意义。同时，从宏观背景看，随着后福特主义生产模式的兴起，新产业区成为全球化过程中一种富有活力的区域发展新模式，从而使区域而不是国家成为当代资本主义动态发展过程中的有效空间规模[2]。并且，随着全球化的不断深入，共同语言、社会联系、规范价值和制度等区域特定的"社会资本"使得区域成为"滑溜空间中的粘性地域"（Sticky Places in Slippery Spaces），区域不仅成为全球化过程中经济增长的区域发动机，而且凭借"不可移动的地方资产"成为应对全球化并防止边缘化的重要措施。20世纪70年代末期以来，"产业区"不仅重新点燃人们对

---

[1] 李勤德：《中国区域文化简论》，载于《宁波大学学报（人文科学版）》第8卷第1期，第45页。
[2] Storper, M. The regional world: territorial development in a global economy [M]. New York: Guilford press, 1997: 1-27.

区域文化经济论

地方、地点和区域活力的希望,而且受到学术界的高度重视,并因而催生了弹性专业化学派、新的产业空间学派、创新环境学派、产业集群学派、区域创新系统学派、第二级城市学派等。可以说,作为全球化时代自主的经济发展单元,区域将是全球化背景下的重要研究主题,而新区域主义将成为重要的理论思潮[①]。

(三) 我国区域文化经济概况

我国幅员辽阔,各地自然条件和社会人文条件差异较大,使不同地区之间存在着文化差异,正所谓"十里不同风,百里不同俗"。从河谷文明来看,长江文化、黄河文化是两支最具代表性和影响力的主体文化。从气候等条件来看,可以分为东部汉族农耕文化和西部少数民族游牧文化两大部分。从具体地域和历史角度而言,有齐鲁文化、三晋文化、吴越文化、巴蜀文化、台湾文化、西域文化、徽州文化、荆楚文化、燕赵文化、三秦文化、关东文化、岭南文化等地方奇葩。

不同的地域文化其居民的语言、宗教信仰、艺术形式、生活习惯、道德观念及心理、性格、行为等方面带有浓厚的区域文化特征。因此,不同的地域文化类型致使区域经济呈现出不同的特点。司马迁《史记·货殖列传》指出,齐国"其俗宽缓阔达,有先王遗风";邹鲁"有周公遗风,俗好儒,备好礼,地小人众,俭啬"等。文化背景的差异,总是通过经济活动的方式、规模、层次曲折地反映出来,并使得文化差异成为经济差异的重要原因。我国经济在历经改革开放以来的高速增长之后,区域差异,尤其是区域经济增长差异问题已成为社会经济发展中的一个热点,引起学术界的广泛关注[②]。

[①] 苗长虹:《马歇尔产业区理论的复兴及其理论意义》,载于《地域研究与开发》2004年第23卷,第1期,第1~6页。
[②] 李小建、乔家君:《20世纪90年代中国县际经济差异的空间分析》,载于《地理学报》2001年第56卷第2期,第136~145页。

第三章

区域文化经济理论基础

文化对区域经济的影响与日俱增！区域文化的经济功能日益凸显，区域文化经济将发展为一种新的经济形态。区域文化经济融入人文精神，强调以文化资源为轴心，发散式扩展的区域经济形态。任何时代的经济学者都必须正面回答经济发展中的文化问题，经济学必须建立起文化价值论，并与劳动价值论综合起来，形成区域文化经济的价值论基础。

第一节
马克思主义社会生产理论

马克思和恩格斯在全面分析人类劳动的基础上提出了著名的社会生产理论。生产是贯穿人类社会最基本的实践活动。由此可见，生产是人类社会赖以存在和发展的基础。关于社会生产的理论，在整个历史唯物主义中占有十分重要的地位，它是历史唯物主义的一条重要原理。1845~1846年，在马克思和恩格斯合著的《德意志意识形态》中，马克思、恩格斯初步系统地阐明了历史唯物主义基本原理，说明了物质生产是社会生活的基础，并对社会物质生产范畴作了现实具体的规定，提出了关于生产的概念："当人开始生产自己的生活资料的时候，这一步是由他们的肉体组织所决定的，人本身就开始把自己和动物区别开来。人们生产自己的生活资料，同时间接地生产着自己的物质生活本身。"这就是说，现实的个人是在一定的历史条件下从事活动、进行物质生产的，这是人和动物的根本区别。

马克思、恩格斯考察了"原初的"历史关系的四个方面：一是作为人类社会生存和发展基本条件的物质生活资料的生产；二是为满足新的需要的再生产；

区域文化经济论

三是人类自身的生产;四是社会生产表现出的双重关系——自然关系和社会关系。社会物质生产既是物质资料的生产,也是人类自身的生产。马克思、恩格斯认为社会物质资料的生产是维持人类生存的第一个前提,人类在进行社会物质资料生产和再生产的同时,也需要进行人类自身的生产和再生产,即人类的"繁衍"。人既是物质资料生产者,也是物质资料的消费者,离开人类自身的生产和再生产,也就没有了物资资料的生产者和消费者,社会生产也就无法延续下去。由此可见,两种生产是密切联系,有机统一的。

马克思在《1844年经济学哲学手稿》中首先提出了"全面生产"的概念,他说:"动物的生产是片面的,而人的生产是全面的,动物只是在直接的肉体需要的支配下生产,并且只有不受这种需要的支配时才进行真正的生产;动物只生产自身,而人在生产整个自然界,动物的产品直接同它的肉体相联系,而人则自由地对待自己的产品。"[①] 在这段论述中,马克思不仅区分了"动物的生产"和"人的生产",而且把它们作为"片面的生产"和"全面的生产"区分开来。

马克思认为人类的生产是全面的。那么什么叫人的全面生产?马克思在《德意志意识形态》中,第一次提出了全面生产理论,他指出:"仅仅因为这个缘故,各个单独的个人才能摆脱各种不同的民族局限和地域局限,而同整个世界的生产(也包括精神的生产)发生实际联系,并且可能有力量来利用全球的这种全面生产(人们所创造的一切)。"[②] 这就告诉我们物质资料的生产是马克思用来分析资本主义社会的逻辑起点,但它绝不是马克思社会生产的唯一内容和唯一形式。全面生产不仅包括物质生活资料的生产,还包括满足人们精神需要的精神生产,即"关于意识的生产",它是人类社会生产实践的基本形式之一以及维持人类繁衍的人口生产和人之为人的社会关系生产。前三种生产形式马克思在《德意志意识形态》中都明确提出过,并阐述了这三个方面的内涵及其相互关系。社会关系生产的学说是后来马克思在《哲学的贫困》中提出的学说。众所周知,马克思把社会理解为人和自然界的本质的统一。在这个意义上可以说,"全面的"生产也就是整个人类社会的生产和再生产。根据马克思的经典文本和当代社会生活发展的实践,我们可以将马克思的全面生产理论分为四个方面:第一,物质资料的生产;第二,人类自身的生产;第三,精神生产;第四,社会关系的生产。

---

① 《马克思恩格斯全集》第42卷,人民出版社1972年版,第96~97页。
② 《马克思恩格斯全集》第3卷,人民出版社1972年版,第42页。

第三章 区域文化经济理论基础

一、马克思主义物质资料生产理论

全面生产理论中的第一种生产就是物质资料的生产，这是人类历史的第一个前提。马克思在《詹姆斯·穆勒〈政治经济学原理〉一书摘要》中指出："我们的生产同样是反映我们本质的镜子。"① 这里说的生产即物质资料的生产。人类首先要生存，才能够发展，生存就必须有衣、食、住、行的物质生活资料，物质资料生产是人类获得这些物质生活资料的唯一方式。马克思早年在运用社会生产理论进行社会结构的分析时，就是以资本主义的物质资料生产为逻辑起点的。这足以可见马克思非常重视物质资料生产在社会历史发展中的地位和作用。马克思在《德意志意识形态》中也指出："人们为了能够'创造历史'，必须能够生活。但是为了生活，首先就需要吃喝住穿以及其他一些东西。因此第一个历史活动就是生产满足这些需要的资料，即生产物质生活本身。"② 因此，关于物质资料的生产活动构成了人类历史的第一个前提，构成了人类历史发展的物质基础，是人类社会存在和发展的基础。

人类社会区别于动物的特征是劳动，制造生产工具是真正劳动的开始，随着生产工具的应用，人类的劳动生产率越来越高，生存能力也就越来越强。"劳动本身经过一代又一代变得更加不同、更加完善和更加多方面化了。除打猎和畜牧外，又有了农业，农业以后又有了纺纱、织布、冶金、制陶器和航行。伴随着商业和手工业，最后出现了艺术和科学；从部落发展成了民族和国家。法和政治发展起来了，而且和它们一起，人间事物在人的头脑中的幻想的反映——宗教，也发展起来了。"③

物质资料生产作为劳动的最主要形式，它是人类创造物质财富以满足自己的物质需要的生产活动，是人类在一定意识、目的支配下使用劳动资料，作用于劳动对象，为获取生存资料而进行的改造自然，创造出适合人们需要也就是具有使用价值的物质产品的活动，是人与自然之间的物质、能量和信息的变换活动，在人类活动中居于基础地位。其中包括社会生产资料的生产和人们生活资料的生产。社会生产资料的生产，是人的社会性活动。动物仅仅是采集天然的物质资料，而人类则是通过有意识、有目的的生产劳动来生产自己所需要的物质资料，

---

① 《马克思恩格斯全集》第 42 卷，人民出版社 1972 年版，第 37 页。
② 《马克思恩格斯文集》第 1 卷，人民出版社 2009 年版，第 531 页。
③ 《马克思恩格斯选集》第 4 卷，人民出版社 1995 年版，第 2 页。

这种生产劳动一方面满足了自己的物质需要，另一方面创造了人类社会的历史。人类的生产活动必须以一定的社会形式即采取一定的生产方式才能进行。生产方式是指社会生活所必需的物质资料的谋取方式，在生产过程中形成的人与自然界之间和人与人之间的相互关系的体系。生产方式的物质内容是生产力，其社会形式是生产关系，生产方式是两者在物质资料生产过程中的统一。

马克思比以往的任何理论家都更加重视物质生产和经济因素的作用，主张超越人们的思想动机，进一步深入探寻形成动机的根源，找出人们思想动机背后的客观物质动因。物质资料生产在历史上的作用，马克思进行了经典性的阐述："人们在自己生活的社会生产中发生一定的、必然的、不以他们的意志为转移的关系，即同他们的物质生产力的一定发展阶段相适合的生产关系。这些生产关系的总和构成社会的经济结构，既有法律的和政治的上层建筑竖立其上并有一定的社会意识形态之相适应的现实基础。物质生活的生产方式制约着整个社会生活、政治生活和精神生活的过程。不是人们的意识决定人们的存在，相反，是人们的社会存在决定人们的意识。社会的物质生产力发展到一定阶段，便同它们一直在其中运动的现存生产关系或财产关系（这只是生产关系的法律用语）发生矛盾。于是这些关系便由生产力的发展方式变成生产力的桎梏。那时社会革命的时代就到来了。随着经济基础的变更，全部庞大的上层建筑也或慢或快地发生变革。"①因此，把握物质生产是我们认识全部生产力的基础。在物质生产过程中，人类社会的各种事物逐渐出现并不断发展和完善，因此，可以说，人类通过物质资料的生产，使自己与动物相区别，又通过对自然的改造，出现了人化自然，从而出现了人类历史，形成了人类社会并创造了人类文明。

物质资料的生产是人类生活最一般的本质活动，是人类社会存在和发展的前提和基础，同时又是规定和制约人类生活全部领域的基本实践活动。物质资料生产能够对人类社会的存在和发展起"根本性"的决定作用。这是历史唯物主义一条极为重要的基本原理。马克思、恩格斯反复强调这个原理。马克思在《〈政治经济学批判〉序言》中说："物质生活的生产方式制约着整个社会生活、政治生活和精神生活的过程。"② 恩格斯在评价马克思这句话时指出："这个原理，不仅对于经济学，而且对于一切历史科学都是一个具有革命意义的发现：'物质生活的生产方式制约着整个社会生活、政治生活和精神生活的过程'，在历史上出现的一切社会关系和国家关系，一切宗教制度和法律制度，一切理论观点，只有理解了每一个与之相适应的时代的物质条件，并且从这些物质条件中被引申出来

---

①② 《马克思恩格斯选集》第2卷，人民出版社1995年版，第32～33页。

第三章 区域文化经济理论基础

的时候，才能理解。"①

物质资料生产在社会发展中的决定作用体现在以下几个方面：第一，物质资料生产，是人区别于动物界的根本标志。通过有意识的物质资料的生产，使人从动物界脱离出来。第二，物质资料生产是人类社会生存和发展的基础，停止了物质的生产，人类就无法进行物质资料的消费，也就无法生存，更谈不上发展。人类必须首先解决吃、喝、住、穿问题，才能从事政治、司法、科学、艺术、宗教等其他活动。所以物质资料生产活动又是人类从事其他各种社会活动的基础。第三，人类的一切社会关系都是以物质资料生产为基础的。物质资料生产不仅创造了人类生存所必需的物质条件，同时也创造了人与人之间的生产关系。在生产关系的基础上，人们又形成了政治关系和思想关系等其他社会关系，从而形成了整个人类社会。物质资料的生产活动产生了生产方式，生产方式又决定社会制度的性质和社会制度的更替。有什么性质的生产方式就会产生与之相适应的社会制度。由此可见，物质资料的生产决定了人类的一切社会关系。第四，物质资料生产方式的发展和变革推动着社会形态的发展变化。生产力和生产关系、经济基础和上层建筑之间的矛盾是人类社会的基本矛盾，这两对矛盾的运动贯穿于人类社会始终，是决定社会发展的力量。在这两对矛盾中，生产力和生产关系的矛盾是基础和决定者。因此，物质资料生产方式的内部矛盾运动以及由此所引起的生产方式的变化，必然成为决定社会历史发展的基本力量。人类社会发展的不同历史阶段，归根到底是物质生活资料的生产方式变革的结果。

二、马克思主义人口生产的理论

人口生产是指人类为了生命的延续、种族的繁衍而进行的生产。从历史的最初时期起，人口生产就是社会生产的一种形式，并与物质生产、精神生产和社会关系生产同时存在和在历史发展中起着重要作用。

马克思、恩格斯在重视物质资料生产的同时，也强调人类自身生产对历史的决定作用，恩格斯在《家庭、私有制和国家的起源》明确指出："一定历史时代和一定地区内的人们生活于其下的社会制度，受到两种生产的制约：一方面受劳动的发展阶段的制约，另一方面受家庭的发展阶段的制约。"② 如果说物质资料生产是人类社会存在和发展的基础，那么人自身的生产是人类生存和发展的

---

① 《马克思恩格斯选集》第 2 卷，人民出版社 1995 年版，第 38 页。
② 《马克思恩格斯选集》第 4 卷，人民出版社 1995 年版，第 82 页。

目的。

在劳动不发达的历史时代，社会制度受血缘关系的影响和支配。"亲属关系在一切蒙昧民族和野蛮民族的社会制度中起着决定作用。"① 人类在进行社会物质资料生产的同时，也进行着人类自身的生产，人类自身生产是通过人的自身生命和他人生命的生产维持和延续人类生存的生产活动。它构成整个社会生活运动发展的内在动因和力量源泉，是人类一切活动的起点和终点。因为人类既是物质资料的生产者，又是物质资料的消费者，假如没有人类自身的生产，整个社会生产就失去了主体，人类社会的一切实践活动都将停止。

人类自身生产是历史发展的动力，是人类社会最基本的一种社会生产方式。人口生产与物质资料生产相比较，具有其自身的特点：第一，从周期上看，人口生产的周期比较长，所谓人口生产的周期是指一代人生育下一代人的间隔时间。物质资料的生产周期很短，一般是一个生产过程就是一个周期，如工业产品的生产周期。农产品较工业产品较长，一年收获一次，随着科学技术进步和劳动生产率的提高，物质生产的周期呈现出缩短的趋势。例如，随着科技进步，农产品可以一年收获几次。而人类结婚和生育的年龄却随着社会经济，文化的发展，有着推迟的趋势，这使得人口生产的周期进一步延长。目前世界上大多数国家，人口生产周期都在20年以上。第二，从形式上看，物质资料的生产经过原始社会的集体生产，机器工业时代的单位生产，虽然有小作坊式的家庭生产模式，但毕竟是少数。而人口生产是男女通过婚姻关系、组成家庭进行的。不论人类的婚姻和家庭形式如何变化，人口生产始终是在家庭范围内进行的。第三，从目的上看，生育后代是人口生产的必要环节，人口生产的目的是为了人类能够世代延续。而物质资料生产的目的是为了满足人类的物质需要。

马克思在《德意志意识形态》中，阐述了人口生产在人类社会发展中的作用，他指出，任何人类历史的第一个前提都是有生命的个人存在，人们在开始通过物质生产满足自己对生活资料的需要时，就把自己和动物区别开来，同时，人们还间接地生产着他们的物质生活本身。尽管人口生产在历史发展、社会进步中起到决定性的作用，但也要进行适度的人口生产，这是因为人口是社会物质资料生产的自然基础，没有一定数量的最低限度的人口，就不可能有物质生产。尤其是在社会生产力不发达的原始时代，由于生产力低下，人类抵御风险的能力低下，想要生存下去，就必须以群体的联合力量和集体行动来弥补个体劳动能力和自卫能力的不足，所以必须要扩大人口生产，才能进行社会物质资料生产，才能

---

① 《马克思恩格斯选集》第21卷，人民出版社1995年版，第29、30页。

第三章 区域文化经济理论基础

形成人类社会。随着人类社会的不断进步，物质资料生产由依靠劳动力的数量逐步转变为依靠科技进步所带来的劳动生产率的提高，这时对人口数量的需求就会相对减少，因而要求对人口增长的速度适当加以限制。此时，如果不断扩大人口生产的规模，会在衣、食、住、行、教育、卫生医疗等方面压迫生产力，影响积累以及物质生产发展的规模和速度。随着社会生产力的发展和科学技术水平的提高，人口质量越来越受到关注，因而优生优育，不断改善、优化人口的职业构成、教育构成、技术熟练程度的构成以及年龄构成、性别构成等，越来越成为生产发展和社会进步中起重要作用的因素。综上所述，既不能片面地说人口生产规模越大越好，也不能反过来说人口数量越少、密度越小、增长越慢越好。只有与社会生产力状况相适应的人口状况，才最有利于促进社会的发展。

人口生产虽然对社会发展有影响和制约作用，但却并不能决定社会制度的性质和更替。第一，人口因素不能决定社会制度的性质。所谓人口状况，是指人口数量、质量、密度、构成、增长速度等。人口状况与社会制度的性质没有必然的联系。人口状况相同的国家，社会制度的性质可能是不同的；人口状况不同的国家，而社会制度的性质又可能是相同的。我们不能够根据一个国家的人口状况来判定他的社会制度是先进还是落后。第二，人口状况不能决定社会制度的更替。既然人口制度与社会制度的性质没有本质上的关系，那就更谈不上决定社会制度的更替了，社会制度的更替是由生产力与生产关系之间的矛盾发展到一定阶段所决定的。

三、马克思主义精神生产理论

（一）马克思主义精神生产理论及其意义

1. 精神生产的含义。

精神生产本质上是人的脑力劳动过程，是一个社会历史范畴。在《德意志意识形态》中，马克思第一次科学地界定了精神生产的含义，他指出，精神生产主要是指"思想、观念、意识的生产"。[①] 它是人类社会生产实践的基本形式之一。精神生产是与动物的活动相区别的"真正的生产"。[②] 它包括"思想、观念、意识的生产"，也包括"政治、法律、道德、宗教、形而上学"等诸种社会

[①] 《马克思恩格斯文集》第1卷，人民出版社2009年版，第524页。
[②] 马克思：《1844年经济学哲学手稿》，人民出版社1984年版，第53页。

意识形态的生产。① 精神生产是精神生产者在耗费大量的脑力后，创造出满足人们精神需要的精神产品的过程，是一种社会性的劳动活动。无论是思想、观念的生产还是诸种社会意识形态的生产，都是在为社会创造精神财富。由此可见，精神生产活动，是人类社会一项重要的实践活动，是社会生产中必不可少的组成部分。

2. 精神生产与社会分工。

精神生产作为人类特有的一种精神活动，并非一开始就是一种独立的社会实践形式，而是人类历史发展到一定阶段的产物。在人类社会早期，社会生产力低下，物质生产和精神生产浑然一体，人的智力所起的作用非常小，精神生产尚未从社会生产中分化出来。原始社会末期，剩余产品随着社会生产力的发展而出现，阶级和私有制也逐步产生，脑力劳动和体力劳动开始逐渐分离。自此，精神生产才作为一种独立的劳动形式正式产生。马克思指出："分工只是从物质劳动和精神劳动分离的时候起才真正成为分工。"② 而这种分工正是建立在生产力水平的一定发展程度和人类数量有相当增长的基础上的。所以精神生产是人类物质生产和人口生产发展到一定阶段的产物，是体力劳动和脑力劳动分工的产物。

3. 精神生产与物质生产的关系。

首先，马克思认为，精神生产由物质生产决定。他指出"精神生产随着物质生产的改造而改造。"③ 物质生产对精神生产的决定作用主要表现在：物质生产是精神生产的基础，虽然精神生产是脑力劳动者的主观精神活动，但精神生产过程常常需要借助于一定的物质手段，精神产品也往往需要一定的物质载体。物质生产发展的需要是精神生产发展的主要动力。精神生产发展的动力有两个：一个是精神生产力与精神生产关系这对矛盾运动的结果；另一个就是物质生产发展的需要。在经济不发达的原始社会，精神生产的发展在很大程度上依赖于物质生产，精神生产发展的最主要动力就是物质生产发展的需要。恩格斯曾明确指出："社会一旦有技术上的需要，则这种需要就会比十所大学更能把科学推向前进。"④

其次，精神生产与物质生产的发展具有不平衡性。其基本含义是：精神生产虽然受物质生产的制约。"'精神'从一开始就很倒霉，受到物质的'纠缠'，物质在这里表现为振动着的空气层、声音，简言之，即语言。"然而由于精神生产

---

① 《马克思恩格斯全集》第1卷，人民出版社1972年版，第30页。
② 《马克思恩格斯选集》第4卷，人民出版社1995年版，第82页。
③ 《马克思恩格斯全集》第1卷，人民出版社1972年版，第270页。
④ 《马克思恩格斯全集》第26卷，人民出版社1972年版，第256页。

第三章 区域文化经济理论基础

的独立性，使它在发展过程中并非只是紧跟物质生产发展过程之后。事实上，在人类社会生产发展历史中，精神生产与物质生产发展的不平衡是绝对的，平衡是相对的。这种不平衡主要是指精神生产与物质生产的发展具有不同步性，具体表现在以下两个方面：第一，从精神生产的起源来看，精神生产的产生滞后于物质生产，只有当物质生产力发展到一定阶段，人口不断增加，私有制的出现，使一批人脱离体力劳动专门从事社会管理和精神创造，才出现了脑力劳动与体力劳动的真正分工，精神生产应时而生。第二，由于精神产品的独立性，使得精神生产中的某些内容一经产生出来，便会具有相对独立的意义而被人们长期所认同，常常具有保守性和滞后性。

最后，精神生产对物质生产具有重大的反作用。马克思指出："一个生产部门，例如铁、煤、机器的生产或建筑业等等劳动生产力的发展——这种发展部分地可以和精神生产领域内的进步，特别是和自然科学及其应用方面的进步联系在一起。"① 关于精神生产对物质生产的反作用，主要表现为以下三个方面：第一，精神生产的产品，在满足劳动者的精神需要的同时，提高了劳动者的文化素质，为物质生产的发展和社会进步提供智力支持；第二，精神生产者通过设计、实验创造出新的生产工具，扩大劳动的范围和对象，提高劳动生产效率，为物质生产的发展和社会的进步提供精神动力；第三，是生产出一定的意识形态，如政治理论、法律观点、道德规范、价值观念、政治法律制度、理论观点、方针、计划等，为物质生产和社会进步提供制度保障和指导。

4. 精神生产的特征。

（1）精神生产的创造性。

所谓精神生产，主要是指人们通过脑力劳动，例如，想象力、思维力、理解力、记忆力等的支出，进行创造性的精神劳动，从而生产出具有精神价值且可以满足整个人类社会精神需要的产品。精神生产从人类劳动中分化出来后，就具有了独立性，成为一种相对独立的生产活动。精神生产具有创造性，这是精神生产的基本特征，也是精神生产的灵魂。精神生产过程的创造性一般都具有非重复性，是一种创新活动。不断创新是精神生产的生命。精神生产要不断提出新见解、新理论、新思想、新设计、新工艺、新作品，才能不断满足人们日益发展的精神需要。

（2）精神生产的观念性。

精神生产具有观念性。精神生产的观念性首先表现在精神生产主体经过脑力

---

① 《马克思恩格斯全集》第25卷，人民出版社1972年版，第79页。

劳动，运用特定的符号系统对客体进行观念形态的加工、改造、创造。精神生产主体对客体的加工改造只是在思想形式中完成，并不会引起劳动对象实际形态的改变。因此，精神生产主要是生产主体对客体在意识形态即观念上的再认识，并在此基础上，不断的创造出新的具有一定思想体系或一定意识形式的观念形态的产品的生产活动；其次，精神产品是物化了的观念性的产品，其载体虽然是物质形态的东西，但其实质却是精神性、观念性的东西。由于人们对精神产品的消费一般是消化吸收附着在物质载体中的观念成果，即精神价值，因此，当精神生产者将自己的脑力劳动成果以物的形式表现出来，使其成为一种物化了的观念形态的东西，就保证了精神产品所包含的信息具有传播性和共享性，以满足人们特定的精神需要。

（3）精神生产的自主性。

精神生产具有自主性。这种自主性首先体现在精神生产者可以自由自主地发挥自己的精神创造能力，能自由地表达自己在创造过程中的思想和感情。因此，一般来说，精神劳动才是真正意义上的"自由自觉的活动"。其次，精神生产者可以不受限制的运用精神生产方式对生产对象进行加工改造。精神生产不似物质生产，要受到自然环境、生产工具的限制，精神生产者的生产过程实质上是精神生产主体的思维活动内部的"结合"过程。因此，大体说来，精神生产者可以自由地运用生产手段和生产对象进行观念创造，可以根据自己的需要自由地选取、整合生产手段和生产对象。由此可见，精神生产具有很强的自主性。

5. 精神生产力与精神生产关系。

精神生产同物质资料生产一样，也有生产力和生产关系这两个基本方面的内容。

（1）精神生产力。

马克思在《1857~1858年经济学手稿》中第一次提出了"精神生产力"的概念。他指出封建关系的解体"只有在物质的（因而还有精神的）生产力发展到一定水平时才有可能"。[1] 而货币"是发展一切生产力即物质生产力和精神生产力的主动轮"。[2] 由此可见，马克思把精神生产力看做是与物质生产力同等的概念。精神生产力是人类反映、认识客观世界，并运用精神生产手段创造精神产品的力量，主要包括精神生产者、精神生产手段和精神生产对象三个基本要素。马克思在《德意志意识形态》一书中，提出了"精神生产者"的概念，认为精

---

[1]《马克思恩格斯文集》第8卷，人民出版社2009年版，第155页。
[2]《马克思恩格斯全集》第46卷，人民出版社1972年版，第173页。

第三章 区域文化经济理论基础

神生产者是运用精神生产资料创造精神产品的脑力劳动者。劳动者作为生产的主体，在物质资料生产过程中，起着主导作用；在精神生产中，其主导作用更加突出。可以说，一个时代，一个国家或地区的精神生产力状况，很大程度上取决于精神生产者的数量和质量。历史上精神生产的黄金时代，都是"需要巨人而且产生了巨人"的时代。

马克思和恩格斯在《德意志意识形态》中，还提出了精神生产资料的范畴。精神生产资料是精神生产者赖以进行精神生产的各种意识形态资料和物质形态资料的总和，包括精神生产手段和精神生产对象两个方面。精神生产手段是指精神生产者研究和认识、加工和改造精神生产对象时所运用的各种物质性和精神性的手段，物质性的手段主要有：实验用的科学仪器和材料、文化用品如乐器、信息传播机构如图书馆、学校、网络、广播电视等。精神性的手段主要有：语言、概念、形象及各类符号体系等思维工具、思维方法、艺术技巧等。精神生产对象可以分为三类：第一类是精神生产的过程中，在人的头脑中直接再现和反映的客观对象及其本质规律；第二类是客观对象在精神活动中作为原材料在精神生产者的头脑里被加工和创造，进而形成新的意识形态产品；第三类是在精神生产中，脑力劳动者借助于一定的生产手段加工改造前人留下的思想资料，再现社会生活，揭示事物的本质和规律，从而提出新理论、写出新作品。可见，在精神生产中，生产者、生产资料和生产对象三者缺一不可，三者的统一构成现实的精神生产力，从而为社会创造精神财富，促进精神文明乃至整个社会文明的发展。

（2）精神生产关系。

作为人的社会性活动，精神生产过程中必然发生人与人之间的相互关系。这种人在精神生产中形成的一定的社会关系就是精神生产关系，它是与精神生产力相对应的历史唯物主义范畴。它主要包括三个基本方面：一是所有制问题，即对精神生产资料的占有关系，包括对精神生产对象和精神生产手段的占有，最主要的是对精神生产手段的占有，例如，用于精神生产的仪器设备、思维方法、艺术技巧等等。二是人们在精神生产中的地位关系，即精神生产中人们的不同地位和作用。包括精神生产者与统治阶级之间的关系、精神生产者与消费者之间的关系、精神生产者内部的关系。三是精神产品的分配关系。三者之中精神生产资料的占有关系即所有制问题是最基本的，它决定了人们在精神生产中的不同地位和作用，同时也决定着精神产品的分配方式。马克思、恩格斯曾指出："统治阶级的思想在每一个时代都是占统治地位的思想。同时也是支配着精神生产的资料，统治阶级作为思维着的人，作为思想的生产者而进行统治，他们调节着自己时代的思想的生产和分配。"① 因此，在阶级社会里，占统治地位的阶级占有精神生产资料的同时也享有精神产品的支配权。广大被剥削阶级被剥夺了受教育的权利和从事精神生产的自由，往往只能从事体力劳动，直接从事精神生产的往往是统治阶级本身和在统治阶级监督和控制之下从事精神生产的雇佣劳动者。只有在公有制社会，社会成员才能平等地使用精神生产资料，自由地进行精神生产，平等地享有精神生产产品，平等地接受教育。

（3）精神生产力与精神生产关系的关系。

精神生产力与精神生产关系之间的关系若放在精神生产内部，则是对立统一的矛盾关系，即精神生产力决定精神生产关系，精神生产关系一定要适应精神生产力发展的状况。然而，精神生产与物质生产是不可分割的，精神生产力与精神生产关系的矛盾同物质生产力与物质生产关系的矛盾始终是交织在一起的，物质生产力和精神生产力是相互促进、共同发展的。物质生产力是精神生产力发展的基础，物质生产力的发展制约、决定着精神生产力的发展状况；精神生产力的发展又会反作用于物质生产力的发展。两者之间的这种相辅相成、共同发展的状况，决定着物质生产关系和精神生产关系的性质和变革，推动着社会历史的发展。要想正确地把握这种关系，须注意以下几点：第一，精神生产力与精神生产关系的统一构成一定的精神生产方式。精神生产方式内在矛盾类似于物质资料生产方式内在矛盾运动，但却不是完全地等同，由于物质资料生产和精神生产是互相联系互相作用的矛盾关系，物质生产力与精神生产力的发展首先引起了物质生产关系的变革，随着物质生产关系的变革，精神生产关系也相应地发生变革，从而引起整个社会的变革。因此，不能离开物质资料的生产方式研究精神生产力和精神生产关系的矛盾运动。第二，精神生产力对精神生产关系的作用可以划分为直接作用和间接作用，精神生产力通过对物质资料生产发生作用而间接作用于精神生产关系，精神产品可以转化为现实的物质生产力，促进物质资料生产的发展并导致社会经济制度的变革，而物质资料生产的发展会导致精神生产关系的发展和变革。第三，精神生产力与精神生产关系的作用是相互的。精神生产关系对精神生产力既可以起积极的促进作用，又可以起消极的阻碍作用，当精神生产关系适合精神生产力的状况时，精神生产者的积极性不被压抑而得到发挥，精神生产资料的占有形式使这些生产资料得到合理的利用，好的精神产品能够迅速地在社会上广泛发挥作用，这时精神生产力就能得到迅速发展；反之，当精神生产关系不适合精神生产力状况时，表现为精神生产者的积极性受到压抑，精神生产资料

---

① 《马克思恩格斯选集》第 1 卷，人民出版社 1995 年版，第 52 页。

第三章 区域文化经济理论基础

不能得到合理利用，好的精神产品不能迅速广泛地传播和发挥作用，精神生产力的发展就会受到阻碍。但是，精神生产力具有不断发展的要求和特征，精神生产关系不能长久地阻碍或绝对窒息精神生产力的发展，精神生产关系一定要适合精神生产力的状况。

6. 精神生产在人类社会发展过程中的作用。

（1）精神生产为物质生产提供了智力支持。物质生产是人类社会存在与发展的基础，而精神生产则为社会生产思想。而这种思想对物质生产起着重要的引导作用。例如，自然科学知识作为精神生产的产品为物质生产提供了智力支持和理论依据，是一种潜在的生产力。科学知识一旦转化为技术被应用到物质生产领域，就转化为现实的生产力。随着科技的进步，自然科学知识转化为技术并应用到物质生产的过程越来越短。物质生产过程现在已处处渗透着科学成果，即精神生产的成果。现阶段，科技生产力的发展和壮大已成为振兴经济、发展物质生产的关键。

（2）精神生产为人类提供认识和改造客观世界和主观世界的世界观和方法论。例如，马克思主义为我们提供了认识世界和改造世界的世界观和方法论。马克思主义哲学的产生源于社会实践，是社会实践经验的概括和总结，同时又为新的社会生产实践提供理论指导；为改造社会、变革生产关系、改造政治体制等方面提供理论依据，使上层建筑和经济基础同生产力的发展状况相适应，以促进物质生产力的高速发展，创造丰富的物质生产资料，为物质文明建设和精神文明建设奠定坚实的物质基础。

（3）人类要发展，除了有丰富的物质基础外，还要不断地提升人的精神境界，发展人的综合素质，因为当人类社会发展到一定阶段时，无论什么社会什么样的社会制度都需要有文化的人、有知识的人、有能力的人。而承担这一重任的唯有教育。百年大计，教育为本。教育是立国之本，民族兴旺的标记，一个国家有没有发展潜力看的是教育，这个国家富不富强看的也是教育。教育作为精神生产的产品满足人类社会绚丽多彩的精神生活需要的同时，更为根本的作用是提升人类自身素质，真正科学地发挥人自身的自觉能动性。

由此可见，精神生产不仅在人们改造客观世界的活动中，而且在改造人们的主观世界的活动中，发挥着越来越重要的作用，成为调整人类自身生产、提高人类物质文明总水平的关键。

四、马克思主义社会关系生产理论

马克思第一次在《德意志意识形态》阐述全面生产理论时,主要强调了物质资料的生产、精神需要的生产和人口的生产三个方面,社会关系的生产理论是其在1847年发表的《哲学的贫困》中提出的,"生产关系总合起来就构成所谓社会关系,构成为所谓社会,并且是构成一个处于一定历史发展阶段上的社会,具有独特特征的社会"。①

马克思指出:"随着新生产力的获得,人们改变自己的生产方式,随着生产方式即谋生的方式的改变,人们也就会改变自己的一切社会关系。"② 马克思认为社会关系生产是人之为人的重要生产。人的本性决定了,人只要活着就会不停地从事物质生产和精神生产,不断地追求物质财富和精神财富。马克思认为人类社会的一切现象都处于一定的社会关系之中。他在《雇佣劳动与资本》中指出:"黑人就是黑人。只有在一定的关系下,他才成为奴隶。纺纱机是纺棉花的机器。只有在一定的关系下,它才成为资本。脱离了这种关系,它也就不是资本了,就像黄金本身并不是货币,砂糖并不是砂糖的价格一样。"③ 在马克思看来,人类社会发展史既是人们追求物质财富的历史,又是人们追求最佳社会关系的历史,犹如劳动是人的本质一样,追求最有利于自身发展的最佳社会关系同样是人之为人的内在本质和基本要求。

马克思认为,看似虚幻的社会关系,实际上是有其物化的外表的,是人之存在最切实的基础。他说:"社会生产过程既是人类生活的物质生存条件的生产过程,又是一个在特殊的、历史的和经济的生产关系中进行的过程,是生产和再生产着这些生产关系本身,因而生产和再生产着这个过程的承担者、他们的物质生存条件和他们的互相关系即他们的一定的经济的社会形成的过程。"④ 这表明自人类社会产生以来,人与人之间的社会关系不仅仅表现为一种自然关系,而且也表现为一种以物为中介的社会关系,是自然关系和社会关系的统一。这种以物为中介的社会关系主要包括货币、财产、资本等,它们在本质上体现了人与人之间的关系。马克思曾指出:"在消费过程中发生个人,因而再生产出他们的社会存

---

① 《马克思恩格斯文集》第1卷,人民出版社2009年版,第724页。
② 《马克思恩格斯文集》第1卷,人民出版社2009年版,第602页。
③ 《马克思恩格斯文集》第1卷,人民出版社2009年版,第723页。
④ 《马克思恩格斯文集》第7卷,人民出版社2009年版,第927页。

第三章 区域文化经济理论基础

在,即社会。"① 因此,社会关系生产的核心在于对物质财富的生产、消费与占有。

总之,物质生产、人口生产、精神生产和社会关系生产四种生产一起构成人类社会生产的四个方面,这四个方面不是割裂的,不是后者是前者的替代,而是同时存在,互相影响。从历史的最初时期起,即有人类开始,这四个方面就应运而生了,并且它们在人类历史上共同起着作用。但是,我们应该看到的是,在人类社会历史的不同阶段,这四种生产虽然同时存在,但在社会发展中的地位和作用是不同的。由于处在每一个阶段的社会都分别具有各自不同的最先进的社会生产形式,它成为该时期社会发展的主导力量,决定、支配甚至改变着其他一切社会生产形式,正如马克思所指出的那样,"在一切社会形式中都有一种一定的生产决定其他一切生产的地位和影响,因而它的关系也决定其他一切关系的地位和影响。这是一种普照的光,它掩盖了一切其他色彩,改变着它们的特点。"② 在《1857~1858年经济学手稿》中,马克思指出,在史前时期,由于生产力水平极其低下,经济关系还未展开,当时决定社会组织形式的主要因素是血亲关系,因此,这一时期的"普照的光"是人口生产。但随着人口数量的增加,生产活动范围的扩大和经济关系的展开,人口生产在社会发展中的决定地位逐渐被物质生产所代替,人与人之间的直接的社会关系被物与物的关系所代替。迄今为止所谓"文明时代"的"普照的光"变为物质生产。而在未来的共产主义时代,随着生产力水平的极大提高,人的个性得到全面发展,彻底消灭了城乡差别和脑力劳动与体力劳动的差别,谋生劳动变为自由劳动,四种生产重新融合,但在社会发展中起主导作用的将是人类自由自觉的精神生产。③ 社会关系生产在人类历史发展过程中从未居于显著的主导地位,而是融合在其他三种社会生产当中,它始终如影随形地伴随着整个人类社会历史发展。

---

① 《马克思恩格斯全集》第46卷下册,人民出版社1980年版,第230页。
② 《马克思恩格斯文集》第8卷,人民出版社2009年版,第31页。
③ 景中强:《马克思的社会生产理论与唯物史观》,《河南大学学报》(社会科学版)1996年第3期。

区域文化经济论

第二节
西方现代社会生产理论

一、西方经济学与马克思主义经济学中关于生产理论的比较

1. 西方生产理论与马克思主义生产理论的相同、相似、相通点。

生产理论是经济学的基础理论，无论是西方经济学还是马克思主义经济学，都有着丰富的内容，而且他们关于生产理论的渊源和具体内容有着许多相同、相似或相通之处。

第一，无论是西方经济学还是马克思主义经济学都从资产阶级古典经济学中汲取了营养，把生产过程作为主要研究内容。我们知道，资产阶级古典经济学的主要特征是把研究的视角从流通领域转向生产领域。正如马克思所说："真正的现代经济科学，只是当理论研究从流通过程转向生产过程的时候才开始。"[①] 马克思继承并发展了古典经济学中的生产理论。现代西方经济学作为资产阶级古典经济学的直接继续和发展，当然也包含了古典经济学中生产理论的一些观点。西方经济学的生产理论认为任何劳动过程都是有目的地制造使用价值的过程；劳动力、劳动对象和劳动资料是任何社会形态中的劳动过程都必须具备的要素；任何商品生产过程都是劳动过程和价值形成过程的统一；等等。当代西方经济学教科书中讲到"投入或生产要素是企业在生产过程中使用的商品或劳务。……产出是由或者用于消费或者用于进一步生产的各种系列的有用物品或劳务所构成"。[②] 马克思生产理论和西方生产理论在以上方面都有相似论述。马克思在《资本论》中曾提到："劳动过程首先要撇开各种特定的社会形式来加以考察"；[③]"劳动过程的简单要素是：有目的的活动或劳动本身，劳动对象和劳动资料"；[④]"作为劳动过程和价值形成过程的统一，生产过程是商品生产过程"。[⑤]

第二，将社会产品从实物形态上分为两个部分，马克思主义生产理论和西方

[①] 马克思：《资本论》第3卷上册，人民出版社1975年版，第276页。
[②] 萨缪尔森、诺德豪斯：《经济学》第12版中译本上册，中国发展出版社1992年版，第39页。
[③] 马克思：《资本论》第1卷上册，人民出版社1975年版，第201页。
[④] 马克思：《资本论》第1卷上册，人民出版社1975年版，第202页。
[⑤] 马克思：《资本论》第1卷上册，人民出版社1975年版，第223页。

第三章 区域文化经济理论基础

生产理论的划分很相似。正如我们所熟知的，马克思主义生产理论在实物形态上把社会总产品分为生产资料和消费资料两大部类，并将其作为研究社会再生产的两大理论前提之一，并进一步将消费资料分为"必要生活资料"和"奢侈消费资料"两大类。[①] 萨缪尔森在《经济学》中提到，西方现代生产理论将全部社会产品分为投资品和消费品两类，在对消费资料作进一步分类时将其为分必需品、奢侈品和低等商品，这与马克思主义生产理论的分类相似。

第三，西方生产理论与马克思主义生产理论都注重定量分析。在马克思主义的生产理论中，用精确的数学公式表示利润率、剩余价值率、简单再生产和扩大再生产的条件等。而在西方现代生产理论中，著名的柯布—道格拉斯生产函数、生产可能性边缘曲线、总产量曲线、平均产量曲线、边际产量曲线，以及等产量线、等成本线、生产扩张线等一系列生产理论曲线，正是向我们表明了定量分析是其突出的特色。

第四，西方生产理论与马克思主义生产理论都很重视成本研究。特别是西方现代生产理论，不仅将土地、河流、矿藏、森林、草原、海洋、厂房、机器设备、原材料、劳动力、能源消耗、运载工具及运输费用等生产过程的一切生产要素都计入成本，更是将企业主收入、企业家自有资本的平摊收益以及投资风险报酬也计入成本。在这样的前提下，通过图表、曲线的定量分析来确定产量和生产要素的投入。西方现代生产理论中的边际收益递减、边际成本、边际产量等"边际"的理论和实证分析，就企业生产的普遍意义而言，是比较科学的。

2. 西方生产理论与马克思主义生产理论的区别。

西方生产理论与马克思主义生产理论虽有些相通之处，但对两者而言，更多、更明显的还是区别。

（1）理论研究的目的有明显区别。西方现代社会生产理论，就是要研究生产者怎样决策才能在付出最小代价的同时，使利润最大化，也就是将利润最大化作为生产理论的研究目的。无论是生产可能性边缘的研究还是生产函数的分析，都是围绕这一研究目的进行的。马克思主义生产理论的目的也非常明确，但与西方现代社会生产理论完全不同，而是同整个马克思主义政治经济学的研究目的相一致，是要揭示资本主义的剥削实质。马克思研究劳动过程一般、生产过程一般、商品生产过程一般，研究利润、生产价格等都是为了说明资本主义商品生产的特殊性，揭示剩余价值实质。

（2）在研究方法上，西方现代社会生产理论与马克思主义生产理论也有明

[①] 马克思：《资本论》第2卷，人民出版社1975年版，第448页。

区域文化经济论

显区别。

第一,西方经济学的生产理论是研究生产者如何对生产要素进行有效的组合,以实现利润最大化,是以"经济人"假设为出发点,把劳动者仅仅作为生产要素来研究;而马克思主义生产理论不仅将劳动者看做生产要素,更将其作为生产主体来进行研究。

西方经济学的生产理论以"经济人"假设为前提,建立生产函数,以便生产者决策。萨缪尔森曾指出"生产函数是一种技术关系,被用来表明每一组具体投入品(即生产要素)所可能生产的最大的产出量。在每一种既定的技术条件下,都存在着一个生产函数"。[①] 生产函数经过高度抽象,通常简洁地表示为:$Q = f(L, K)$。西方现代生产理论的基本内容就是在各种不同约束条件下,通过建立生产函数,来研究资本和劳动力之间如何通过不同组合形式,实现利润最大化。从资源配置的角度看,用这种简洁方式描述物质生产过程中普遍存在的投入和产出的技术关系,是非常有用的分析工具。

通过进一步分析发现,西方经济学的"经济人"假设是指,资本主义经济制度充满了自由,每个人都可以按照自己的理性追求利益最大化,最终必然达到全社会福利的最大化。资本所有者可以自由选择劳动者;同样,劳动者也可以自由选择资本所有者。因此,在资本主义市场经济中人与人之间是平等、自由的契约关系。这显然与生产理论中把劳动者仅仅作为生产要素存在矛盾。西方生产理论将劳动者仅仅看做同资本、土地一样的生产要素(资本获得利润或利息、土地获得地租、劳动力获得工资),服务于生产者的利润最大化目标,劳动者在生产过程中的主体地位完全被剥夺了,更不可能有追求自身利益最大化的行为选择。

马克思主义经济学关于生产理论的研究方法与西方经济学不同,是建立现实的人基础上的。马克思这里所说的个人,绝不是西方生产理论中所讲的"经济人",而是现实生产关系中的人。在马克思看来,只有理解这种生产关系,才能理解这种关系中活动的人。马克思把经济学分析的人概括为"社会关系的总和",人既然是社会关系的总和,个人的经济行为就不完全由个人的意志支配,在其现实性上,他必然受同他们物质生产力的一定发展阶段相适应的生产关系的制约。

马克思强调人的经济行为的社会性和客观性,同时认识到人的主观能动性,在马克思主义的生产理论中,劳动者绝不仅仅是生产要素,更为重要的是他们构

[①] 萨缪尔森、诺德豪斯:《经济学》第 12 版中译本上册,中国发展出版社 1992 年版,第 963 页。

第三章 区域文化经济理论基础

成能动的生产主体。在创造财富的生产过程中，人作为独特的生产要素，与生产资料的性质完全不同，因为劳动这一要素是能动的。劳动过程是人的主观能动性与物质生产过程的客观实在性的统一。劳动不仅创造了人本身，而且创造着人类自身不断发展和完善的社会条件。劳动者作为生产活动的主体，他们的活动是精神能力和躯体能力的有机统一。他们总是有目的性、计划性，正因为人的劳动有主观能动性，所以在商品生产过程中，劳动才不仅转移生产资料的价值，而且创造新价值。社会发展既是人类改造和利用自然的过程，同时也是人自身不断走向自由和全面发展的过程。

第二，西方经济学的生产理论只研究生产一般，因而研究的核心是使用价值（即效用），萨伊把生产定义为："所谓生产，不是创造物质，而是创造效用。"[①]萨伊的生产观对后来西方经济学家产生了重要影响，莱昂内尔·罗宾斯明确强调了西方经济学只研究生产一般的观点，他把经济学定义为"把人类行为当做目的与具有各种不同用途的稀缺手段之间的一种关系来研究的科学。"这样经济学纯粹成为一门关于"选择"的学科。经济学的内容也相应地发生了变化："我们不再探究生产和分配变化的原因，而是探究在某些初始资料给定的情况下，各种经济'量'达到均衡的条件……我们不再把经济系统视为一架生产总产量的机器，不再探究哪些因素决定这种产量的多少以及按何种比例分配这种产量，而是把经济系统视为人与经济货物之间的一系列相互依赖而在概念上又独立的关系……"[②]我们不能否认研究生产一般的意义，然而，抽象掉生产过程中人与人之间的经济关系，只研究生产一般的生产理论，就必然使"效用"成为研究的核心范畴。西方经济学只研究使用价值，不研究价值，更不理解价值本质。所以以新古典经济学为基础的厂商理论始终回避对企业内部人与人之间关系的分析。新古典主义经济学意识到抽象掉人与人之间的关系来分析厂商行为，是有局限性的。所以他们试图运用"契约"的分析方法，以交易费用为分析工具，把人与人之间的关系引入厂商理论，提出了分析厂商内部人与之间关系的基本框架，从而建立西方经济学的所谓的企业理论。

与西方生产理论不同，马克思主义生产理论不仅研究生产一般，更注重研究生产的具体社会形式，因而把价值范畴作为研究的核心。与此相对应，生产中的资源配置也表现为两个方面：一方面是抽象的生产一般的资源配置，另一方面是具体生产方式下的资源配置。马克思主义生产理论认为，研究物质生产只能将其

[①] 萨伊：《政治经济学概论》，商务印书馆1963年版，第938页。
[②] 罗宾斯：《经济科学的性质和意义》，商务印书馆2000年版，第58，59页。

放在某一特定社会发展阶段中研究，离开特定的具体的社会形式，抽象的生产一般是无法存在的。

正因为马克思主义生产理论强调生产的具体社会形式，所以其研究的核心是"价值"范畴而不是"使用价值"范畴。马克思在科学方法论基础上，确立了劳动价值论，而劳动价值论又为进一步理解资本主义商品经济内部的生产关系提供了"钥匙"。[1] 正是在劳动价值论基础上，马克思科学地区分了劳动和劳动力范畴，进而指出在资本主义生产关系条件下，资本家利用形式上平等的契约关系，占有工人创造的剩余价值。并进一步利用剩余价值进行资本积累，从而再生产出资本主义生产关系。

第三，西方经济学的生产理论用个人主义方法，把生产理论仅仅视为微观经济学的重要组成部分，因此仅仅将其置于微观领域来研究，致使其理论体系在微观与宏观上形成脱节，西方经济学的个体主义方法论认为，社会与个体之间的关系仅仅是量上的差别，社会就是个体的集合，总体等于个体的简单相加。基于这一方法论的生产理论，只需要在微观领域研究就可以了，宏观经济问题无非是微观经济问题的在量上的简单加总而已。所以我们看到西方经济学在研究总量问题时，是通过以微观领域的生产函数为基础的加总来进行的。他们假设，从资源配置的角度看，如果每个生产者都是理性"经济人"，都能够按照利益最大化原则投资，那么全社会的资源配置就是最优的。

与西方生产理论不同，马克思主义生产理论的根本方法是唯物辩证法，在这一方法论指导下，马克思主义生产理论在宏观和微观的有机联系中研究资本主义的生产和再生产问题。这样，不仅克服了经济学研究的形而上学思维，正确处理了微观与宏观的辩证关系，而且通过在商品生产中抽象出价值范畴，建立了微观与宏观有机结合的桥梁。马克思主义的唯物辩证法认为，个体是作为有机组成部分的个体，而整体又是相互联系的个体组成的有机整体，两者是辩证统一关系。作为经济学研究方法，个体分析和整体分析都是必不可少的，不能把两者简单对立起来。但两者的结合又不是简单相加，它们之间是通过人与人的经济关系有机联系起来的。

在马克思主义生产理论中，没有微观经济学与宏观经济学的严格界限，这是因为微观与宏观是相对概念，只有两者的有机融合才能揭示经济规律。马克思在《资本论》中，研究资本直接生产过程时，以单个资本主义企业作为分析的起

---

[1] 刘凤义：《新制度学派与马克思主义经济学：关于企业理论方法论的比较》，载于《政治经济学评论》，中国人民大学出版社2004年版。

第三章 区域文化经济理论基础

点，提出价值、不变资本、可变资本、剩余价值等微观概念，并通过对单个企业的剖析，揭示了资本主义生产过程本质上是剩余价值的生产。然后，研究资本主义再生产，使微观与宏观进行了有机的结合，将概念逐渐上升到平均利润、生产价格等宏观层面。从而从整体上来研究资本主义生产的特征，进一步揭示了资本主义制度的本质。

（3）在一些具体概念的内涵上，西方生产理论与马克思主义生产理论也有明显区别。例如，成本概念，马克思主义生产理论将原材料、工人工资、固定资产折旧、燃料、运输费等计入成本。西方生产理论除了将上述内容计入成本，还将企业家才能的报酬、平摊收益、风险报酬计入成本。西方生产理论认为，企业家才能是与土地、劳动和资本并列的第四大生产要素。既然土地、劳动和资本要获得地租、工资和利润或利息，企业家才能也理所当然地要获得相当于其他生产要素价格的报酬。平摊收益是指企业主自有资本的股息和红利等收益。西方生产理论认为，没有这项收益，企业主就不会用自有资本投资。风险报酬即投资所冒风险的收入。西方生产理论指出，每个投资者都既面临盈利的可能性，也面临亏损的可能性。要消除人们对亏损风险的厌恶，就必须给风险承担者一定的报酬。马克思主义生产理论，也对这三部分进行了阐述，只不过将其划入利润的范畴。

此外，虽然马克思主义生产理论和西方现代生产理论都注重量的分析，都建立了大量的数学模型，但相比之下，西方生产理论注重边际分析，像边际收益递减规律、边际成本分析、边际产量分析等。马克思主义生产理论则更注重质的分析，所谓量的分析，也是为揭示剩余价值生产这一实质服务的。

二、西方文化生产理论

在当代经济社会中，"文化生产"越来越成为一个重要概念，文化生产既有物质属性，也有精神属性，其主要目的是为了满足人类自身的精神需要，是人类经济活动和文化活动的统一，其成果包括文化产品和文化服务。文化生产"这一术语主要用于有关艺术、传媒和流行文化的研究，它们充分地显示了报酬体系、市场结构和筛选体制对于文化创作者生涯和活动的影响作用"，[1] 文化生产理论作为一种原创性的思想，在西方思想史上经历了长久的发展历史，形成了丰富的思想成果，其理论基础即源头是马克思的精神生产学说。

---

[1] 戴安娜·克兰：《文化社会学——浮现中的理论视野》，南京大学出版社2006年版，第11页。

区域文化经济论

1. 文化生产与精神生产的比较。

马克思认为,"符合社会全部需要的生产",包括物质的生产、人口的生产、精神的生产、社会关系的生产。马克思关于精神生产的理论建树深刻影响了后来的思想者。我们在本章第一节中对马克思精神生产理论进行了详细的阐述,这里就不再赘述。

要提文化生产就不得不对马克思、恩格斯文化观的形成过程进行剖析,马克思、恩格斯的历史唯物主义文化观经历了艰难的形成与发展的过程。在这一过程中,最能体现马克思、恩格斯文化观的著作是《1844年经济学哲学手稿》、《德意志意识形态》和《资本论》。

《1844年经济学哲学手稿》通过对黑格尔、费尔巴哈等人思想的批判地改造与发展,初步确立历史唯物主义文化观的理论基石,是马克思、恩格斯文化观的发祥地。在《1844年经济学哲学手稿》中,马克思深受费尔巴哈的唯物主义思想的影响,从费尔巴哈出发,进一步批判地改造了黑格尔的理性决定论的文化观。"从理论领域来说,植物、动物、石头、空气、光等等,一方面作为自然科学的对象,一方面作为艺术的对象,都是人的意识的一部分,是人的精神的无机界,是人必须事先进行加工以便享用和消化的精神食粮。"[1] 马克思指出,"宗教、家庭、国家、法、道德、科学、艺术等等,都不过是生产的一些特殊的方式,并且受生产的普遍规律的支配。"[2] 因此,文化的产生和发展过程是一种社会实践过程。

马克思、恩格斯在《德意志意识形态》中既清算了作为以往文化史观继续的哲学信仰对自己的影响,与传统的文化史观进行了最为彻底的决裂,在批判文化史观中隐含的批判前提和根据构成了马克思、恩格斯文化观的重要内容,又正面地阐发了历史唯物主义的文化观,达到了一个崭新的高度,因而《德意志意识形态》是马克思、恩格斯文化观得以形成的标志。

《资本论》是马克思一生中最重要的著作,是对马克思、恩格斯文化观的重要发展。马克思指出:"个人的全面性不是想象的或设想的全面性,而是他的现实关系和观念关系的全面性。……要达到这点,首先必须使生产力的充分发展成为生产条件,是一定的生产条件不表现为生产力发展的界限。"[3] 可见,在马克思看来,生产力的极大发展,"给所有的人腾出了时间和创造了手段,个人会在

---

[1] 《马克思恩格斯选集》第1卷,人民出版社1995年版,第45页。
[2] 《马克思恩格斯全集》第42卷,人民出版社1979年版,第96页。
[3] 《马克思恩格斯全集》第46卷下册,人民出版社1980年版,第36页。

第三章 区域文化经济理论基础

艺术、科学等等方面得到发展。"[①] 因而,在"自由个性"社会形态的文化必然是与生产力高度发展相适应的人的全面而丰富的文化。

"文化生产"与"精神生产"作为两个不同的概念,两者在外延与内涵上既有区别也有联系。马克思的精神生产概念是一个与物质生产相对应的总体性概念。首先,两者在指称对象上具有一定的重叠性,但作为总体性概念,精神生产的外延比文化生产的外延更大,前者可以涵盖后者;从具体形态上来看,文化生产主要是指:大众传媒、艺术和流行文化的生产、传播和消费,它的组织结构呈现为产业形态,即文化产业。由此可见文化生产与文化消费是密不可分的。马克思曾精辟地指出:"生产直接是消费,消费直接是生产。每一方直接是对方。可是同时在两者之间存在着一种中介运动。生产中介着消费,它创造出消费的材料,没有生产,消费就没有对象。但是消费也中介着生产,因为正是消费替产品创造了主体,产品对这个主体才是产品,产品在消费中才得到最后完成。"[②]

现代"文化生产"这一概念应当进行重新界定,即把文化生产理解为是与物质生产相对应的概念。这一概念重新界定的基础,既来源于马克思的精神生产理论,也与泰勒的总体文化概念的定义相联系。尽管我们主张把文化生产视为与物质生产相对应的概念,但这并不是说文化生产等同于精神生产。与精神这一概念不同,文化作为总体性概念,文化与物质不像精神与物质是截然两分的关系,文化一词突出强调了一定物质基础上的人的主体性和精神特征。从马克思四种生产形式的相互关系看,文化生产虽然在语义内涵上不能完全涵盖和替代马克思的精神生产、人的自我生产和社会关系再生产这三种生产形式,但文化生产这一概念的内在结构,已经将上述三种生产形式的相互关系和运动过程纳入其中,从而在现代文化发展的现实背景下,文化生产与物质生产一起真正构成了人类生产的两大基本形式。

2. 西方现代文化生产理论发展历程。

德国法兰克福学派代表本雅明(Walter Benjamin,1892~1940)认为,艺术同样是一种社会生产形式,艺术生产是一种特殊的生产活动,但它同物质生产一样是有规律可循的,同样受到生产力与生产关系的矛盾运动的制约。从本雅明提出的艺术生产理论中,我们可以依稀看到马克思关于生产力与生产关系、经济基础与上层建筑辩证关系的思想。西奥多·阿多诺(Theodor Wiesengrund Adorno,

---

[①] 《马克思恩格斯全集》第46卷下册,人民出版社1980年版,第219页。
[②] 马克思《〈政治经济学批判〉导言》,《马克思恩格斯选集》第2卷,人民出版社1995年版,人民出版社1995年版,第8、9页。

区域文化经济论

1903~1969）和霍克海默（M. Max Horkheimer, 1895~1973）合著的《启蒙的辩证法》首次提出了"文化工业"概念，《启蒙的辩证法》主要研究了发达的资本主义条件下艺术的商品化状况，并指出，在商品交换关系占统治地位的社会，包括文学在内的文化生产，不外是或多或少按照计划而生产出来的文化产品，这种产品是为大众消费量身定做的，并在很大程度上决定了消费的性质。艺术生产不再是自律性的个人创造，而是成为模式化、商业化、平面化的流水线产品。文化工业意识形态条件下生产的文化产品履行着资本主义意识形态的操纵功能与欺骗功能，企图维护社会现状。

法国西方马克思主义者皮埃尔·马歇雷（Pierre Macherey）的《文学生产理论》探讨了文学与意识形态性质之间的关系。他认为文学是意识形态原料的生产并再生产意识形态。"作品确是由它同意识形态的关系来确定的，但是这种关系不是一种类似的关系（像复制那样）；它或多或少总是矛盾的。一部作品既是为了抵抗意识形态而写的，也可以说是从意识形态产生出来的。作品将含蓄地帮助把意识形态揭示出来。"[①] 文学既生产意识形态，同时又对抗、瓦解意识形态。

英国伯明翰学派特里·伊格尔顿（Terry Eagleton）承续了其导师雷蒙·威廉斯（Raymond Williams, 1921~1988）的"文化唯物主义"倾向，认为文学和文化是一种"意识形态产品"。作为"意识形态的艺术"，"它包含在意识形态之中，但又尽量使自己与意识形态保持距离，使我们'感觉'或'觉察'到产生它的意识形态"。[②] "作为生产的艺术"它无法摆脱资本主义社会的资本逻辑。总之，对于"作为意识形态的艺术"和"作为生产的艺术"需要进行辩证分析。

美国著名的西方马克思主义批评家弗里德里克·杰姆逊（Fredric Jameson）认为，发达的资本主义时代，文化彻底物化为商品，后现代成了"文化的时代"。建筑、绘画、摄影、电影等"后现代"潮流的艺术作品无法摆脱资本运作的操控之手。美国文化批评家约翰·费斯克等人从传播与文化研究的角度对文化生产、文化再生产等概念进行了界定。文化生产是指，"感觉、意义或意识的社会化生产。文化商品的工业化生产。文化生产这个流行开来的术语，是强调文化的制度化特征与社会化特征，从而相对于那种广泛持有的信仰即文化源于个体的灵感与想象。"[③] "文化再生产"是某种社会形态结构保持与永远保持其意义生产之结构、形式与既定主体的总体过程：它力图把持并确定某个社会的未来表述与

[①] 陆梅林选编：《西方马克思主义美学文选》，漓江出版社1988年版，第612、613页。
[②] 朱立元主编：《二十世纪西方美学经典文本》第3卷，复旦大学出版社2001年版，第241页。
[③] 约翰·费斯克等编撰：《关键概念：传播与文化研究辞典》，李彬译注，新华出版社2004年版，第68页。

第三章 区域文化经济理论基础

话语，以便对现存权力关系进行再生产。这个术语十分普遍地用于文化研究，表示文化领域作为一个为争夺社会利益而在意志方面进行不断斗争的竞争场所所发挥作用的方式。"[1]

美国社会学家戴安娜·克兰（Diana Crane）充分吸收了马克思以来的文化生产理论成果，她的《文化生产：媒体与都市艺术》一书从社会学角度研究战后欧美的流行文化。克兰认为，用高雅文化、流行文化概念分析当今美国社会的文化状况已经不合时宜，理解媒体文化不能脱离其生产和消费的社会语境，媒体文化因生产和消费状况的不同而发生变化。

综合上述生产理论的发展历程，我们可以获得如下结论：第一，从19世纪至今，文化生产作为社会整体生产的一部分，被人们置于越来越重要的地位。第二，文化生产与消费彼此关联、互为作用，两者犹如精神生产活动这一硬币的两面。第三，文化生产理论始终贯穿着对于资本主义生产模式的批判与意识形态功能的反思。

第三节
中国传统社会生产理论

中国是一个有着五千年悠久文化的文明古国，在历史上，曾在政治、经济、文化领域创造了光辉业绩，对世界的文明进步起到了举足轻重的作用。然而中国传统的社会生产理论涉及范围比较狭窄，也未系统地形成理论。但却不乏社会生产理论的诸观点，如传统的生产力观、分工学说和管理学说等，在古代思想家们的著作中均有论述。下面，举其要者，介绍中国传统社会生产理论的一些主要观点。

一、中国传统生产力观

1. 先秦诸子的"生产力观"。

中国古代社会由于生产力落后，并没有形成一套较为完整的生产力思想。尽管如此，中国古代思想大师们还是对社会的生产问题各自发表了观点，这种原始

---

[1] 约翰·费斯克等编撰：《关键概念：传播与文化研究辞典》，李彬译注，新华出版社2004年版，第69页。

的生产思想只能称为中国古代朴素的"生产力观"。

中国古代的生产力问题实质上就是农业生产力问题。劳动者（农民）与劳动资料（土地）是古代封建社会农业生产的两个最基本要素。因此，要发展农业生产力，就要从劳动者与劳动资料两个方面入手。在劳动者方面主要是要调动劳动者的积极性，而在劳动资料方面则是要利用生产经验和科技知识，在不同性质的土壤上种植最适宜于生长的作物。

孔子在阐述治理国家的原则时提出一些发展生产的主张，他认为治理一个国家，除了要在经济方面节约财政开支，行事要认真守信用外，更重要的是要爱护劳动者，不误农时。于是他指出："道千乘之国，敬事而信，节用而爱人，使民以时。"[①] 这种"爱人""使民以时"思想，强调不过度地使用民力，不耽误农时，保证了农业生产的正常进行，体现了中国古代最早的朴素的"生产力观"，这也是这一时期最富有代表性的生产力观。除此之外，孔子还非常重视在农业生产中应用生产工具，指出："工欲善其事，必先利其器。"[②]

孟子继承了孔子的儒家思想，主张仁爱，进一步发展了孔子的"生产力观"。首先，他继承孔子的"爱人""使民以时"并发展成为"以佚道使民"，[③] 意思是让老百姓在安逸的境况下进行生产劳动。在这个思想的指导下，孟子提出了自己的"生产力观"："民事不可缓"，[④] "不违农时，谷不可胜食也；数罟不入洿池，鱼鳖不可胜食也；斧斤以时入山林，林木不可胜用也。"[⑤] 中国古代社会，科学技术极为落后，农时对农业生产的影响极大，合理安排征集劳役，使农民能不失时机地从事各种农业生产，对于发展生产力来说是非常重要的。因此，"使民以时"便成为中国古代"生产力观"的一个主要内容。

其次，在生产力思想方面，孟子第一次区分了脑力劳动与体力劳动。孟子将孔子的"君子"、"小人"之分发展成为"劳心者"和"劳力者"。他将从事体力劳动的人称为"劳力者"，将统治阶级和从事脑力劳动的人称为"劳心者"，并且将"劳心者"看成是生产管理者，"故曰，或劳心，或劳力，劳心者治人，劳力者治于人；治于人者食人，治人者食于人，此天下之通义也。"[⑥] 划分了"劳心者"和"劳力者"，劳动者就不再单纯是体力劳动者，而是脑力劳动者与

---

① 《论语》。
② 《论语·卫灵公》。
③ 《孟子·尽心上》。
④ 《孟子·滕文公下》。
⑤ 《孟子·梁惠王上》。
⑥ 《孟子·滕文公上》。

第三章 区域文化经济理论基础

体力劳动者的统一。这一思想被后世的思想家所继承并发展，从而形成了古代"生产力观"中的"劳动力"。

春秋时期，齐国政治家、思想家管仲及管仲学派的著述总集《管子》，不仅论述了中国古代农业生产力中劳动者的地位，更是论述了劳动者与劳动资料之间的关系问题。

首先，《管子》首创了中国古代农业生产的二要素论，对后世产生了较大的影响。它指出："天财之所生，生于用力；用力之所生，生于劳身。"① 农业生产离不开劳动，而劳动则离不开劳动者。《管子》又指出仅有劳动者和劳动者的"用力"还不能进行农业生产："谷非地不生，地非民不动，民非作力毋以致财。"② 劳动者与土地是农业生产所必备的两个要素，两者的结合才能形成现实的生产力。

其次，《管子》包含有因地制宜，合理分布农业生产力的思想："山陵岑岩，渊泉闳流，泉逾瀷而不尽，薄承瀷不满。高下肥硗，物有所宜，故曰地不一利。"③ "相高下，视肥墝，观地宜，明诏期，前後农夫，以时均修焉，使五谷桑麻，皆安其处，由田之事也。"④ 劳动者应该根据土地的自然形势，即土地的特点（山林川泽土质肥瘠）合理地利用土地，种植相宜的作物，最大限度地发挥土地的效用。《管子·地员篇》根据地势高低，水泉深浅，把土地分为平原、丘陵、山地三类，还分析了土壤的结构，将全部土壤共分为九十类，并根据每种土壤的色质及其所宜种植的作物，分为不同作物区。《管子》对土地的详细研究，推动了当时农业生产的发展。

再次，《管子》中包含了要想提高农业生产力水平，必须提高劳动者的生产积极性的思想。在这一思想的指导下，《管子》分"公田"为"份地"，改集体耕作为个体生产。这叫做"均地分力，使民知时也，民乃知时日之早晏，日月之不足，饥寒之至于身也。是故夜寝蚤起，父子兄弟不忘其功，为而不倦，民不惮劳苦。"⑤ 这就是说，分地以耕，农民深知产量多少直接关系到自己家庭生活的好坏，故能自觉劳动。"与之分货，则民知其正（征）矣。审其分，则民尽力矣。是故不使父子兄弟不忘其功。"⑥ 实物税取代了劳役税。劳役税集体缴纳，

---

① 《管子·人观》。
② 《管子·人观》。
③ 《管子·宙合》。
④ 《管子·宙合》。
⑤ 《管子·乘马》。
⑥ 《管子·乘马》。

区域文化经济论

耕作时，相互观望，徒具形式，无甚实际效果，庄稼荒芜，国家税源涸竭，农民生活困苦。公私两不利。实物税，一家一户分别交纳，税额相对稳定，多收多得，明确了家庭所得与地租的比例，使劳动者的家庭收入与其经营效果联系起来。这实际上是一种联产承租制。通过改变劳动者与土地的结合形式，调动劳动者的生产积极性。

最后，《管子》中还强调了生产工具的重要作用。"毋乏耕织之器。"① 古代自然经济社会中，耕和织是最主要的生产活动，"耕织之器"作为最重要的生产工具自然是不能缺少的。

《管子》虽然没有形成一套完整、系统的生产力思想，但它几乎涉及了劳动者、劳动对象、劳动工具等生产力的各个要素，详尽地论述了劳动者、土地以及劳动者与土地的关系，并提出了"地利"、"民力"和"天时"，这成为中国古代"生产力观"的三个核心概念。

荀子思想虽然与孔子、孟子思想都属于儒家思想范畴，但有其独特见解，自成一说。荀子的"生产力观"还表现在以下几个方面。

首先，荀子把劳动者从事生产的劳动称为"力"，"得百姓之力者富"②，可见荀子将"力"当做创造社会财富的根本要素。荀子认为要富国首先要"强本"，即加强农业生产，从抽象的意义上讲就是要发展农业生产力。

其次，荀子提出了"群"和"分"思想。他说，人"力不若牛，走不若马，而牛马为用，何也？曰：人能群而彼不能群"③。显然，"群"就是指生产者由协作而产生的集体力量。荀子强调群体在生产过程中的作用，说明他已经认识到协作能够形成一种新的生产力。同时，荀子还重视"分"，即社会分工，"自古至今，未尝有两而能精"④。从古到今，没有一个人心思两用而能专精技艺的。这表明一个人的能力有限，要提高生产效率，必须进行一定的分工。孟子将劳动者划分为"劳心者"和"劳力者"，荀子则揭示出背后的原因和各自的地位：脑力劳动者和体力劳动者的分工协作是社会生产所必需的，"力"要服从于"德"，脑力劳动在整个生产过程中的组织作用是必不可少的。

孔子、孟子和荀子的"生产力观"都是建立在儒家文化的基础之上，墨子和老子则有所不同，代表小生产者利益的墨子更重视生产劳动在社会生活中的重要性。他认为，人之不同于禽兽正在于人必须依靠自己劳动才能生存："今人固

---

① 《管子·幼官》。
② 《荀子·王霸》。
③ 《荀子·王制》。
④ 《荀子·解蔽》。

第三章 区域文化经济理论基础

与禽兽、麋鹿、蜚鸟、贞虫异也。今之禽兽、麋鹿、蜚鸟、贞虫，因其羽毛以为衣裘，因其蹄蚤以为绔屦，因其水草以为饮食。故唯使雄不耕稼树艺，雌亦不纺绩织紝，衣食之财固已具矣。今人与此异者也：赖其力者生，不赖其力者不生。"①

作为道教始祖的老子，主张无为而治，道家注重探索自然规律，重视客观环境对人类活动的制约。因此，他认为人类只能被动、消极地适应自然，不需要与自然进行积极的抗争。受其"无为"思想的制约，他们反对生产工具的制作和发明，"恃万物之自然而不敢为"。《老子》甚至将生产工具看做是社会祸乱的原因，指出："民多利器，国家滋昏；人多技巧，奇物滋起。"《老子》对生产工具作用的贬低和鄙视在中国古代"生产力观"中是非常独特的。

2. 先秦诸子"生产力观"的发展。

先秦诸子的"生产力观"是一种不包括生产工具的原始的农业生产力观。尽管孔子有"工欲善其事，必先利其器"，《管子》有"毋乏耕织之器"的提法，但他们并没有真正认识到劳动工具在生产中的重要作用。在生产力极不发达的古代社会中，"天"与生产工具相比较，当然更为重要，因而生产工具在生产中的重要性并没有显示出来。一直到秦汉之际，随着冶铁技术的大力发展，我国古代生产力发展的第一个高峰到来了，人们开始充分地认识到铁制农具对农业生产产生着巨大的影响。汉朝的大理财家桑弘羊全面考察了生产工具在农业生产中的重要作用，从而为中国古代生产力思想史掀开了崭新的一页，他指出："铁器者，农夫之死士也。"②"农天下之大业也；铁器，民之大用也。器用便利，则用力少而得作多，农夫乐事劝功。"③ 他主张官营手工业，多造铁制农具，推广大型的厚重锐利的全铁犁铧，以促进农业生产的发展。官营手工业的生产规划大，有利于批量生产，降低生产成本，提高铁器质量。北魏著名的农学家贾思勰不仅重视生产工具的作用，提倡制作和使用先进的生产工具，而且将"具"正式纳入他的"生产力观"，使"具"、"人"和"料"同为生产的三个要素，这不仅在中国历史上，即使在世界历史上也属早见。贾思勰是中国古代农业生产三要素论的唯一代表者。

贾思勰对中国古代生产力思想的最大贡献则是其不朽巨著《齐民要术》，《齐民要术》不仅是我国古代最早、最全面的一部农业科学著作，而且还是一部

---

① 《墨子·非乐上》。
② 《盐铁论·农耕篇》。
③ 《盐铁论·水旱篇》。

关于农业生产力思想的著作。贾思勰认为，"顺天时，量地利，则力少而成功多"，① 相反，如果"任情反道"，② 就会劳而无获，事倍功半。根据这一原则，他把不同作物的栽种时间分为上、中、下三时，又把土地分为上、中、下三等。要求人们在农业生产中要"不失农时"和"因地制宜"。元朝王祯所撰《农业》中也对中国古代"生产力观"中的"天时，地利、人力"思想进行了继承和发展。"天时"，实际上是一种时效观念，"地利"，则是一种因地制宜思想。王祯指出，农业生产，"贵在适时"，"凡物之种，各有所宜，""人力"，不只是指人的劳动能力，更为重要的是指人在生产活动中的主观能动性。"顺天之时，因地之宜，存乎其人。"③

明清之际是继宋代以来我国封建社会生产力发展的又一个高峰，但这一时期的生产力思想却并无多大创见，有限的一些论述也并没有超越前人的思想范围。

中国传统社会是典型的农业社会，它没有经历过西方历史上那漫长的畜牧阶段。早在仰韶文化时期，中国人便开始了定居生活，农业成为社会生产的中心。因此，中国古代"生产力观"是一种"农业生产力观"。劳动力与土地这种自然力的结合构成了中国农业社会所特有的生产方式。"地利、人力、天时"这三个农业生产的要素就成为这种"农业生产力观"的核心内容。

二、中国古代分工学说

管仲的"四民分业论"是中国古代最有代表性的分工学说，他将被统治者按职业划分为士、农、工、商四大社会集团。士、农、工、商的行业划分，在中国历史上一直占有重要的地位，这种分类符合当时生产力的发展状况。士列为四大社会集团之首，其来源是农民中之"有拳勇股肱之力，秀出于众者"。④也就是说农民中的有勇气、会拳脚的人成为武士，这表明统治阶级对暴力统治的重视。排在第二位的是农，中国古代是以农业生产为主，农是社会财富的创造者也是古代人民赖以生存的基础。早期的社会分工，均有职业固定和世代相传的特点。"四民分业论"正是这一特定社会经济现象的高度概括。

与"四民分业论"相对应的是，管仲主张"定四民之居"，即被统治者按各集团的专业聚居在固定的地点。这样才能使他们"少而习焉，其心安焉，不见

---

① 《齐民要术》。
② 《齐民要术》。
③ 《农通通诀·垦耕篇》。
④ 《国语·齐语》。

第三章 区域文化经济理论基础

异物而迁焉"。① 统治阶级这样做想要达到的最终目的是"士之子恒为士","工之子恒为工","商之子恒为商","农之子恒为农",从而实现劳动力的再生产,不断提供专业的人力资源。

四民分业定居,对当时生产力发展有重要的意义。同业人员聚居不仅可以互相交谈,互通信息,借此交流经验,切磋手艺,提高技术水平,促进商品流通,更可以养成专业气氛,使劳动者不易见异思迁,形成一个良好的环境,推动生产力发展。

孟子、墨子和荀子也对中国古代分工理论做出了自己的贡献。孟子指出"或劳心,或劳力,劳心者治人,劳力者治于人;治于人者食人,治人者食于人,此天下之通义也"。由此可见孟子的分工论,是一般社会分工,并且是为统治阶级的利益服务的。墨子最大的成就在于其不仅意识到了整个社会的分工,还意识到单个生产单位内部的分工。他指出"筑墙然,能筑者筑,能实壤者实壤,能欣者欣,然后墙成"。② 这里强调的就是生产单位内部的分工,这在中国古代分工理论上,可说是独到之见。荀子指出"农分田而耕,贾分货而贩,工分事而勤,士大夫分职而听"。③ 其分工观的独到之处在于,认为人由于智力各异,为了达到共同的欲望,需要彼此分工合作,这样才能各自积累经验,丰富自己的专业知识。另外,在脑力劳动和体力劳动分工的问题上,荀子和孟子的看法有所不同:孟子认为"劳心者"和"劳力者"之分是天生注定的,而荀子则认为这种差别来自后天的教养,并且是可以改变的。

简言之,我国古代的分工学说涉及内容较广泛,不仅考察了整个社会分工,也考察了单个生产单位内部的分工,行业分工以及体力劳动与脑力劳动的分工。

三、中国古代生产布局及管理的观点

我国古代的思想家们早就注意到地理因素对生产活动的影响与作用。正如孟子所言:"天时不如地利。"管子也曾指出"凡立国都,非于大山之下,必于广州之上,高毋近旱而水用足,下毋近水而沟防省,因天材就地利"。④ 古代思想家不仅懂得环境因素对生产的重要影响,还把地理环境条件不断地具体化、实用

---

① 《管子·小匡》。
② 《墨子·耕柱篇》。
③ 《荀子·王霸篇》。
④ 《管子·乘马》。

化。司马迁在《史记》里赞许货殖者:"蜀卓氏之先,赵人也。用铁冶富。秦破赵,迁卓氏。卓氏见虏略,独夫妻推辇,行诣迁处。"

综上所述,我国古代思想家们认为建造城池、开荒农田和进行其他生产活动都应该选择有利的地理环境,便于劳动者生产,便于商品运销,从而达到发展经济的目的,这其中就包含着合理布局的萌芽思想。

中国古代不仅有注重生产布局的思想,生产管理的思想也十分丰富,现总结如下:

儒家生产管理的观点是以"人"为中心,儒家学派认为生产管理的本质是"治人"。生产管理的前提是"人性",即人性善或恶,生产管理的方式是"人治",生产管理的关键是"择人",生产管理的组织原则是"人伦",生产管理的最终目标是"安人"。

道家以"道"为基本精神,在生产管理的规律、方式和艺术等方面提出了自己独特的见解。关于生产管理的规律,《老子》提出"道法自然",即要求管理者必须遵循社会管理的客观规律,一切都顺其自然,才能取得良好的生产管理效果。关于生产管理的方式,《老子》主张以"无为"的手段达到"有为"的目的,这是一种比较宽松的生产管理方式。关于生产管理的艺术,老子指出:"反者道之动,弱者道之用。"循环往复的运动变化,是道的运动,道的作用是微妙、柔弱的。天下的万物产生于看得见的有形质,有形质又产生于不可见的无形质。它体现管理艺术的辩证法。

法家生产管理的观点则是以"法"为中心,韩非提出"上法而不上贤",这是法家主张"法治",反对"人治"的典型代表。

此外,《孙子》提出"治众如治寡分数是也"。[①] 这是讲分级管理的原则,即在生产过程中,要依靠组织和编制的作用,达到管理多数人像管理少数人一样的目的。

上述诸家的生产管理观点,是在春秋战国"百家争鸣"形势下提出来的。秦汉时期对各家观点进行了反复的试验、探索、比较、鉴别,从而形成了以儒家为主,道、法、兵等诸家为辅的生产管理观点的基本格局,对丰富和发展中国古代社会生产理论,起着重要的作用。

---

① 《孙子·势篇》。

四、中国古代文化生产对商业发展的影响

中国古代以农业生产为主，商业作为农业生产的补充并不发达。中国最早的商业活动起源于夏、商，春秋战国前商业活动由官府控制，春秋战国后，私营崛起，到了汉唐时期，统治者重农抑商，随着一些抑商政策的使用，商业发展缓慢。北宋起，中国的商品经济不断发展，到了明清时，已经出现了空前活跃的局面，大量农产品、手工业品进入市场，区域间长途贩运贸易也进入了快速发展时期。商品经济的发展虽然对自然经济起了破坏作用，但也刺激了农业、手工业和城市的发展。中国古代商业活动发展过程中，古代文化对其的影响是不可忽视的。

1. 三纲五常维护社会环境的稳定。

三纲五常是一种道德原则、道德规范，"三纲"是指"君为臣纲，父为子纲，夫为妻纲"，"五常"即仁、义、礼、智、信，是用以调整、规范君臣、父子、兄弟、夫妇、朋友等人伦关系的行为准则。古代统治者对三纲五常是非常重视的，认为坚持三纲五常，有助于维持社会的稳定和人际关系的和谐。三纲五常实际上是一种意识形态，成功的意识形态既能保持社会的稳定性，只有社会稳定了才能保证其连续性，这正是统治阶级所期待的。又能推动而不是阻碍社会生产力的发展。三纲五常在当时的历史条件下正是这样的意识形态。它规定了森严的封建等级制度，在统治者的推行及灌输之下，被统治者树立了与之相适应的世界观，严格遵守"君君臣臣、父父子子"，本分地过着属于自己的生活。从这个意义上讲，三纲五常为封建社会营造了一个相对稳定的社会环境，只有社会安定，才能发展商业活动，并且减少了商业活动中的风险和不确定性，进而促进了整个社会经济的发展。

2. 义利观是商业活动的基础。

我国各时代的思想家、政治家均意识到"水能载舟，亦能覆舟"，因此，"富民"一直是他们的追求，也是明君贤主想要达到的目标。因为只有百姓富足，生活安定，才能社会稳定，统治阶级才能稳坐江山。所谓"富民"其实就是对物质财富的追求。单纯地追求"利"，却不对其进行约束和引导，则会误入歧途。这时，中国古代思想中的"义"就应运而生了，从而引发了我国古代经济思想中恒久的"义利"之辩。"义"和"利"作为两种不同的价值追求，分别指精神追求，即对伦理道德的追求，以及物质追求，即对物质财富的追求。所谓义利之辩，实际上是儒家关于伦理道德与物质财富何者为第一性的问题，先秦

儒家"义以生利"和"以义制利"的思想，是儒家义利观的核心内容。派生出来的"见利思义"、"取之有义"、"先义后利"、"重义轻利"等思想是儒家义利观的基本内容。春秋时代的晏婴认为："义多则敌寡，利厚则民欢"，"利过则为败，吾不敢贪多，所谓幅也。"这就是说财富的追求需要社会伦理的限制。义利观是有关于我国古代商业活动的价值论，是商业经营活动的指导思想和根本原则，孔子指出："富与贵，是人之所欲也；不以其道得之，不处也。贫与贱，是人之所恶也；不以其道得之，不去也。"在承认对物质利益的追求是合乎人情的前提下，又指出这一追求必须符合社会公众的道德准则，做到"取之有道"。由此可见，正确处理好"义"与"利"的关系，才能实现商品流通、商品交易。在资源稀缺的情况下，对"利"的追求是人与生俱来的本性，想要人们在对利益追求的过程中，达到"义"与"礼"的平衡，就要有制度化的约束。这正是我国古代社会所缺乏的，社会惩戒机制单纯地依赖道德约束力量进行，这必然会加大人们的机会主义行为，导致人们之间交易行为的短期化，从而影响商业活动在大的范围内拓展。在中国古代社会虽然有法律和司法机关的存在，但他们处理的大多是婚、户、田方面的纠纷，而对商业活动少有过问，这使得社会经济效率低下，商业活动不能得到很好的发展。

3. 重农抑商对商业的反作用。

重农抑商政策起源很早，并且是从古代到近代几乎贯彻全部历史的一个传统的经济政策。思想家们认为"工商重则国贫"，工商是动乱的根源，维护和巩固封建统治秩序，在大力发展农业的同时，必须压制、限制工商业，尤其是商业活动的发展。商鞅变法、奖励耕战、重征商税等都是重农抑商思想的体现。统治者固守重农抑商政策，实质是为了保持自然经济结构，维护封建生产关系。阻止和延缓资本主义生产关系的产生和发展。管仲的"四民分业论"士、农、工、商，将商人视为社会的最底层，将商业强行列入"君子不为"的低贱职业。然而商人却没有因为封建统治者的控制打压而萎靡，相反，重农抑商的政策反而有了相反的作用，古代商人在商业活动这种当时为人所不齿的行业中充分发挥了自己的才能，从而推动了中国古代的商品经济的发展。

意识形态和文化观念是影响和制约经济发展的重要因素，由此可见文化也是一种生产力，中国古代文化对古代经济发展的影响充分体现了这一点：儒家的三纲五常维护了社会的稳定，为封建社会的经济发展夯实了基础，减少了经济活动中的风险性和不确定性；义利观是有关于商业活动的价值论，古代商人的"重义轻利"思想对于商业活动的持续发展起着不可磨灭的作用；贯穿整个封建社会的重农抑商的经济思想对封建商业活动的发展有着反面的刺激作用。

第四章

区域文化产品供需

当今世界,文化已经具有原生形态、经济形态和技术形态,我国区域文化产业已进入成长阶段,无论是要素市场、产品市场都在逐步地发展。各种新型文化产业门类不断产生,文化产业结构变化频繁。但是我国文化产业经营单位众多,产业组织集约化程度不高,资源配置机制、行业壁垒与市场化之间的裂痕困扰着我国文化产业的发展,因此我国区域文化产业还处在一种低水平供求平衡。

第一节
区域文化产品属性

区域文化是中国传统文化的重要组成部分,是在大传统文化指导下的个性文化。吕继光指出,中国传统文化的特征具有综合概括的多种表述,若从整体特征考察,则中国传统文化以人伦关系为出发点,以专制政体为依托,具有突出的地域性特征,区域文化是中国传统文化的重要组成部分。[1] 上古先秦时期的区域文化各自独立性较强,秦汉统一而形成文化统一后,区域文化的发展就或多或少成为在大传统文化指导下的个性文化。中国是一个文明传统悠久深厚的国度,又是一个广土众民的国度,因此中国文化既有时代差异,又有其地域差异。相对来说,中国哲学、文学、史学、科技、教育、法律等,各区域的差异较小,而风俗、习惯、民间信仰、乐舞戏剧等,各区域差异大。

综上所述,区域文化是生活在特定区域的人群在从事物质生产、精神生产和社会生产中所形成的具有浓厚的地域特色的价值观念、思维方式、人文心态、民

---

[1] 吕继光:《中国传统体育文化概论》,内蒙古教育出版社2000年版,第6~10页。

区域文化经济论

族意识、风俗习惯、道德规范等文化因素的总和。这种文化是经过长期积淀而形成的。它的形成受特定区域的地理位置、地理环境、经济发展、制度变迁等多种因素的影响。例如徽商文化,其形成的主要原因是徽州山区土地稀少,加上历次战乱引起大量移民涌入,使徽州山区生存环境恶化,迫使人们外出经商以谋求生存和发展。徽商文化的重商主义精神由此形成。

区域文化产品就是区域文化产业活动所提供的产品,可分为区域文化商品和区域文化服务两大类。区域文化商品指那些能够表达地区特色、地区生活方式的消费品,它具有传递信息或娱乐的作用,有助于建立集体认同感,并能影响文化实践活动。在取得版权后,区域文化商品能够通过工业过程大量生产并在全球广泛传播。它包括具有地域特色的服饰、美食、图书、视听节目、工艺品和设计。区域文化商品又包括精神的和物化的两种形态。精神的文化产品进入市场成为商品,主要指带有营业性演出的各种形式的表演艺术和民俗活动。物化的文化产品主要指各种绘画、雕刻、文物复制品等。前者为人们提供观赏、娱乐、满足人们精神消费的需要,后者满足人们观赏、收藏、陈列、承传、研究、纪念的需要。两者的形式不同,但功能和作用是一致的。其价值和使用价值是给人以审美、教益、娱乐、消遣的作用。它的商品性是很明显的。区域文化服务指的是政府或私人机构举行的和宣传区域文化有关的活动。包括无偿的具有区域特色的艺术表演、历史文物的参观等。

在计划经济体制下,区域文化产品的生产和消费,基本上是一种福利型的。例如,改革开放之前,放映电影,基本上是单位发放电影票,职工持票观看电影,对职工来说,是一种福利。生产、制作区域文化产品的经济来源主要靠政府拨款,或集体集资,不进行成本利润核算,大都提供无偿服务。

随着社会主义市场经济体制的建立,在市场经济发展的条件下,区域文化产品以盈利的性质进入市场流通,成为一种商品。区域文化产品具备了商品的属性后,就以一种特殊的功能在市场上运转流通,这个特殊的功能表现为区域文化产品的二重属性,一是商品性,二是社会性。商品性强调盈利性和娱乐性,娱乐性从属于盈利性,只有具有娱乐性才能被市场接受,才能创造出经济效益。而社会性则要求区域文化产品能更好地传承、发展和弘扬区域文化,潜移默化熏陶培养社会主义一代新人。区域文化产品的商品性受市场经济的调控,而社会性则受建设有中国特色的社会主义方针的制约。在双重标准的制约下,它除了增加物质财富以外,还要增加社会的精神财富,除了满足人们现实文化生活的消费需求外,还要着眼于提高人们的精神素质,为社会主义精神文明建设服务。

第四章 区域文化产品供需

一、区域文化产品的商品性

区域文化产品的商品性，本来是一个客观存在的事实，过去相当长的历史时期，区域文化产品早已有一部分作为商品在市场上流通，市场也承认其合法性。可是，作为文化商品的理论问题，却一直不敢正视，不敢认定其性质。造成这种状况，除了思想上没有从计划经济的束缚中解脱出来以外，还有就是在理论上被教条主义框住，认为只有生活消费品才是商品，而精神消费品不是商品。这个认识上的障碍严重地影响了区域文化产业的发展。

区域文化产品作为一种商品，它与其他的商品一样，具有某些共同的特征。文化产品在市场上的交换同样要按照价值规律进行，商品的使用价值按消费者的需求来决定。凡内容丰富，反映区域特色，有艺术魅力，以文化内容为审美对象，以人民群众为审美主体的文化活动或文化实体，以及由此形成的精神消费品，都具有价值和使用价值。

区域文化产品作为一种特殊的商品，其价值既有外在形式又有内在形式，内在形式主要是指科学家、哲学家、思想家、文学家、艺术家创作区域文化产品的过程。这个过程是作者们劳动投入的过程，这种投入集中地显示了精神生产的特殊性，与物质价值生产过程的劳动投入有着极大的区别。首先，这是一种探索性、开拓性、创造性的劳动而不是机械照搬的重复性劳动。其次，这种劳动的投入量很难标准化、统一化。将区域文化产品的内在价值外化过程也是劳动投入的过程，这个过程中存在着两种不同的类型，一种是创造性的变换和转化，所投入的劳动是创造性劳动；一种是非创造的变换和转化，所投入的劳动则是非创造性的劳动，非创造性的劳动可以社会标准化、规范化，比较容易确立社会必要劳动的标准，这种生产过程同物质价值的生产过程在本质上是相同的。

区域文化产品作为一个特定地区人类劳动的产物，存在进入市场成为商品并获得交换价值的可能性，区域文化产品无论是内在价值还是外在价值，只要是具有价值就可以进入市场成为商品，进行流通，从而获得了市场交换价值的属性，区域文化产品的市场交换价值就是它与其他商品交换过程中所显示的经济价值，表示它和其他商品之间的经济关系，表示文化商品的供给者和文化商品需求者之间的经济交换关系。由于区域文化产品同与之交换的其他商品都是人类劳动的产物，因而具有了经济上的可比性。但是如前所述，区域文化产品生产过程中的劳动投入比物质价值生产过程中的劳动投入要复杂得多。这种特殊性给文化产品在市场上同其他商品之间按价值规律进行交换时带来了很大的困难。不同形式的物质价值由于比较容易形成生产某种物质价值所需的社会必要劳动投入,因而也就比较容易地按照价值规律所要求的等价交换的原则进行交换。区域文化产品则不然。当然,市场并不会因为区域文化产品的社会必要劳动标准不确定而不进行交换,只是交换过程中等价交换原则不能准确地体现而已。在大多数情况下,交换经常使得文化价值创造者耗费的大量劳动得不到应有的回报和承认。

区域文化产品进入市场,成为商品,正是体现了其经济功能。在文化经济一体化的时代,文化的经济功能日益显示出来,越来越成为文化的重要属性。既然区域文化产品具有经济功能,那就不可避免地会带来经济效益的问题。按其经济效益的大小可分为三种类型:一是非市场化的,如一些地区的节日活动,群众自娱性活动,以及一些配合宣传某项政策法令的活动,这类文化活动没有多少直接的经济效益。二是一些层次较高的纯学术性的活动,如纳西族东巴文化的搜集整理,以及一些民族文化遗产的搜集整理,国家投入多,而收益却很少,或暂时还见不到经济效益。三是通俗化大众化的文化活动,如民族歌舞、民间习俗展演、民间工艺品等,可以获得较高的经济效益,这是率先进入市场经济的区域文化产品。区域文化产品进入市场,就会出现产品的竞争,赢得顾客,就赢得经济效益。所以要使文化产品在流通中畅销,除了提高质量以外,还要强化竞争机制。市场虽然不能创造产品的价值,但它能实现产品的价值。生产者生产出的精神产品,在市场上由消费者去选择、去挑剔。

按商品经济的规律来组织、生产区域文化产品。既能满足市场需求,又能弘扬、发展区域文化。但这一切都是以承认区域文化产品的商品性为前提的。

二、区域文化产品的社会性

我们在承认区域文化产品的商品属性的同时,也要认识到区域文化产品的社会性,并且,相对于商品性而言,社会性更加重要。因为区域文化产品毕竟不同于一般的商品,它在社会上流通,在满足人们文化生活需要的同时,必然对一个地区内的人的精神世界、道德情操、理想信念发生影响,具有明显的社会功能,这就使得区域文化产品除了具有商品性外还具有社会性。这种社会性要求区域文化产品内容健康,积极向上,能鼓舞人的斗志,激励人们在生活中的进取心,有一定的教育作用,这是区域文化产品的社会性的一个方面,我们把这一方面称为区域文化产品的社会价值。另一个方面则是对区域文化的保护和弘扬,可以使具有地方特色的文化能够一代一代传承下去。

文化是人们进行精神活动的前提条件,区域文化产品的社会价值就是区域文

第四章 区域文化产品供需

化产品中所包含的文化对人和社会的生存和发展所具有的作用、影响和意义。凡对人和社会生存和发展产生了积极影响的文化，其价值也是正面的、积极的；而对人和社会生存和发展产生了消极的甚至有害影响的文化，其价值则是消极的、负面的。区域文化产品满足着人们的精神生活和社会生活的需要。根据满足人们需要的类型可以把它的社会价值区分为不同方面。一般地说，区域文化产品的社会价值可以分为认识价值、怡情价值和教育价值。

区域文化产品的认识价值就是求真的价值，人类在有目的地、能动地改造客观世界的实践活动中，需要以对客观世界的规律性的认识为指导。因为只有人类的实践活动符合客观世界的规律性，人类才能获得成功，实现人类的目标。虽然人们认识客观规律的过程是异常曲折的，会发生不可避免的错误，但总的方向是正确的。真理是人们在认识事物的过程中形成的与客观事物及其规律相符合的内容。文化产品的认识价值是指人们通过学习科学作品中的科学知识、科学理论能够了解和掌握自然和社会的规律性，认识的任务和目的在于不断地获得真理，并在真理的指导下去改造世界。文化产品的认识价值不仅在于它提供了某种真理性的知识，还在于它提供了获得真理性知识的理论工具，人们依靠这种理论工具可以总结经验材料，可以进行理性的思维活动。区域文化产品的认识价值更多地来自具有地域特色的文化艺术作品，人们通过文化艺术作品可以认识人生、社会，看到人与人、人与社会、人与自然的关系。文化艺术作品以其不同于科学作品的形式帮助人们认识客观世界。人类在物质生产和生活中所创造和使用的各种物质产品所具有的文化认识价值就在于后人可以通过这些物质产品了解和认识生产和使用这些物质产品的人们的生产和生活方式及在人类历史发展中的地位。

区域文化产品的怡情价值就是求美的价值，文化产品满足着人们的感情需要，丰富着人们的感情世界，扩充着人们的感情活动空间。各种形式的文学艺术作品都影响着人们感情世界中的美与丑、高尚与庸俗、纯洁与卑污。好的文化产品要能够提高人们的审美观点、审美能力和审美态度。所谓审美是指人感受、体验、判断、评价美和创造美的实践活动和心理活动，是人的社会实践活动尤其是情感活动的一个重要方面。文化产品的的怡情价值是指人们通过文化产品所赋予的审美意识从自然美、社会美、艺术美、劳动美中获得美的感受，产生共鸣，愉悦性情，获得美的享受或获得创造美的能力，为美的创造提供了智能；或产生精神力量，得到美的塑造。

人们在阅读一部小说、倾听一曲音乐、观赏一场演出或艺术作品时，明知道这是作家、艺术家的艺术创造和艺术虚构，却会情不自禁地进入作家、艺术家构造出来的感情世界，经历喜怒哀乐的感情变迁，获得某种感情、精神上的享受。

区域文化经济论

陶冶感情的价值是文化独具的价值，是人们在物质生活中享用的各种物质价值都不可能替代的。人们在物质生活上的富裕绝不等于感情生活上的充实，物质财富上的富翁却是感情生活中的乞丐，在现实生活中随处可见。

区域文化产品的教育价值是指通过文化产品的作用，予人以知识、技能，传递生产经验和社会生活经验，影响人们的思想道德和行为规范，培养人们健康的体质。文化的教育功能的直接目的是促进人的全面发展。文化的教育功能主要是通过"传道、授业、解惑"的教育活动来实现的。[①] 人生活在社会之中，也生活在自然生态环境之中，人在追求自己的目的、利益、权利时要考虑到后代的发展问题。人们可以从自身的经验和力量去应对各种问题，但每个人的经验和力量都有一定的局限性，社会生产力的发展是靠人类一代一代不断努力实现的。单凭个人的经验和力量是不能正确、深刻地解决上述问题的，唯一的途径就是学习和掌握人类在发展中积累起来的文化，各种形式的文化都从不同的角度回答着上述问题，哲学及伦理学就是专门研究和回答上述问题的学问。人们掌握了文化，掌握了区分善与恶、是与非、应该与不应该、合理与不合理的界限后，就可以规范自己的动机和行为。这种分善恶、明是非、使人们行为合理化的教育功能也是文化的独特价值。

文化产品的教育价值不仅体现在要使受教育者学习自然科学的基本知识，还要使其掌握生产劳动的基本技能，尤其重要的是要培养全民族的科学素质，提高全民族的科学意识。教育在传授生产知识和技能的同时，也把一定社会的生活规范传授给下一代，使他们能适应生产发展的需要，维护一定的社会制度。文化的教育功能对社会活动、社会制度的影响，主要是通过道德教育来实现的。建设有中国特色的社会主义，要求我国的道德教育要以"爱国主义、集体主义、社会主义为核心内容"。按照社会主义精神文明建设的要求帮助人们树立社会主义和共产主义的理想，培养人们爱国主义情操和集体主义思想，培养有理想、有道德、有文化、有纪律的新人。

三、区域文化产品商品性与社会性的统一

区域文化产品的商品性和社会性，两者既有矛盾，又有统一。如只看到商品性而忽略社会性，在对文物古迹的开发时，就会片面地追求经济利益，不注重保护，造成文化遗产的流失。如只看到社会性忽略商品性，则不能很好地利用区域

---

① 王恒富:《文化经济论稿》，人民出版社 1995 年版，第 22 页。

第四章 区域文化产品供需

文化产品带动区域经济的发展。如果很好地把它们统一起来，把两者都看成是市场经济条件下文化产品的本质属性，进而把它们完美地统一起来，就会取得良好的社会效益和经济效益。

1. 追求商品性是弘扬区域文化资源的有效手段。

当今社会，文化不仅成为经济社会发展的深厚底蕴和持久动力，而且即将成为新一轮区域竞争的新焦点和新亮点。富有地方特色的文化产品所产生的文化力已经开始成为带动区域经济快速发展的新动力。文化的地域性或民族性差异越大，区域性文化产品的特色就越鲜明，也就越容易受到文化消费者的青睐，区域文化资源的经济开发价值也就越明显。这样的区域文化产品越多，越能起到对区域文化的宣传效应，更好地激发人们热爱家乡、热爱故土、热爱民族和热爱祖国的情怀。区域文化产品折射出的优秀传统观念和人文精神对提高人们的文化素质、加强思想道德修养、增进社会和谐也都有不可替代的作用。这就是我们上面提到的怡情价值。

2. 追求商品性是保护区域文化资源的有效手段。

文化资源保护问题随着外来文化的渗透和市场经济的冲击显得尤为重要。然而对文化资源最好的保护方式莫过于追求区域文化产品的商品性。追求商品性就要对文化资源进行开发利用，开发利用的过程即是保护的过程。区域特色文化资源保护不是简单地为抢救而抢救、为保护而保护，而是为了更好地弘扬民族优秀文化，更好地满足人民群众日益增长的精神文化需求。近年来，各地的文化旅游产业发展势头日益强劲。在其刺激下，各地进一步加强了对当地文化资源的保护、利用工作。民俗馆的修建使一些濒临绝迹的生产、生活用具得到保护和再现，地方特色文化节日的表演挖掘了当地历史文化的深刻内涵，大量富有地方特色的文化产品开发，使当地历史文化资源通过有效的开发利用，于无形中得到了保护和传承。

我们是社会主义国家，搞建设，发展生产靠人的积极性和自觉性。有坚定的理想信念，有社会主义的觉悟，才能启动和激励人的创造性。科学技术只是给人们提供发展生产力的手段，而思想观念的转变却能启迪人的灵魂。人有了事业心，有了追求才能创造性地运用科学技术发展生产力。因此，健康的智能开发，是一个民族生存和发展的动力。我们应在寓教于乐的前提下，通过文化产品对人们进行爱国主义、集体主义、社会主义的教育。那种淡化政治思想，或歪曲政治思想，一味强调消遣娱乐的做法是不对的。我们今天的文化活动，不单是纯粹的享乐，而是要与思想道德的感化结合起来，采取各种文化手段，以情感人，融思想性、娱乐性为一体，在人们的文化活动之中，进行思想感情的传递，达到潜移默化地改造精神世界、塑造理想人格的目的。这就要求我们处理好文化产品的商品性和社会性的辩证统一关系。

文化产品进入市场，是文化事业发展的一个必然要求。这一步是艰难的但又是必须走的。过去的文化事业，经济上主要靠政府拨款，产品上过分强调它的教育功能而忽视了它的娱乐消遣作用。在商品经济发展的今天，这些做法已明显地表现出它的不适应性。它不利于文化事业的发展，也不利于满足人民群众日益提高的文化生活的多方面的需要。文化产品进入市场，势必产生多元并存，自由竞争的文化品种。这些文化品种将成为十分活跃的商品。而市场，这个作为当代经济生活最集中的信息中心，同时也是社会、人生、感情、心理最密集的信息中心，它必然会反过来促使文化从业者为了适应市场的需要而迅速生产各种丰富多彩，为人民喜闻乐见的，新颖独特的文化产品。文化事业的发展可以由此获得自己的经济实力，人民群众的文化生活消费也可由此获得满足。当然，我们也不能过分强调它的娱乐消遣功能，一味去迎合少数人的要求，而忘记了大多数人的需求。对文化产品的生产和流通，不能放任自流，不能单纯为了赚钱而见利忘义。我们要运用经济手段、法律手段，把握好文化产品的二重属性，做到有塞有流，保证健康的文化得到发展，做到社会效益与经济效益的完美统一。我们还要有文化产品的保护政策。文化产品进入市场要遵循市场的价值规律，但文化产品还有自己的特殊功能，不能完全由市场去自由选择，也不能完全让其按市场法则去决定它的兴衰存亡。我们要在政策上加以保护，让国家倡导的文化产品不至于受到排挤，让那些代表我们民族精神和时代特色的优秀作品能占据主导地位。

第二节
区域文化产品需求

一、区域文化产品需求分析

生产和消费同时拉动着商品经济的发展，生产方面表现为物质产品的丰富，在消费方面则首先表现为消费者收入的提高。收入的提高首先会改变收入结构，收入结构的改变又会改变需求的结构，根据马斯洛的需求层次理论，人类的需求可以划分为五个层次：（1）生理的需要，这是人类维持自身生存的最基本要求，包括饥、渴、衣、住、行的方面的要求。如果这些需要得不到满足，人类的生存就成了问题。在这个意义上说，生理需要是推动人们行动的最强大的动力。马斯洛认为，只有这些最基本的需要满足到维持生存所必需的程度后，其他的需要才

第四章 区域文化产品供需

能成为新的激励因素，而到了此时，这些已相对满足的需要也就不再成为激励因素了。(2) 安全的需要，这是人类要求保障自身安全、摆脱事业和丧失财产威胁、避免职业病的侵袭、接触严酷的监督等方面的需要。马斯洛认为，整个有机体是一个追求安全的机制，人的感受器官、效应器官、智能和其他能量主要是寻求安全的工具，甚至可以把科学和人生观都看成是满足安全需要的一部分。当然，当这种需要一旦相对满足后，也就不再成为激励因素了。(3) 社会的需要，即社会中的人从事社会活动、社会交往的各种需要。这一层次的需要包括两个方面的内容。一是友爱的需要，即人人都需要伙伴之间、同事之间的关系融洽或保持友谊和忠诚；人人都希望得到爱情，希望爱别人，也渴望接受别人的爱。二是归属的需要，即人都有一种归属于一个群体的感情，希望成为群体中的一员，并相互关心和照顾。感情上的需要比生理上的需要来的细致，它和一个人的生理特性、经历、教育、宗教信仰都有关系。(4) 尊重的需要，人人都希望自己有稳定的社会地位，要求个人的能力和成就得到社会的承认。尊重的需要又可分为内部尊重和外部尊重。内部尊重是指一个人希望在各种不同情境中有实力、能胜任、充满信心、能独立自主。总之，内部尊重就是人的自尊。外部尊重是指一个人希望有地位、有威信，受到别人的尊重、信赖和高度评价。马斯洛认为，尊重需要得到满足，能使人对自己充满信心，对社会满腔热情，体验到自己活着的用处和价值。(5) 自我实现的需要。这是最高层次的需要，它是指实现个人理想、抱负，发挥个人的能力到最大程度，完成与自己的能力相称的一切事情的需要。也就是说，人必须干称职的工作，这样才会使他们感到最大的快乐。马斯洛提出，为满足自我实现需要所采取的途径是因人而异的。自我实现的需要是努力实现自己的潜力，使自己越来越成为自己所期望的人物。上述需要，是逐层上升的，只有较低层次的需要得到满足以后，才会考虑较高层次的需要。随着消费者收入的提高，其消费需求会逐级上升。当人们基本的物质需要得到满足后，必然会追求身心健康、精神充实、自我完善等高层次的精神需要。当代社会，经济高度发达，物质财富日益丰富，人们的收入不断提高，人们除了追求最基本的生存需要外，更多地进入具有满足精神需求、完善和发展自身的高层次消费领域。对文化产品的消费正是这样一种消费形态。虽然消费文化产品可用来满足人们的精神需要，但是，绝大多数文化产品是以实物形态为依托的。因此，一个地区文化产品的生产和消费水平能够反映出该区域经济发展水平和精神文明建设的程度。

二、影响区域文化产品需求的因素

人们对区域文化产品的需求受很多因素的影响,其中主要的影响因素包括区域文化产品的价格、效用偏好、人们的收入水平、人们的闲暇时间。

(一) 区域文化产品的价格

我们知道,当一种商品的价格发生变化时,这种商品的需求量会发生变化。区域文化产品既然具有商品性,就应该符合这一规律。一般说来,当区域文化产品的价格上升,人们的需求量就会下降。相反,当价格下降,需求量就会增加。因此,区域文化产品的需求量与价格的关系为:需求量随价格的上升而递减,随价格下降而递增的反方向变动关系。区域文化产品的需求量与价格之间的这种负相关关系,即为区域文化产品的需求函数。可以用函数形式来表示:$Q^d = f(P)$。其中的 Q^d 表示需求量,P 表示价格,f 表示它们之间的函数关系。如果用几何图形来反映区域文化产品需求量与价格之间的关系,就可以描绘出一条区域文化产品的需求曲线,如图 4-1 所示。

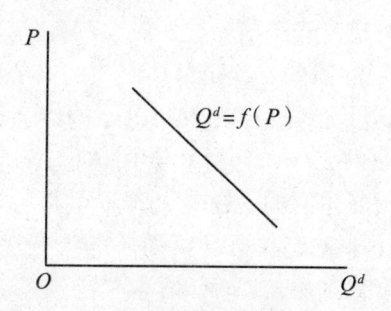

图 4-1 区域文化产品的需求曲线

从图 4-1 中也可以看到,区域文化产品的需求曲线是从左上方向右下方倾斜的,它反映了需求量随价格变动而呈反方向变化的关系。区域文化商品的需求曲线反映的是在其他条件不变的情况下,价格对需求量的影响。事实上,其他因素对于人们对区域文化产品需求量的影响也是非常重要的。

(二) 效用偏好

效用是指消费者在消费商品时所感受到的满足程度,是商品满足人的欲望的能力。一件商品对于消费者来说是否具有效用,取决于消费者是否有消费这种商

第四章 区域文化产品供需

品的欲望，并且在消费后是否能够感觉到满足。效用这一概念是与人的偏好联系在一起的，它是消费者对商品满足自己的欲望的能力的一种主观心理评价。相同的区域文化产品对于不同偏好的消费者具有不同的效用，也会产生不同的满足程度。例如，文化程度高的人会偏好高雅的区域文化产品，当这一人群比重增大时，那需求量自然而然会增加。效用与偏好之间的关系是由序数效用论者所提出的，序数效用论是用来度量消费者在消费商品时所感受到的满足程度，即商品的效用问题。序数效用论者认为，应该用顺序或等级来表示商品给消费者带来的效用大小。为了用顺序衡量效用的大小，序数效用论者提出了偏好的概念。所谓偏好，就是爱好、喜欢的意思。序数效用论者认为，对于各种不同的商品组合，消费者的偏好程度是有差别的，正是这种偏好程度的差别，反映了消费者对这些不同的商品组合的效用水平的评价。具体地讲，给定A，B两个商品组合。如果某消费者对A商品组合的偏好程度大于B商品组合，那也就是说，这个消费者认为A组合的效用水平大于B组合，或者说，A组合给该消费者带来的满意程度大于B组合。经济学中的效用论也称为消费者行为理论。它与其他理论结合起来，成为分析区域文化产品消费的重要工具。

（三）人们的收入水平

收入水平的高低，直接影响人们对各种商品的支付能力，支付能力进一步影响人们对该种商品的需求力的大小。根据马斯洛的需求理论，人们的需求是有明显的层次性的，从需求发展的一般规律来看，人们的需求首先为满足生存而必需的物质资料，在满足了生存需要的基础上，逐层递进，形成对满足享受需要和发展需要的各种商品的需求。这种需求发展的层次性要受到收入水平的约束。[1] 在人们收入水平偏低的情况下，人们更多需求的是食物、衣服等生活必需的物质资料，消费支出多在此类产品上，因此，就不可能再形成对享受需要和发展需要的大量需求。随着人们收入水平的提高，全部收入中用于生存必需的物质资料的支出比例会逐渐减少，与此同时，用于满足享受需要和发展需要的产品支出比例逐渐扩大。因此，收入水平的提高，是人们产生对享受需要和发展需要大量需求的经济动因。人们对区域文化产品的需求正是居于享受需要和发展需要的层次，因而人们对区域文化产品的需求量必然伴随收入水平的变动而变化。如果其他因素不变，人们的收入水平提高，对区域文化产品的需求量也会增加。也可以说居民的可支配收入水平，决定了区域文化产品消费能力的大小。

---

[1] 王恒富《文化经济学》。

区域文化经济论

近年来，我国居民的收入水平在不断提高，根据之前的分析可得，区域文化产品的消费支出应该呈现逐年上升的趋势，事实也是如此。2007年，我国城镇居民用于文化、教育和娱乐的消费支出为781.2亿元，2008年这一数据为8152.9亿元，2009年为9046.9亿元。①

（四）人们的闲暇时间

闲暇时间是人们进行区域文化产品消费的基本条件之一，因为人们对区域文化产品的消费通常都是安排在闲暇时间。例如，人们愿意选择到与自己居住地距离较远的、有地域特色的地方旅游，因为距离越远，区域文化的差异越大，就越会激发人们的好奇心理和主观想象，从而促发人们的出游动机。在出游的过程中还会消费具有民族特色的饮食、服饰、纪念品等。那么远距离的出行势必需要大量的闲暇时间。每逢长假，各个旅游景点人满为患，对于区域文化产品的需求势必增加。因而可以这样讲，人们所拥有的闲暇时间的多少直接影响对区域文化产品的需求数量。一般而言，对区域文化产品的需求量随着人们闲暇时间的增多相应增加。另外在节假日或闲暇时间相对集中的期间，也往往会形成对区域文化产品需求的高峰。

三、区域文化产品的需求弹性

如前所述，区域文化产品的需求量是其价格的函数，价格的变化会引起需求量的变化。消费者的收入水平制约着区域文化产品的需求量。由此，我们往往会很自然地想知道，当一种区域文化产品的价格下降1%时，这种产品的需求量会上升多少呢？当消费者的收入水平上升1%时，产品的需求量究竟又会增加多少？弹性概念就是专门为解决这一类问题而设立的。

区域文化产品的需求弹性分为需求的价格弹性和需求的收入弹性两种。需求量变动的百分比与价格变动的百分比之间的比率，称为需求的价格弹性，而需求的价格弹性就表示在一定时期内一种商品的需求量变动对于该商品的价格变动的反应程度。

我们前面已经分析得出，区域文化产品的需求与价格呈负相关关系，即价格的变动将引起需求量的反方向变化，因此，弹性系数为负数。由于人们对不同的区域文化产品的需求状况不同，因而需求曲线的斜率不同，即弹性系数的

---

① 数据来源于国家统计局网站：《中国统计年鉴（2011）》。

第四章 区域文化产品供需

大小不同。一般情况下，分为需求的价格弹性大于1，小于1，等于1三种情况。

当需求的价格弹性大于1时，这类区域文化产品的价格发生一定幅度的变动，会引起需求量的更大幅度的变化。一般地说，报纸、杂志的价格弹性一般比较高。一是因为报纸、杂志之间存在很大的可替代性；二是报纸、杂志对消费者的生活来说，不是很重要；三是报纸、杂志的多数消费者的收入有限，对价格很敏感，因此，降低价格会引起发行量的显著上升。

当需求的价格弹性小于1时，这类区域文化产品的价格发生较大幅度的变动，只会引起需求量发生较小幅度的变化。通常情况下，一些高雅的或具有特定需求对象的非大众化的区域文化产品，如古玩、具有民族特色的工艺美术品等就属于这种情况。

当需求的价格弹性等于1时，这类区域文化产品的价格发生变动时，需求量会发生相同幅度的变化。

不同的区域文化产品需求的价格弹性不同，即使是相同的产品，在不同时期的价格弹性也不同，因为需求的价格弹性的影响因素有很多，针对区域文化产品而言，其中主要有以下几个方面：

1. 产品的可替代性。

一般来说，一种商品的可替代品越多，相近程度越高，则该商品的需求的价格弹性往往就越大。例如，如果电视节目每个台的节目都差不多，相近程度高，这样节目的可替代性就很大，则它需求的价格弹性也大，这种情况下就很容易展开价格战；又如，电视中播放电影，当电影票价格上升时，消费者就会减少对电影票的需求，转向观看电视。具体到区域文化产品，如果一种区域文化产品的地域特色、民族特色不突出，如旅游景点的建设、开发没有鲜明的特色，那么它的可替代性就很大，需求价格弹性也大。

2. 产品用途的广泛性。

一般来说，一种商品的用途越是广泛，它需求的价格弹性就可能越大；相反，用途越是狭窄，它的需求的价格弹性就可能越小。这是因为一种商品具有多种用途时，当它的价格较高时，消费者只能购买较少的数量用于最重要的用途。中华传媒网的刘国基先生有一个很著名的观点"专业化是产业化的最高阶段"。区域文化的推广，需要媒体经营，在这个方面，分化会造成更专业的服务公司的出现，如独立的创意公司、独立的广告制作公司、独立的调研单位、独立的媒体检测单位、独立的媒体策划和媒体购买公司。所从事的服务和所经营的产品越是少，范围越是狭窄，越能够在价格市场上立于不败之地。

3. 产品对消费者生活的重要程度。

一般来说，对消费者生活越重要的产品，其需求的价格弹性较小，反之，其需求的价格弹性较大。例如，馒头的需求的价格弹性是较小的，电影票的需求的价格弹性是较大的。具体到区域文化产品而言，人们用于提升自己，完善自己的产品，如有地域、民族特色的出版物，购买的目的是为了学习和进一步研究，这类产品的价格弹性较小。而仅仅用于满足享受需要的产品，如旅游、民族服饰等的价格弹性较大。

4. 商品的消费支出在消费者预算总支出中所占的比重。

消费者在某商品上的消费支出在预算总支出中所占的比重越大，则该商品的需求价格弹性越大；反之，则越小。例如，火柴、盐等商品的需求的价格弹性比较小，因为这些商品的支出很小，消费者往往不太重视这类商品价格的变化。具体到区域文化产品而言，具有区域、民族特色的服饰、出版物、电影、话剧的需求的价格弹性较小，而旅游等支出较大的产品的需求的价格弹性较大。

区域文化产品需求的收入弹性是收入变动的百分比与需求量变动的百分比之间的比率。即人们收入增加或减少的幅度与由此引起的对区域文化产品需求量的变动幅度的比率。如前所述，收入与区域文化产品需求量是同方向变动关系，故弹性系数为正数。需求的收入弹性系数与价格弹性系数相似，可以有大于1，小于1，等于1三种情况。由于区域文化产品基本上是属于满足人们享受需要和自我实现、自我发展需要的层次的，从短期来看，区域文化产品需求的收入弹性比较小。但从长期来看，随着人们收入水平的不断提高，追求需要的层次也将逐渐提高，这势必会使收入增加中的更大部分用于满足对区域文化产品的需求。因此，从长期来看，区域文化产品的需求收入弹性将会逐渐增大。

四、文化产品需求的区域性差异

人们的收入水平制约着区域文化产品的需求量，而区域经济发展水平又影响着人们的收入水平，因此，我国区域文化产品需求有着明显的区域性特点。

众所周知，我国区域经济发展水平存在很大的差异，东部地区经济发展水平明显高于中、西部地区。而我国东、中、西部地区的城镇居民家庭人均在文教娱乐服务项目上的消费支出也有很大的差异，东部地区最大，西部地区最小。由此也反映出区域经济发展水平决定各地消费者对区域文化产品的需求量。当一个地区的人们还在温饱线上，那区域文化产品对他们来说就是奢侈品。濮存昕在听说

第四章 区域文化产品供需

《雷雨》在重庆最高票价为 1800 元时,当即表示:"过了,过了。过高的价格不利于话剧的真正发展。"反之,当一个地区的经济发展水平较高时,人们的收入水平随之增高,那么对区域文化产品的需求也会大量增加。

由此可见,区域文化与区域经济之间是相互促进的。这就是所谓的经济文化一体化,即文化与经济相互渗透、相互促进、相互交融。

区域文化主导着本地区人们的经济思想和价值观念,一个地区的文化特色一经形成,必然内化、沉淀为当地人的价值观念、行为准则。区域文化提升和丰富区域形象,有利于招商引资,整合经济要素。一个有特色的、有良好精神内涵的区域文化可以使本地区在外部树立起一个良好、深刻的区域形象,这对于本区域引进外资和人才、与外部的经济交流与合作无疑是大有益处的。如齐鲁文化的崇信尚义精神使人们对山东有一个良好的总体形象,这可以说是山东近年来招商引资规模大、经济发展较快的一个重要原因。区域文化促进企业文化和企业品牌建设,企业文化是体现在企业管理制度和思想、发展观念、产品形象乃至经营环境中的一切精神内涵的总称。良好的企业文化对提高企业的生产、管理效率,树立良好的企业形象是至关重要的。海尔集团如没有当年张瑞敏带头砸掉不合格冰箱,树立"质量第一"的企业发展精神,就不会有今天海尔的发展。企业品牌是企业产品形象的代名词,由企业产品的质量、技术、信誉、商标等多种因素共同决定。品牌是企业的一项重要资产,在企业的发展和市场竞争中日益重要。同样,企业品牌的建设与区域文化有很大的依存关系、良好的区域文化可以丰富、深化本地区企业品牌文化内涵,而且可以塑造一个整体良好的企业形象。区域文化推动旅游产业的发展,文化产业是指从事文化的创作研究、服务等活动的产业。文化产业作为第三产业的重要组成部分,随着我国近年来经济和社会的快速发展,人们的生活水平和教育水平的普遍提高,它在国民经济中的地位和重要性日益突出。尤其在当前我国资源和环境危机日渐凸显的形势下,倡导文化消费,发展文化产业不仅可以提升和全面满足民众的精神和物质需求,而且有利于经济的可持续发展。

我们在看到区域文化对区域经济影响的同时,也要看到区域经济对区域文化的影响。首先,一个地区的经济发展水平提高了,就会增加教育、科学等的投入,教育、科学方面的投入会提高当地消费者的文化程度,进而增加对区域文化产品的需求。其次,一个地区的经济发展水平提高了,就会加强文化基础设施包括影院、剧场、文化馆、展览馆、广播电台、电视台、体育场、庙宇、名胜古迹以及各种宣传教育设施等建设。加强基础文化设施的建设,能够有效地促进文化需求的增长,并且在促进区域文化产品需求增长的同时,有效地保护了区域文化产品。最后，一个地区的经济发展水平提高了，当地居民的收入水平必然随之提高，收入的提高就会带来需求的增长。

第三节
区域文化产品供给

一、区域文化产品供给机制

1. 文化产品的公共性决定了文化产品的供给需要依靠政府。

按照市场供给的原则，在利益最大化的驱使下，市场上提供的产品都是按照利润最大化的原则来提供的，而文化产品的消费具有特殊性，利益边界的准确性不是很明显，因此，这类产品无法按照市场原则来提供，大多数专家学者倾向于从"非排他性"和"非竞争性"这两个公共物品的属性来分析文化产品，并且达成了共识。部分文化产品由于在技术上不可能将拒绝为它支付费用的个人或厂商排除在受益范围之外，这种"非排他性"注定私人投资者不会自愿提供具有公共物品性质的文化产品。部分文化产品增加一个消费者不会减少任何一个人对该产品的消费数量和质量，这种"非竞争性"使文化产品消费领域容易出现"搭便车"情况，这也是导致私人投资者不愿意进行文化产品提供的重要原因。因此，文化产品的供给需要依靠政府来提供。

2. 文化产品的外部性决定了文化产品的供给需要政府与市场的双重供给。

所谓外部性，即一个人的作为对旁观者福利的影响。根据经济学家的解释，由于这种影响可能产生的方向不同，可分为正外部性和负外部性。正外部性是指一种作为给旁观者带来积极的影响，使他人减少成本，增加收益，如免费的学术演讲、广场社区文艺演出等；负外部性则是指一种作为给旁观者带来消极的影响，使他人增加成本，减少收益，如工厂产生污染、汽车排放尾气等。

与其他产品一样，在文化产品的生产和消费环节，也会产生正的外部性和负的外部性。在文化产品的生产环节，正的外部性主要表现在有些消费者得到了益处而无须为该益处支付费用；负的外部性主要表现在可能给自然资源的承受能力造成负担，如利用自然资源开发旅游项目时，超过资源的可持续利用量不仅会带来经济损失，还可能会给自然资源与环境带来不可再生的危险。在文化产品的消费环节，优秀的文化产品具有陶冶消费者情操，提高其文化素养、知识水平和生活质量等正的外部性，同时，还可以为社会塑造正确的价值观，提高社会道德水

第四章 区域文化产品供需

平,增加社会知识存量,对社会的发展与进步具有积极的意义,从而产生不可低估的外部正效应。[1] 而不良的文化消费,不仅危害消费者本人创造美好生活,还会对社会、他人带来消极不利的影响,不利于社会稳定。

3. 区域文化产品的外部性是影响区域文化产品供给政策的重要因素。

区域文化产品的外部性是指文化产品对区域文化发展所产生的影响,其中有利于弘扬区域优秀传统文化的文化产品对区域文化发展产生正的外部性,而不利于或者阻滞区域文化发展的文化产品对区域文化发展产生负的外部性。区域文化产品对区域文化发展的正外部性主要表现在以下方面:一是通过以文化产品的形式成功表达表现某一区域文化的优秀因子,从而扩大该区域的社会影响力,以文化产品形式弘扬优秀传统文化和特色文化产生示范效应,加快其文化产品创作与繁荣的进程,例如,傣族泼水节就起到了这样的作用。二是区域文化产品的生产与消费有利于区域文化的传承与创新,区域文化产品的吸引力和生命力在于其独特性和差异性,围绕独特性和差异性进行的文化产品的生产过程本身就是区域文化创造与再创造的过程。对区域文化发展的负外部性主要表现为贬低区域文化产品,导致本地区人民自卑,影响区域文化正常的传承与弘扬。

区域文化产品的外部性是影响区域文化产品供给政策的重要因素。区域文化产品的外部性直接决定和影响着当地政府对文化产品的供给取向。对于具有负外部性的文化产品,即对地区经济社会发展和区域文化发展产生负面影响的文化产品,一般都属于政府管制的对象,负外部性越强,不利影响越大,政府管制的力度就会越大。对于具有正外部性的文化产品,既有利于地区经济社会发展,又利于区域文化发展的文化产品,总是成为政府优先供给或积极扶持的对象。"为了巩固自己的政治统治,现实中任何一个国家的统治阶级都不可能对文化事业产品的生产和提供放任自流,政府必须介入文化事业产品市场,对文化事业产品的生产进行必要的引导和管理";[2] 区域文化产品的外部性直接决定和影响着文化产品的提供方式。一般而言,区域文化产品的提供方式有政府提供、市场提供和混合提供三种基本形式。对于具有正外部性的区域文化产品,混合提供既可以较好地解决市场提供下供给量不足的问题,也可以有效克服政府提供下过度消费,是一种较理想的供给方式。政府在制定文化产业政策时,应充分考虑区域文化产品的外部性,在充分调动和发挥市场主体生产文化产品的积极性的同时,尽可能加

---

[1] 左惠:《文化产品供给论——文化产业发展的经济学分析》,经济科学出版社2009年版,第68页。

[2] 崔运武:《公共事业管理概论》,高等教育出版社2002年版,第279页。

大对文化产品资金投入的力度,更好地满足人民群众的精神文化需求;区域文化产品的外部性直接决定和影响着政府对文化产品支持补助的力度。文化产品采取混合提供方式比较有利,而当地政府在混合提供中对文化产品支持补助的力度与其外部性直接相关。一般来说,正外部性越强的文化产品,市场提供的效率损失也就越大。因此,区域文化产品的正外部性越强,越适宜政府提供,正外部性越弱,越适宜市场提供,换言之,外部性越强的文化产品,政府补助力度就越大,反之则越小;① 区域文化产品的外部性需要政府采取适当的政策手段进行调控。对于具有正外部性的区域文化产品,区域文化产品的外部性价值难以在市场供求关系中得到准确的体现。因此,对于具有正外部性的区域文化产品,政府应采取补贴、减免税收、提供特殊优惠等政策手段促进正外部效应的产生,而对于具有负外部性的区域文化产品,则应采取管制、取缔等政策手段限制或消除负外部效应的产生。

二、影响区域文化产品供给的因素

(一) 区域文化产品的价格

区域文化产品的供给规律与其他商品的供给规律一样,表现为供给量与价格之间的正方向变化关系。即当区域文化产品的价格上升时,对供给者而言,就会获得更多的利润,因此供给量也会增加。相反,当区域文化产品的价格下降时,供给量也会随之下降。这种供给量随价格上升而递增,随价格下降而递减的正相关关系,可以用函数形式来表示,就是供给量是价格的函数。即:$Q^s = f(P)$。其中的 Q^s 表示供给量,P 表示价格,f 表示函数关系。供给量与价格的函数关系也可以用几何图形来反映,如图4-2所示。

图4-2中的纵轴 P 表示价格,横轴 Q^s 表示供给的数量,$Q^s = f(P)$ 是区域文化产品的供给曲线。供给曲线是一条从左下方向右上方倾斜的斜线,反映了供给量与区域文化产品价格的正相关关系。需要注意的是,图4-2所表示的是供给量与价格的依存关系,在这里假定供给量的变化仅仅是由价格因素引起的,也就是假设其他能引起供给量变化的因素都是既定不变的。如果其他的因素发生了变化,供给量也将会随之产生变动。

---

① 崔运武:《公共事业管理概论》,高等教育出版社2002年版,第278页。

第四章 区域文化产品供需

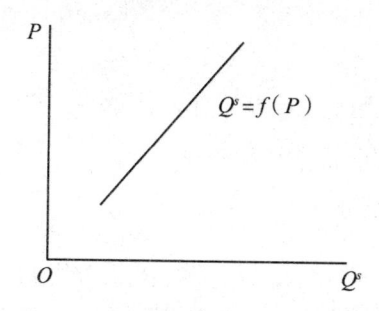

图4-2 区域文化产品的供给曲线

（二）生产区域文化产品的成本价格

当区域文化产品的价格已经确定的情况下，若生产该种文化产品的成本价格上升，供给量就会随之减少。反之，当成本价格下降时，供给量会增加。也就是区域文化产品的成本价格会使整个供给状况发生变化。例如，图书的供给量，如果出售图书的价格不变，而生产图书的纸张价格上升也就是图书生产的成本上升，这将会引起整个图书出版量的下降。如果纸张的价格下降，则会有相反的情况发生。

（三）文化基础设施的建设

文化基础设施包括文化广场、电影城、剧场、博物馆、图书馆、展览馆、广播电台、电视台、体育场、庙宇、名胜古迹、非物质文化遗产展示中心、纪念地以及各种宣传教育设施等。文化基础设施是各种区域文化产品得以向社会大众提供，文化供给得以实现的必要条件。假如没有博物馆，没有名胜古迹，我们将无处感受一个地区的悠久历史，多姿多彩的民族风情、民族服饰等。所以区域内文化基础设施的建设是否发达，直接影响着区域文化产品的供给。如果文化基础设施建设与文化供给能力不相适应，落后于文化供给能力，就会使文化产品的供给渠道"阻塞"，从而抑制文化产品供给的实现。

（四）当地政府对文化事业的经济政策

这里主要是指当地政府对文化事业的财政投入、对文化产业发展的扶持，落实税收优惠、信贷政策。例如，有些地区对纪念馆、博物馆、文化馆、美术馆、展览馆、书画院、图书馆及文物保护等文化单位举办文化活动的门票收入按规定免征营业税；对公益性青少年活动场所免征企业所得税；鼓励兴办高新技术文化企业，鼓励引导社会资本投资于高新技术文化企业，对从事数字广播影视、数据库、电子出版、光盘复制等研发、生产、传播的文化企业，凡符合国家现行高新技术企业税收优惠政策规定的，可享受相应的税收优惠政策。若当地政府对文化产品生产实行低税、低息的优惠经济政策，就必然会推动文化产品供给的增长。反之，则会阻碍文化产品供给的增长。

（五）社会对文化事业的重视和支持

在区域文化产品供给中，社会对文化事业的重视和支持是非常重要的，一方面，社会对文化产品生产的投资、资助越多，为它提供、创造各种有利的条件越多，越能有效地促进文化供给的增加。例如，社会各民间团体成立的出版基金，就是促进出版事业发展、增加区域文化产品供给的有利因素。另一方面，社会公众重视文化事业发展，就会热爱本地区的传统文化，注重区域文化的保护和传承，在保护和传承的过程中，就会增加区域文化产品的供给。由此可见，区域文化产品的供给量是与当地社会大众的重视和支持成正比的。

三、区域文化产品的供给弹性

根据供给曲线可知，区域文化产品的供给量与价格具有正方向变动的关系，但当一种区域文化产品的价格上升或下降1%时，这种产品的供给量会上升或下降多少呢？这就需要用区域文化产品供给的价格弹性来分析。供给的价格弹性表示在一定时期内一种商品的供给量的变动对于该种商品的价格的变动的反应程度。或者说，表示在一定时期内当一种商品的价格变化1%时所引起的该商品的供给量变化的百分比。根据供给规律，供给量与价格是正相关关系，所以区域文化产品供给的价格弹性系数为正数。

与需求的价格弹性系数一样，供给的价格弹性系数数值的大小取决于供给曲线的形状，即曲线的斜率。不同的区域文化产品，主要的供给对象不同，其供给曲线的斜率也是有差异的。斜率越大，弹性越小。反之，弹性就越大。供给曲线的不同斜率，反映在价格的弹性系数上可归为三种情况，区域文化产品供给的价格弹性系数大于1，在这种情况下，价格的较小变动将会引起供给量的较大变化这表明供给是富于弹性的；区域文化产品供给的价格弹性系数小于1，在这种情况下，价格的较大变动只能引起供给量的较小变化，这表明供给是缺乏弹性的；区域文化产品供给的价格弹性系数等于1，在这种情况下，供给量的变动幅度与价格的变动幅度相同。

产品供给的价格弹性受很多因素影响，其中主要有以下几个方面：

第四章 区域文化产品供需

（1）产品供给的价格弹性与时间因素存在着一定的关系。当区域文化产品的价格发生变化时，供给者对产量的调整需要一定的时间。在很短的时间内，供给者要根据产品价格上升及时的增加产量，或根据价格的下降，缩减产量，都存在一定程度的困难，相应的，供给弹性是比较小的。但是，在长期内，生产规模的扩大或缩小，甚至转产都是可以实现的，供给的价格弹性就较大了。

（2）产品的生产周期的长短影响着产品供给的价格弹性。在一定的时期内，对于生命周期较短的产品，供给者可以根据市场的价格变化较及时地调整产量，供给的价格弹性相应就比较大。相反，生产周期较长的产品的供给的价格弹性就往往较小。

（3）生产成本随产量变化而变化的情况也是影响产品供给的价格弹性的重要因素，如果产量的增加只引起边际成本的轻微的提高，则意味着供给曲线比较平坦，供给的价格弹性比较大，相反，如果产量增加引起边际成本的较大提高，则意味着供给曲线比较陡峭，供给的价格弹性比较小。

根据以上分析，我们可以将区域文化产品分为两类：一类是供给弹性较大的产品；一类是供给弹性较小的产品。一般而言，可以简单复制的区域文化产品的供给弹性较大，例如，具有民族特色的可以批量生产的纪念品、服饰、书籍等，因为供给者在短期内就可以增加或减少产量，并且产品的生产周期短，边际成本低。需要投入大量脑力劳动的区域文化产品的供给弹性一般而言都是比较小的，尤其是在短期内更为突出。因为在该类区域文化产品的生产中，精神生产占有很大的比重，精神劳动不同于物质生产劳动，不可能在短期内迅速增加供给量，并且该类区域文化产品的生产相对来说需要一个较长的周期和较高的边际成本。例如，戏剧的生产需要脑力劳动者投入大量的脑力劳动，经过长时间的编排，才能够产生。再如文物古迹，旅游资源等，在短期内更不可能增加供给量。这两类区域文化产品，显然第二种是主要的，占较大比重的，第一类可以简单复制的区域文化产品也是对第二类的复制，在其基础上存在的。因此，从短期来看，区域文化产品供给的价格弹性较小。但从长期来看，其供给弹性要大于短期。因为在长期中，价格提高能使当地文化生产部门有能力组织更多的人力、物力和财力投入区域文化产品的生产过程中，从而使产品的供给量有较大幅度的增长。

区域文化产品的这一特点也提醒我们，要想发展区域文化，就必须着眼于长期，当地政府的各种政策措施要有长期性和连贯性，要把增加文化供给看做是一个长期的行为。这样才有利于在实践中采取各种措施有效地促进区域文化产品的供给。

四、我国文化产品供给的现状

精神文明建设能够为物质文明建设提供动力支持，是社会主义现代化建设的重要组成部分，能够为改革开放和社会主义现代化建设提供思想保证、精神动力和智力支持。精神文明的建设离不开文化事业健康有序的高速发展。健康有序的文化事业要求文化市场所提供的文化产品能够满足不同层次的消费者各种类型的文化需求，并且文化产品的供给与社会发展及国家经济水平发展程度相适应。

从表4-1中我们可以看到，新中国成立以来，我国文化产品的供给能力有了很大的提高，新中国成立初期，公共图书馆只有55个，2011年为2952个，增加了2897个，文化馆、博物馆、艺术表演团体、艺术表演场馆分别增加了42779个、2629个、6055个、1065个，这些主要的文化机构的数量都增长了几十倍，远远高于我国人口的增长速度，因此，人均占有水平的增长速度还是非常快的。随着我国财政能力的增加和对文化事业的重视程度日益加深，我国文化事业经费的投入也在不断增加，尤其是"十一五"以来，我国的文化事业投入经费一直保持高速增长（见表4-2）。

表4-1　　　　　　　　　全国主要文化机构情况

年　份	公共图书馆	文化馆（站）	博物馆	艺术表演团体	艺术表演场馆
1949	55	896	21	1000	891
1952	83	2430	35	2084	1510
1957	400	2748	72	2884	2296
1962	541	3767	230	3320	2249
1965	562	4785	214	3458	2943
1970	323	4126	182	2541	1432
1975	629	5387	242	2836	1464
1978	1218	6893	349	3150	1095
1980	1732	8739	365	3533	1444
1985	2344	8576	711	3317	1377
1986	2406	8913	777	3195	2058
1987	2440	8974	827	3094	2148

第四章 区域文化产品供需

续表

年 份	公共图书馆	文化馆（站）	博物馆	艺术表演团体	艺术表演场馆
1988	2485	9045	903	2985	2081
1989	2512	9037	967	2850	2050
1990	2527	9216	1013	2805	1955
1991	2535	10507	1075	2772	2068
1992	2558	9564	1106	2753	2037
1993	2572	10155	1130	2707	2024
1994	2589	11276	1161	2698	1998
1995	2615	13487	1194	2682	1958
1996	2620	45253	1219	2664	1934
1997	2628	45449	1282	2663	1947
1998	2662	45834	1339	2652	1929
1999	2669	45837	1363	2632	1911
2000	2675	45321	1392	2619	1900
2001	2696	43379	1461	2605	1854
2002	2697	42516	1511	2587	1829
2003	2709	41816	1515	2601	1900
2004	2720	41402	1548	2759	1928
2005	2762	41588	1581	2805	1866
2006	2778	40088	1617	2866	1839
2007	2799	40601	1722	4512	2070
2008	2820	41156	1893	5114	1944
2009	2850	41959	2252	6139	2137
2010	2884	43382	2435	6864	2112
2011	2952	43675	2650	7055	1956

资料来源：根据各年《中国统计年鉴》数据和城乡住户调查资料整理而成。

表 4-2　　　　"十一五"以来文化事业费总量和增长速度

年份	文化事业费（亿元）	增长速度（%）
2006	158.03	18.1
2007	198.96	25.9
2008	248.04	24.7
2009	292.32	17.9

资料来源：根据各年《中国统计年鉴》数据和城乡住户调查资料整理而成。

我国文化产品供给能力的增强不仅表现在各类文化机构的增加和文化事业经费投入的快速增长，也表现在供给质量的提高上，最明显的变化便是文化事业投入结构在不断优化，投入方式不断创新。在文化事业经费的投入结构上，出现了三个明显的趋势：一是文化投入坚持重心下移、面向基层、面向群众、向基层倾斜的趋势；二是响应西部大开发的号召，文化投入持续向西部欠发达地区倾斜趋势；三是向群众文化倾斜趋势。在投入方式创新上，一是通过建立公共文化服务经费保障分级投入机制来明确中央与地方的支出责任；二是通过引入基金运行模式，激发全社会文艺创作热情；三是以多元文化投入模式代替传统直接投入方式。

虽然，从新中国成立到现在，我国的文化供给能力有了很大的提高，但是面对我国人口众多、文化需求量大且与日俱增的现实情况，我国的文化供给能力还是捉襟见肘。与西方发达国家相比，我国文化供给在种类和数量上还是很有限的，这就需要我国在从供给数量上提高供给能力的同时，还要不断开发新类型的文化产品，以满足广大人民群众日益增长的文化需求。

五、文化产品供给的区域性差异

由于文化产业具有消耗物质资源少、产业关联性强的优点，因此被称为绿色循环经济。文化产业能够延伸到其他产业链，提升产品的附加值，吸纳高素质的人才，所以吸纳越来越多的社会资金进入，逐渐成为新的投资方向。

我国各地区都在大力发展文化产业，积极增加文化产品供给，但区域经济发展的差异对各地文化产业政策导向、发展模式都会产生一定的影响。例如，在经济发展水平较高的华东地区，文化产业结构相对优化，文化商业模式创新意识较强，因此，文化产品供给品种和数量丰富，质量较高。浙江省杭州市的文化创意

第四章 区域文化产品供需

产业 2012 年实现增加值超过千亿元，达 1060.70 亿元，增长 15.6%（按可比价），占全市增加值比重的 13.59%，比上年提高 1.56 个百分点。杭州文化创意产业限额以上企事业单位资产总计达 4622.07 亿元，增长 15.0%；从业人员达 53.19 万人，增长 5.9%。与此同时，文化创意产业的经济效益也在稳步增长。2012 年，杭州文化创意产业限额以上企业实现主营业务收入 2027.51 亿元，增长 19.3%。实现利润总额（含投资收益）276.38 亿元，增长 46.1%。

在产业结构方面，浙江省主要城市的新兴文化产业发展迅速，杭州的信息服务业、文化休闲旅游业、设计服务业和动漫游戏产业的营业收入增速远超其他行业。2012 年，杭州文创产业核心层限额以上企业实现收入 1668.47 亿元，增长 21.0%，占文创产业限额以上企业全部收入的 82.3%，比上年提高 1.2 个百分点。其中信息服务业、设计服务业企业分别实现收入 647.79 亿元和 445.09 亿元，分别增长 37.4% 和 15.1%；文创产业外围层限额以上企业实现收入 359.04 亿元，增长 11.7%。

与东部发达省份比较，西部落后地区的文化产业总体上发展缓慢，发展不平衡，绝大多数地区发展观念陈旧、产业规模小、市场消费有限、发展动力不足。目前西部各省区的文化产业，是在党和国家提出要大力发展文化产业后，多数以政府推动的方式自上而下发动。一批国有控股的大型文化企业和企业集团已成为文化市场的主导力量和战略投资者，成为文化产业的领军者。例如，陕西省投资 22 亿元组建了陕西省文化投资集团，主要项目基本都为政府推动下的文化资源开发型投资项目。[1] 这也是很多内陆城市最常见的发展思路和模式。但这种模式在短期内的结果往往是同质化的企业数量聚集。[2] 如何逐步培育并形成产业集群，培育产业能力，仍然需要开放观念。西部地区仍要深入探索文化产业迅速发展的路径和模式，形成新的思路，促进文化产业改变由政府单向推动的模式，以免形成路径依赖。

西部经济欠发达地区选择政府推动的资源开发型产业发展路径有一定的必然性。在产业发展的初级阶段必然面临的主要是如何通过资源开发迅速培育和完善产业体系、扩大产业规模的问题。仅靠市场的力量难以在短时期内完成，需要政府的有效干预，以获得有效的市场产出。即便是利用市场供给的方式解决文化资源利用问题，前提也是政府建立完善的产权制度。但是如果一直依靠政府的推动和导向发展，一方面，随着文化产品需求的层次的多阶段化，必然要求文化产品形式的复杂化、多样化，由政府满足社会公众的多层次需求则会带来供给的高成

---

[1][2] 叶朗：《中国文化产业年度发展报告（2010）》，北京大学出版社 2010 年版，第 191 页。

本和低效率。另一方面，由政府单一或以政府为主体的供给模式不得不面临政府失灵的问题，可能会给某些政府官员提供更大的寻租空间。如果不转变由政府单一供给文化产品的模式，可能会使文化产业发展失去活力，导致产业发展路径依赖，陷入只增长、不发展的恶性循环。

第五章

区域文化市场国际化

"人类自诞生起就开始了人类的文化"[①]，文化是人类社会与自然、地理、环境等因素相互作用的结果，不同的自然地理等要素，决定了各个地域人类的不同生活方式，也造就了多种多样的区域文化。在经济全球化时代，文化产品既是文化的组成部分，也是经济的重要组成部分。在经济区域化、全球化的浪潮下，文化产品竞争就是国际竞争。文化产品国际竞争的市场构成呈现出三种态势：一是全球性国际文化市场，二是区域性国际文化市场，三是本土化国际文化市场。

第一节 文化市场属性

所谓文化市场，是指按价值规律进行文化艺术产品交换，和提供有偿文化服务活动的场所，是社会主义文化艺术产品生产和消费的中介。它必须具备三个条件：一是要有能供人们消费并用于交换的劳动产品和活动，二是要有组织这种活动的经营者和需求者，三是要有适宜的交换条件。

文化市场主体一般是指各类文化产业单位。文化产业，根据联合国教科文组织的定义，是指"按照工业标准生产、再生产、储存以及分配文化产品和服务的一系列活动"。在我国，文化市场主体一般包括演出业、图书报刊业、广播影视业、娱乐业、音像业、艺术品经营业、网络文化业、文物拍卖业、文化旅游业等门类。因此，文化市场可以划分为演出市场、娱乐市场、音像市场、网络文化市场、电影市场、图书报刊市场、艺术品市场、文物市场等多种类型。

---

① 李鹏程：《当代西方文化研究新词典》，吉林人民出版社2003年版，第307页。

区域文化经济论

文化市场的性质是由文化商品的一般性、特殊性和文化商品交换过程中所体现的生产关系的性质决定的。

（一）商品经济属性

列宁说过："市场是商品经济的范畴。[①]"与其他专业市场一样，文化市场具有商品经济的一般性，这是由文化商品的一般性决定的。这包括两层含义：一是文化商品和其他商品一样具有价值、实用价值和交换价值；二是文化市场的运行必须符合市场经济规律。

（二）意识形态属性

文化市场不仅具有商品经济的一般性，而且还具有意识形态的特殊性，这是由文化商品所包含的文化内容特殊性决定的。这也包括两层含义：

（1）文化商品具有意识形态属性。从功能上讲，文化商品（含商品性服务）大致分四种类型：一是知识型，如关于乐理知识的书籍、中学生数理化教材等；二是引导型，如哲学著作；三是审美型，如音乐、诗歌、书画；四是休闲型，如卡拉OK、交谊舞。除了纯粹的知识型产品，一般文化商品的生产、流通、消费都体现着一定的价值观念。而价值观念总是受特定的社会制度制约的。这也正是我国把文化市场作为社会主义精神文明建设重要阵地的根本原因。

（2）文化市场运行必须以社会效益为最高准则。社会效益是相对于经济效益而言的。文化市场的社会效益，是指文化市场在运行过程中所产生的政治效果、思想效果、道德效果、知识效果、审美效果、娱乐效果以及文化积累效果的总和，是文化商品（含商品性服务）的使用价值在实现过程中获取的总收益。

文化商品的使用价值就是文化商品的精神价值。优秀的文化产品，能够增长人们的科学文化知识，培养人们树立正确的世界观、人生观、价值观，而劣质文化、恶质文化则污染人们的灵魂，降低人们的思想、道德、文化素质，甚至把人引入歧途。任何时代、任何社会都重视精神文化的教化功能。社会主义文化生产的目的是为了满足人民群众的精神文化需要，文艺的方向是为人民服务，为社会主义服务，因此，在文化市场工作中，坚持社会效益第一的原则，是建设有中国特色社会主义文化的题中之意。

[①]《列宁选集》第1卷，第161页。

第五章 区域文化市场国际化

(三) 社会制度属性

文化市场是市场经济的有机组成部分，市场经济的社会制度属性决定了文化市场的社会制度属性。我国实行的社会主义市场经济体制，这一点决定了我国文化市场的社会主义属性。这主要包含三层含义：

(1) 我国文化市场是以国办文化为主导的文化市场。只有这样，才能保证我国文化市场的社会主义性质，才能使党的路线、方针、政策在文化市场得到很好的贯彻。

(2) 我国文化市场是政府导向型的有序竞争的市场。一是基于市场机制的盲目性、自发性的缺陷，因此必须由政府手段来弥补。二是基于国家的整体战略目标。文化市场的建设必须服从、服务于我国社会主义现代化建设的整体目标，为经济建设和改革开放提供强大的精神动力和智力支持。三是基于国际竞争中的文化安全。在全球化特别是我国已加入世贸组织的今天，这一点显得格外突出。

(3) 文化市场发展的根本目的是为了满足人民群众日益增长的精神文化需求，社会效益是其最高准则。

第二节
区域文化市场国际化

一、区域文化市场国际化是文化产品发展的客观要求

满足世界各国文化消费者的市场需求是创造国际文化产品的出发点和归宿点。文化一旦要被制造成文化产品，满足文化消费需求就成了基本属性，得到文化市场认可就成了基本要求。与文化的最大差别是，文化产品追求市场价值。文化产品必须追求市场价值，如果市场价值实现不了，文化产品的生产或创造是很难持续下去的。在市场经济时代，文化产品如果没有市场价值，就很难实现其社会价值。

同时，创造文化产品要追求市场价值最大化，也就是全球市场价值（国际市场价值）。文化产品一旦走出国门，得到其他国家文化市场的认可，就成为国际文化产品。国际文化产品与国际文化市场是一致的，没有国际市场的文化产品是没有资格被称为国际文化产品的。为了追求市场价值最大化，各国文化商都在力求实现文化产品的市场国际化。全球国际文化市场规模的持续增长，推动了国

际文化产品的创造势头。最初的国际文化市场主要是发达国家文化市场；20世纪70年代后，随着新兴工业国家地区经济迅速增长，文化消费能力逐渐提升，东亚和拉美区域也成了重要的全球性国际文化市场；进入21世纪后，"金砖国家"经济迅速崛起，文化消费能力也同步增长，导致全球国际文化市场规模成倍增长。

二、区域文化市场国际化的三种态势

在文化全球化和国际文化市场扩大的双重因素刺激下，国际文化产品创造出现了新的高潮，新兴工业国家地区和"金砖国家"也拥有了创造国际文化产品的热情。在一般情况下，一个国家拥有了国际文化产品的消费能力，就会逐渐拥有创造国际文化产品的意识和能力。因此，新兴工业国家地区和金砖国家即将成为创造国际文化产品的新生力量，使国际文化市场竞争日趋激烈。目前，文化产品市场国际化呈现出三种态势：

（一）占有全球国际文化市场

拥有全球国际文化市场是文化产品制造商的永久梦想。创造出能够占有全球市场的文化产品并不是一件易事。要占有全球国际文化市场，文化产品的内容就得满足国际市场的需求，适应国际观众的口味。不论是电影、电视剧、动漫产品，还是图书、期刊等出版物，内容国际化是第一位的。文化产品的内容国际化一般都从剧本的选择、编辑开始，没有国际文化代表性的不选择，不适应全球文化市场的不采用。

美国是世界文化强国，具有超强的国际文化产品创造能力。从美国文化产品制造商的经验看，创造能够占有全球文化市场的国际文化产品，一般有两大规则需要关注：

（1）文化产品的内容不能与其他国家的民族文化和现实生活发生对立、冲突，否则就很难进入相关国家的文化市场。

占有全球文化市场的国际文化产品的故事内容要有最大限度的包容、宽容的姿态，拒绝含有国家对立、民族歧视的故事情节，不能出现指责东方文化或西方文化、发展中国家或发达国家的观点和言行。在故事内容上，指责任何一个国家、任何一个民族，就等于放弃全球性的国际文化市场。尤其是不能与当今世界主要的国家、民族的历史文化和现实生活有重大冲突，否则会失去文化产品的国际市场价值。

第五章 区域文化市场国际化

（2）文化产品的内容最好能够超越"现实"生活和"民族"意识，探索人类当今和未来有可能面临的共同问题，寻找或创造不同国家、不同民族都能够接受的国际性题材。

好莱坞电影被称作"梦幻电影"或"乌托邦电影"，其电影文化的实质是以类型电影为基本样式所构筑的一个个社会神话。在好莱坞电影中，完整化、中心化、情感化和国际化的叙事策略，宏伟、豪华、壮丽的场面设置，绚丽、刺激的色彩画面和视听效果，悬念丛生、高潮迭起的情节，都被用来作为给观众造梦的手段而发挥出极致的效果。目前，比较成功的国际性故事题材大约分为：一是物化类题材，如《赛车总动员》、《变形金刚》、《机器人总动员》、《铁臂阿童木》等；二是动物类题材，如《狮子王》、《唐老鸭》、《米老鼠》、《功夫熊猫》、《忍者神龟》、《海底总动员》、《冰川时代》、《金刚》等；三是魔幻类题材，如《超人》、《哈利·波特》、《加勒比海盗》、《指环王》等；四是星球类题材，如《星球大战》、《黑客帝国》、《阿凡达》、《猩球崛起》、《战舰》、《火星人》；五是动作冒险类题材，如《蝙蝠侠》、《速度与激情》等。

进入 21 世纪以来，世界电影产业的总体趋势是：北美、日本、法国、英国这些已经成熟的地区市场的票房总量多年处于徘徊或者缓慢增长状态，日本是其中的代表。在新兴的发达国家和发展中国家，电影产业的发展与人均 GDP 增长、恩格尔系数下降呈现出紧密的正相关联系，在 21 世纪以来经历了明显的增长。根据 2009 年度数据综合测算，目前世界 15 个电影大国年票房排名靠前的国家和市场规模依次为：第一梯队美国，96.29 亿美元；第二梯队日本、印度、英国、法国、德国，10 亿~20 亿美元；第三梯队西班牙、意大利、澳大利亚、韩国、加拿大、俄罗斯、中国、墨西哥、巴西，4 亿~10 亿美元。

在占有全球国际文化市场上，美国好莱坞电影业可谓是最成功的。据美国电影协会资料，美国电影 2000 年在国内票房已经达到 76.6 亿美元的同时，从海外电影市场还得到 60 亿美元。近几年，全球电影市场规模迅速增长。有关资料显示，2009 年全球电影市场规模达 320 亿美元，其中好莱坞电影的海外票房销售占将近 68%，而 10 年前它所占比例为 58%。这使好莱坞电影公司更加重视全球市场，全力创作适应国际观众口味的影片。

通过改写剧本以吸引全球观众。好莱坞各家电影公司大量削减诸如爱情喜剧片的制作，因为外国观众并不能完全看懂美国式幽默。2004 年的喜剧电影《王牌播音员》耗资 2000 万美元，却赚得了 9000 多万美元的票房收入，但是其中仅有 500 万美元来自海外票房收入。2010 年春天，传媒巨头维亚康姆公司旗下的派拉蒙影业公司拒绝投资该片的续集，担心这部喜剧的独特美国式幽默在海外没有市场。派拉蒙公司的副董事长罗布·穆尔说：我们需要制作有能力适应国际市场的影片。环球影片公司的管理人员唐纳·兰利在监督一部即将投拍的电影剧本制作，剧情是邪恶外星人登陆地球并居住在水下。环球的一位高层主管读了剧本之后马上提出：外星人只威胁美国——这"太美国化"了。环球公司要求编剧们改写剧本。在新的剧本中外星人对整个世界构成了威胁。兰利说，影片故事发生在夏威夷海岸之外。但问题是我们如何让这变成一个全球性题材？现在，环球试图让高层管理人员较早对各个剧本进行审查，以便寻找让它们变得更加国际化的办法。为了占有全球电影市场，好莱坞电影甚至不惜修改已经完成制作的电影内容，以避免触犯敏感问题，影响影片进入全球市场。

占有全球国际文化市场最大的挑战是：剧本是否能够把各种文化聚集在一起并很好地融合，让不同文化国家之间的观众能够接受。幸星数字娱乐科技有限公司提出，挑选全球观众都能接受的国际化剧本，打造原创动漫精品。幸星公司总裁王利锋认为，在决定投资之前，需要经过慎重考虑和仔细推敲后，再挑选出足够优秀的剧本。在进行市场调查后，发现目前国际上较为成功的动画作品中尚未有一部有关历史题材的作品，主要原因是凡涉及政治、历史、文化题材的动画片都很难满足国际化的要求，而且历史题材的动画作品在其衍生产品的开发方面存在着难题。在选剧本时，要尽量避免有历史背景限制的内容，同时更要看它的概念是否打动人心、故事结构是否巧妙、人物对白是否精彩、场景设置是否有趣等。动漫原创制作属于高投入、高风险的项目，谁都无法保证能够百分之百的成功，如果自己的判断能力不够，那么就必须求助业内资深人士把关，借助他们的经验和眼光是降低投资风险的唯一办法。

美国华纳兄弟动画制作制片人及编剧阿兰·伯内特认为，目前动漫产业越来越国际化，制作一部动画片之前一定要具有国际化的理念，要制作一个拥有"全球价值"的动画，让大部分地区和国家的观众都喜欢观看。但是，不同国家和地区之间的文化差异现实存在，如一部女性十分顺从男性的动画片，在美国市场就很难卖出去，因为美国崇尚男女平等；而在中东市场，又是另一番局面，很难把男、女主角放在同一个场景。如何突破文化的差异，从而制作出一部具有"全球价值"的动画？这是需要长期探索的课题。创作人员必须要了解不同国家的文化，并要把作品拿到市场中了解观众反馈的意见，再根据反馈意见进行修改。

（二）占有区域国际文化市场

发展水平、民族文化、文化消费的差异，使国际文化市场很难有一种共同的

第五章　区域文化市场国际化

文化消费需求，这就加大了占有全球性国际文化市场的难度。同时，新兴工业国家地区和"金砖国家"经济的迅速崛起，使一些国家和一些区域的国际文化市场规模快速增长。于是，在不同文化基础上，有可能形成新的消费规模相当可观的区域国际文化市场，如中国、印度、韩国、俄罗斯、中东等国家地区。如何占有新兴的区域国际文化市场，已经成为众多国际文化产品制造商经营战略的难得机遇和重大挑战。

在区域性国际文化市场中，各国最看好的是中国的电影市场。潜在的13亿双观众的眼睛，尤其对美国好莱坞电影界来说是一个无法忽略的诱惑。一旦中国电影市场成长开放，不仅意味着将需要大量的放映系统及音响设备，还将为美国提供一个崭新的庞大的电影出口市场。《大西洋月刊》预测，在未来5年内，中国电影票房将仅次于美国居世界第2位，超过欧洲和日本。2012年，中国电影票房约达170.73亿元，比2011年增加30.2%。《阿凡达》上映时，在中国4000块银幕得了2亿美元的票房，美国和加拿大（北美）是4万多银幕，5.7亿美元的票房收入，可见中国电影市场的潜在需求规模是难以估量的。有专家预测，在未来，每生产4部美国电影就会有1部针对中国和东方市场。可以预见的是，未来西方国家文化产品市场国际化的一个重要内容是文化产品市场"中国化"。

国际文化产品市场"中国化"，必然导致发达国家文化产品"中国化"，也使"中国化"成为当今国际文化产品不可或缺的重要内容。近些年来，在西方国家文化产品国际化过程中，呈现的"中国化"迹象十分明显，经常利用中国故事题材和中国元素创造文化产品，如《花木兰》、《功夫熊猫》、《卧虎藏龙》等"中国化"文化产品在国际文化市场都备受欢迎。

迪斯尼公司在美国拍摄了一部非常成功的电影《歌舞青春》，现在又准备在中国再拍一部中国版的《歌舞青春》。迪斯尼的执行副总裁杰森·里德介绍说，这个电影不仅仅可以表现青春的感觉，而且电影里面所有的故事都是中国的，通过这部电影也可以使美国人了解中国青少年的想法，看电影的时候能够了解到上海的外滩美景，他们通过看《歌舞青春》，能够更多地了解中国人，能够有更多的情感交流。

文化产品国际化是双向交流的过程。对美国文化产品来讲，国际化有可能就是"中国化"；对中国文化产品来讲，国际化有可能就是"美国化"。同样，占有区域性国际文化市场也是一个双向选择的过程，美国文化产品制造商选择中国是看中了这一区域性国际文化市场的潜在消费规模，中国文化产品制造商梦想美国文化市场也是看中了其现实的庞大文化产品消费规模。

印度是制作电影最多的国家，也看重美国这一当今世界最大的国际文化市场，也在使印度文化产品"美国化"（国际化），以降低进入美国市场的文化折扣。2010年10月，世界两大电影产业——美国好莱坞与印度宝莱坞在洛杉矶签署协议，承诺在电影制作、发行、技术、知识产权保护和商业往来等方面展开合作。洛杉矶市市长安东尼奥·维拉莱戈萨表示，过去一年来不少印度电影公司到好莱坞拍片，洛杉矶市政府欢迎更多印度电影公司前来拍片，以赢得文化服务贸易机会和就业机会。印度著名电影制片人博比·贝迪说，这项协议拉近了双方距离，双方将进一步分享电影制作方面的理念和经验。近年，越来越多的印度电影企业增加了在好莱坞的投资，其中最引人注目的是印度传媒集团信实娱乐与梦工厂签订的影片生产和发行协议。至今已有不少印度影片在洛杉矶拍摄，如著名动作片《风筝》、爱情片《我的名字叫汗》、喜剧片《难以置信的爱》以及《荆棘》和《情归故里》等。印度电影到美国拍摄，实际上是为了在电影故事情节中增加美国元素，更好地进入并占有美国电影市场。与中国不同的是，印度文化产品制造商对占有美国这一世界最大的区域性国际文化市场的信心和能力更足一些。

（三）占有本土国际文化市场

占有本土国际文化市场是文化产业跨国公司走向世界的产物。从事文化产业的跨国公司在东道国设立分支机构或合资机构，利用当地的本土文化资源制造文化产品，并在东道国本土文化市场上销售，就属于占有本土国际文化市场。根据国际文化市场的变化和满足外国观众的喜好，是制造国际文化产品的基本规则。各国文化产品制造水平的进步，加上文化、语言的民族本色，各国文化消费者对本土文化产品越来越青睐。很长一个时期，日本和韩国的观众会忠实地前往影院观看好莱坞创作、制造并由好莱坞演员出演的电影。而现在制作精良的本土电影正同好莱坞大片展开激烈竞争。在20世纪90年代的韩国，本土电影的票房收入仅占票房总收入的10%~20%，好莱坞电影占有了韩国电影市场的最大份额。近来有关数据显示，本土电影在韩国票房收入中占有了将近50%。这对好莱坞电影公司的国际竞争压力日趋加大。

2008年，福克斯影业公司制作的一部电影在韩国几乎完全被一部名为《追击者》的本土惊悚犯罪片盖过锋芒，这使福克斯影业公司的电影制作人感到非常震惊。福克斯公司担心，一些国家地区的本土电影正在壮大，好莱坞制作的电影没有能力打入全球日益欣欣向荣、日渐重要的海外市场。于是，福克斯公司设立了新的国际部门，专门在这些海外市场开发、制作和发行本土语言电影。

国际文化产品本土化已经成为一种趋势。福克斯影业公司国际部门的负责人

第五章　区域文化市场国际化

桑福德·帕尼奇说，他有时会利用福克斯的电影制作资源，但更重要的是利用本土制作人和他们的特长来制作能吸引本土观众的电影。帕尼奇认为："问题不在于将好莱坞的策略运用于外国市场，而在于充分参与到一种本土文化中，以制作当地观众更愿意看的电影。"2010年福克斯制作了大约15部本土语言电影，这是上一年的两倍。福克斯的首部华语电影《全城热恋》在2010年中国春节期间上映时获得了高票房，是同期上映的影片中最具竞争力的影片之一。

世界各国的文化市场规模在快速增长的同时并没有完全开放，这使得一些国际文化跨国公司积极寻求在各国建立独资或合资机构的方式，进入开放有限的国际文化市场，通过制造本土文化产品以占领本土国际文化市场。例如，中国、法国、加拿大、韩国等国家的电影、动漫、电视等文化业市场对外国文化产品都有数量、份额的限制。于是，近几年，国际文化合资公司纷纷成立。2011年8月，美国传奇娱乐公司与中国的华谊兄弟传媒集团、香港保华建业集团有限公司联合成立了规模达2.2亿美元的新公司"传奇东方"。美国相对论传媒公司也与中国华夏电影发行有限责任公司和星空大地（北京）影视文化发展有限公司结成了战略合作伙伴关系。

美国迪斯尼公司占有本土国际文化市场，并且一直比较成功，在东京、巴黎、香港建有迪斯尼乐园，目前又在上海筹建迪斯尼乐园，并在各国拥有文化产品制作基地。在2010年第十三届上海国际电影节论坛上，迪斯尼公司的执行副总裁杰森·里德表示，对于迪斯尼在中国的发展和合作还是非常高兴的，尽管在沟通的方式上遇到一些问题。他希望让国际化的迪斯尼公司变得本土化，不要让大家看做这是一个美国公司。公司很多的高层管理人员，也是华裔人士，他们能够提供本土经验。作为一家媒体公司，一个技术领先的公司，同时也是一个非常在意文化沟通的企业，这样才能保证迪斯尼在中国的运作获得成功。必须要以中国的方式来讲述故事才能打动中国的观众，才能把迪斯尼品牌和价值更好地宣传给中国的观众。当然这并不是一件容易的事，需要做很多文化整合工作。迪斯尼非常注意倾听合作伙伴的意见，把这个合作关系看做是一种长期的合作关系。

占有多少国际市场，才可以被认为实现了文化产品市场国际化，目前国际上还没有统一的量化标准。对美国来说，占有了50%以上的国际文化市场或在外国销售收入占全部收入的一半，才有可能被认为是实现了比较理想的文化产品市场国际化目标。在中国，很有可能是国外销售收入占到成本的一半，就兴高采烈地被认为是实现了文化产品市场国际化。国际文化产品必须实现市场国际化，没有国际市场销售收入的文化产品是没有资格被认定为是国际文化产品的。

第六章

国内区域文化市场

经济基础决定上层建筑，区域经济决定区域文化的形成和发展，但区域文化并不是被动接受区域经济的支配，而是对区域经济产生反作用，促进或阻碍区域经济的发展。区域文化影响区域经济发展的最主要方式是通过文化主导人的思想观念来实现的。一个地区的文化，是该地区的社会群体在共同生活、反复实践中所逐步形成的集体意识和集体无意识，经历了上千年的积累，深深熔铸在人们血脉和灵魂里。文化一经形成，就会被该地区的人们所接受。它具有很强的共识性和稳定性。同时，区域文化又具有非常强的开放性，因为它总是随着区域经济的发展而逐渐合理、更加完善。

第一节
区域间文化差异

自 2001 年国家"十五"规划提出大力发展文化及相关产业之后，2006 年国家"十一五"规划重点表述了文化产业发展的国家战略，到 2010 年"十二五"规划中明确提出推动文化产业成为国民经济支柱性产业，我国的文化产业迎来了历史性的发展机遇。近年来，我国的文化产业呈现出快速发展的态势，对国民经济的贡献越来越大，尤其是具有逆势上扬的特点和反向调节的功能，在应对经济波动时能起到很好的缓冲作用。根据国家统计局数据显示，2012 年我国的文化产业增加值为 18071 亿元，比 2011 年增长 16.5%，比同期 GDP 现价增速高 6.8 个百分点。"十一五"时期，我国核心文化产品出口总额为 560.9 亿美元，比"十五"时期增长 100%；文化服务出口总额为 11.8 亿美元，比"十五"时期增长 255.6%，从业人员增加 186 万人，增长 18.6%，占全国从业人员的比重提高

第六章　国内区域文化市场

了 0.21 个百分点。当前的文化产业发展已呈现出市场需求高、就业带动力强、产业关联度大、节约资源和能源等支柱性产业的特征。尽管我国文化产业实现了快速发展，但离生产规模较大、占 GDP 5% 以上的支柱性产业最重要的衡量指标还有较大的差距。目前东部地区的北京、上海、广东，中部地区的湖南，西部地区的云南，五个省市的文化产业已发展成为其各自的国民经济支柱产业。从总体发展情况看，我国文化产业的发展在东、中、西部存在着严重的不平衡性，东部地区文化产业发展速度最快，中部地区次之，西部地区较差，同时，东、中、西部在各自发展文化产业模式的选择上也存在较大差异。

（一）东、中、西部文化产业发展现状

我国文化产业发展所表现出来的明显区域差异性，总体上来说是由社会经济发展状况和水平的区域差异性所决定的，但由于文化产业兼具经济、政治和文化功能的特点，其发展又呈现出与当地社会经济发展不完全同步的特征。文化产业发展的态势和经验表明：社会经济落后的地区，文化产业也可以得到优先发展并呈现高效率。这就使我国的文化产业发展呈现出东、中、西部各具特色的区域性特点。

1. 东部文化产业发展现状。

东部地区经济发达，文化产业的发展也较全国其他地区成熟，形成了文化产业带依城市群而分布的景象。如"珠三角"文化产业发展依托广州、深圳等中心城市，并与港澳地区形成良好的城市互动，充分发挥其开放的市场经济环境与优势，积极与国际文化进行对接，文化产业逐步做大做强。据统计，2012 年，上海文化产业实现增加值 1247 亿元，增长 7.9%，增幅高出同期地区生产总值 2 个百分点。上海文化产业中，文化创意和设计服务、工艺美术品生产、文化产品生产辅助生产等产业经济规模较大，实现增加值超过百亿元。上海市文化产业占地区生产总值 6.2%，文化产业已成为上海经济支柱性产业，成为驱动上海创新转型的强大助力；根据国家统计局按新口径核数，2012 年，广东文化产业法人单位增加值为 2706.5 亿元，同比增长 14.8%，占全省 GDP 比重为 4.74%，已成为广东新的经济增长点和战略性新兴产业；2012 年，全省文化产业法人单位实现增加值 2096.6 亿元，按同口径计算，比上年增长 22.5%，比全省生产总值的增速高 12.4 个百分点；比第三产业增加值增速高 12.8 个百分点。表明广东文化产业继续在全省经济结构的优化和调整中发挥着重要作用。文化产业单位数和增加值总量均居全国第二，在全国文化建设中继续发挥引领作用。东部地区文化产业发展在积极利用各自拥有的特色资源的同时，也充分利用其市场体系发展成

区域文化经济论

熟、资本出入市场的方式多样和便利、信息资源的流通顺畅、居民对文化产品的消费能力强、文化创意人才多、国际文化资源获取便利等有利条件，实现了快速发展，形成了以文化创意为先导、注重个人创造的良好社会竞争氛围。

东部地区文化产业发展模式可概括为：各种社会资源在市场运作机制的运作下相互融合，形成符合市场需求的文化产品，促进文化产业的发展，而文化产业的快速发展又能通过市场运作机制形成了新的社会资源。

2. 中部文化产业发展现状。

中部地区历史文化资源丰富，具有悠久而深厚的历史文化底蕴。例如，河南的中原文化、山西的晋文化、湖南和湖北的湘楚文化、江西的红色文化和道教文化、安徽的徽文化，这些丰富的文化资源成为中部文化产业发展的重要基础。近年来，中部各省结合自身的实际情况积极发展文化产业。其中，具有厚重的历史文化积淀、独特的地理区位优势的郑州市是河南省文化产业的集聚区，呈现出向周边地区延伸和扩展的发展态势。在开发利用文化资源方面，郑州市政府凭借知名文化品牌的市场价值来带动相关产业的发展，在打造文化少林方面，成功开发一系列与此相关的文化产品，著名的有《风中少林》，并且文化产业增加值在2007年就已突破百亿大关，达101.7亿元，其成绩有目共睹。九省通衢的武汉市近年来大型文化产业集团发展迅速、民营文化企业异常活跃、文化基础设施建设进度加大、文化人才大量集聚，尤其是高校人才充足、成功举办首届中部地区文化产业博览会、努力打造区域性国际文化中心和现代传媒中心的形象、充分开发各种具有重大历史文化价值的纪念馆、遗址、博物馆等，丰富了武汉的文化旅游行业，文化产业发展势头良好。据统计，湖北省文化产业增加值由2006年的286.03亿元增加至2009年的695.95亿元，占全省GDP的比重从3.77%上升至4.4%。湖南的文化产业发展走在全国前列，出现了出版和发行企业的"湘军"现象、湖南影视剧的"湘军"现象。2006～2010年，湖南文化产业年均增长20%左右，2008年突破1000亿元，2010年文化产业总产出达1868.49亿元，增加值达827.56亿元，占GDP的比重达5.2%，成为名副其实的支柱产业。

中部文化产业发展的模式可概括为：各种社会资源在政府的积极推动下有力的融合在一起，从而促进文化产业的大发展，而文化产业发展创造了巨大的经济效益，为进一步推动文化产业的发展提供了较好的经济基础。

3. 西部文化产业发展现状。

西部地区地广人稀、资源富饶、山川秀丽、地貌特征多样化，自然生态和文化生态呈现出多样性。西部地区的文化产业也随着西部大开发战略的实施而迎来了重大的发展机遇，并且在很多方面都得益于政府的积极推动。例如，在开发富

第六章 国内区域文化市场

有地方特色的民族文化资源方面,享有"歌海"之称的广西积极推动民族文化的发展,推出大型民族音画舞台剧《八桂大歌》、国内首部大型实景演出《印象·刘三姐》、打造具有广泛国际影响力的南宁民歌艺术节,都取得了很好的效果。广西的文化产业增加值2010年为180.21亿元,比2009年的142.02亿元增加近40亿元,增幅高达26.9%。云南省凭借着自身丰富多彩的文化资源和宜人的气候,把促进文化产业的发展作为重要战略来实施,提出"像研究经济工作一样来研究文化产业,像抓烟草产业一样来抓文化产业,像培育工业企业一样培育文化企业,像保护生态环境一样来保护优秀民族文化资源",取得了很好的成效。其中,昆明、丽江、大理等城市,已经被公认为文化产业发展的"云南现象"的代表,有效地带动了当地民族文化旅游业的繁荣,尤其是成功举办"首届中国西部文化产业博览会",进一步提升了云南文化产业在全国的重要地位和影响力,促进了云南文化产业的发展,使其文化产业的增加值已占当地国内生产总值的10%以上,成为当地的重要支柱产业。

西部文化产业的发展模式可概括为:旅游业依托文化资源优势实现大发展,政府为文化资源开发提供了必要的资金和政策支持,文化产业发展获取的利益又为文化资源的开发提供了资金保障。

(二) 东、中、西部文化产业发展差异的原因

当前东、中、西部文化产业发展表现出不同的态势,是由于以下因素所造成的。

1. 东、中、西部各自在经济层面所具有的特点不同。

第一,市场机制的完善程度不同。东部地区经过30多年的发展,形成了一整套完善的市场化体系;中西部地区则由于地理和历史的原因,其本身的市场化程度要低于东部,不利于社会资源的充分整合。第二,居民消费能力不同。东部地区经济多年的高速发展给当地居民带来了充足的经济利益,居民的消费早已摆脱了对物质的追求,例如,北京、天津、上海、南京、苏州、深圳等城市,其居民人均GDP早已突破1万美元,开始追求精神层面的需求;而中西部地区的居民人均收入远远低于东部,尤其是西部地区,不能在当地形成对文化产品高度需求的现象。第三,文化人才有差别。东部地区集中了全国大部分的高等院校,每年能为市场提供大量的文化人才,并且能够吸引海内外优秀的文化人才;中西部地区除少数地区的高校较多和经济发展较好外,其他地区都很难留住满足地方文化产业发展的人才。第四,民间资本投入有差别。东部地区发达的经济为民间积累了充足的资金,可以为文化产业的发展提供资金保障;而中西部地区则缺乏足

够的民间资本。

2. 东部对文化资源的开发利用程度远高于中、西部。

东部地区由于其经济发展迅速，吸引了大量的文化人才，同时其文化资本充裕，两者在完善的市场机制作用下通过与高新技术的融合对文化资源进行深度开发和利用。东部地区文化产业集聚的地区已不属于传统意义上的工业社会，而是集金融、信息、文化、教育、高科技和国家交流为一体的新型社会，其文化产业的发展需要结合高新技术进行内容创意设计，以顺应知识经济时代文化产业的发展要求；中、西部地区由于分别是传统的中原地区和少数民族集聚区，积累了丰富多彩的历史文化资源和民族文化资源，自然生态资源比较丰富，但是由于中、西部地区经济发展水平低于东部地区，所需要的文化资本和市场机制没有完全形成，需要依托与旅游业的结合来带动文化资源的利用，文化资源开发和利用的程度明显偏低。

3. 东、中、西部经济发展阶段差别较大。

东部地区地处沿海，改革开放最早，其本身的经济发展速度高于中、西部，传统文化产业所带来的经济效益已远远低于经济社会中的其他产业，从经济学的要素流动理论出发，东部文化产业的发展必须走高科技发展道路；中、西部地区在社会经济发展阶段与东部存在较大差距，尤其是西部地区，其落后的社会经济制约着高新技术文化产业的发展，而结合历史文化资源和山水资源的传统文化产业模式符合其经济发展的实际情况，也是其合理的选择。

（三）促进西部文化产业发展的对策

1. 形成人才强业共识，突破人才瓶颈。

文化产业是集人才、科技与创意于一体，具有高风险、高投入、高回报特点的产业。当前西部地区大量的非物质文化遗产传承后继无人，文化创意人才、文化产业经营管理人才匮乏。要发现、培养和使用好人才，关键要在人才成长与产业发展之间形成良性互动关系，使人才在产业发展中成长，使产业在人才的推动下发展、壮大。要加强舆论引导，形成人才是第一资源的共识，建立和完善西部民族文化产业专门人才的培养培育机制，大力开展高层次文化产业专业人才的教育、培训；坚持"保艺又保人"的原则，制定特殊政策，保护、培养和资助民族民间文化传人；把握住创意人才成长的特殊规律，营造良好的社会环境，大力发展文化创意产业，为创意人才提供更广阔的发展空间；采取柔性流动人才政策，重点引导各类文化产业专门人才特别是企业、高等院校、科研院所的专业技术人才、经营管理人才、技能型人才、实用型人才，逐步建立"公正、公平、

第六章　国内区域文化市场

公开"和"人尽其才、才尽其用、各尽所能、各得其所"的灵活的人才管理、使用和激励机制。

2. 完善交通基础设施，促进文化产业与旅游业的融合。

西部地区的文化产业是以旅游业作为主要依托，这就决定了交通设施的重要作用。西部地区处于内陆，复杂的地形制约了交通的发展，也影响了旅游业的发展。西部地区只有成都、重庆等少数地区的交通设施相对比较发达。要化解西部落后的交通区位劣势，首先，应加快主要城市的航空港的建设，让东、中部的人，国外的人能够进得来出得去，缩短旅途时间，从而让游客将更多的时间留在西部旅游上，产生更多的经济效益。其次，要加快西部高速公路与东、中部高速公路的对接建设，加强西部城市与东、中部主要城市之间的联系与协作，增强西部旅游的辐射效应。同时，需要加强西部各旅游圈之间的公路建设，提升西部旅游的规模效应，加快各自旅游资源的融合。西部交通基础设施的建设要积极争取中央政府、地方政府和金融机构的支持，将西部有限的财力资源用在完善基础设施上。

3. 创新投融资机制体制，促进投融资主体多元化。

西部地区相对于东、中部来说，在经济发展上长期处于落后，政府和民间资本对于发展文化产业的支持有限。西部的文化产业要做大做强，必须要有实力强大的文化企业，而文化企业的壮大必须有足够的发展资本。国家对文化产业发展提供的政策性支持为文化企业的融资拓宽了道路，但西部文化企业在融资渠道方面有限。要解决西部文化产业融资问题，首先政府要鼓励发展潜力好、符合上市要求的文化企业积极上市，扩宽企业的资金来源渠道。其次，积极举办或参加文化产业博览会，将西部优秀的文化企业和文化资源展现在世界面前，吸引有实力的开发者进行投资。此外，西部地区可在有条件的城市构建文化产业交易平台，打造供各类资本挑选的文化产业"项目池"，为文化产品信息沟通和点对点交易提供平台，推动文化产业和资本相结合。

4. 培育民族特色品牌，扩大文化消费。

西部地区各省市要突出各自的文化产品的特色，增加产品的优势力度，培育民族特色品牌。政府和相关企事业单位应加大宣传，扩大西部文化产品的知名度和引导人们进行理性的文化消费。同时对文化企业进行必要的财政支持，鼓励企业加大对文化产品的生产，创造出更受人们喜爱的文化产品，积极培育良好的文化消费市场。

5. 促进文化与科技融合，创新文化产业业态。

文化产业与其他产业相比更具有融合性。西部地区的文化产业虽然以传统文化产业为主，但也面临着产业升级的问题，西部地区由于其本身经济条件的制约，文化人才仅仅集中在少数几个城市，难以与东部相比。西部得天独厚的自然条件和民族文化因素是其文化产业发展的优势资源，但这种西部普遍的资源会造成内部各自争夺同一消费市场的现象，也会造成西部文化产业单一局面，不利于西部文化产业的整体发展。现代高新科技为西部文化产业的差异化发展插上了翅膀，使西部传统的民族文化旅游和山水旅游得以升华。

6. 实施非均衡发展，培育文化产业增长极。

文化产业作为涉及门类众多的产业，要想获得长足发展必须培育文化产业的增长极。西部地区地域辽阔，各省市拥有的文化资源禀赋也不一样，均衡发展既影响效率，也不利于文化企业之间的专业化生产和协作。因此，西部文化产业实施同一发展战略是不现实的，应根据各自的特点有针对性地发展重点部门和地区，利用其发展的外部效应来带动其他部门和地区的发展。例如，广西的旅游美术工艺品产业、四川成都的会展业和动漫产业、陕西的红色文化产业、内蒙古的草原文化产业在全国具有重要的地位，要让这些文化产业发展成为各自的增长极，带动其他地方文化产业的发展，最后促进整个西部文化产业的共同繁荣。

第二节
文化市场和文化产业

（一）检视文化市场与文化产业发展格局

文化产业被公认为"朝阳产业或未来取向产业"有两方面的含义：一是文化产业可以有效地突破传统产业的发展瓶颈，促进产业转型与升级发展；二是文化产业对提升综合国力，提升区域和城市竞争力具有战略意义，文化产业发展决定了一个国家和地区的未来发展。与一般产业相比，文化产业在产业链、区域竞合、市场和产业指向等产业关系方面有明显的产业特性。文化市场与文化产业区域调研，首先将检视这些产业关系。

1. 检视区域和城市文化产业链。

文化产业链由文化需求创意设计、文化产品制作传播、文化产品营销三个互相承接的环节组成，并落实到文化消费市场接受价值检验，最终实现其效益目标。文化产业的这种链式结构可示意如下：

文化需求是文化市场和文化产业存在、发展的出发点和归结点。当代文化市场呈多元化、时尚化，甚至另类化的发展格局，既为文化产业发展提供了广阔的

第六章 国内区域文化市场

空间,也对文化产业提出了不断变化的挑战。处在文化产业链第一环节的文化需求创意设计,就必须关注审美、娱乐、休闲、兴趣需求的不断变化,依特定文化消费指向,设计出相应的文化物品、文化象征物和文化体验,以满足公众的文化消费,适应公众的文化需求,表达公众的文化意志。

文化产业的生产营运过程建立在文化需求创意设计的基础上,有形性、可视性、可体验的各种文化产品是文化需求创意的载体。这些文化载体的生产过程可划为文化物品制造、文化信息传播和文化服务提供三类。文化物品制造主要包括平面出版物、音像制品、工艺品等的印刷、刻录、制造。文化信息传播主要包括平面媒体信息、广播影视媒体信息、网络媒体信息的采集、编辑、制作、复制、传播。文化服务提供包括的种类很多,几乎链接文化产业的所有领域。

文化产业链的第三个环节——文化产品营销包括流通、承销两个环节。在流通环节,文化产品被文化产品发行人、代理商及经纪公司(人)进行营销传播和分销;在承销环节,文化产品被文化产品营销商购买,并运用各种销售渠道、营销模式和手段将其价值和使用价值售让给文化消费者。

考察文化产业链,检视区域和城市的文化产业关联要素,可以清晰、完整地观察到区域和城市文化产业的内部结构关系,发现和诊断区域和城市文化产业布局中的结构性问题,评估出区域和城市文化产业发展的潜力。

2. 考察文化市场和文化产业区域竞合关系。

区域竞合是文化市场和文化产业发展格局中的基本形态,这一形态是由区域竞争和区域合作两种关系组成的动态过程。

从目前区域文化市场化与文化产业的竞争格局来看,多数竞争发生在产品雷同、市场粗放和销售集中三个方面。文化产品的雷同主要是因为文化需求创意的不足造成的。由于文化需求创意的不足,文化市场中的多元文化消费需求没有得到全面的关照,产品定位及功能单一。文化市场的粗放主要是因为忽视专业文化市场调研,没有对密集单一市场、有选择的专门化市场、市场专门化、产品专门化和完全覆盖市场等目标文化市场作相应细分和选择造成的。这样,所有的文化产品销售都集中在了一个看似庞大、实质却既散又小的市场上,尽管各路"诸侯"使出了所有的促销解数,甚至不惜犯规违例,但依然是市场总量不大、经营绩效不高、发展后劲不足。

文化市场与文化产业区域调研将分别检视文化产业的行业竞争、产品竞争、形式竞争、通常竞争的性质和结构,考察区域文化产品的同质化或差异化程度,分析文化产品营销商的构成,判断整体竞争态势中的完全独占、垄断、垄断竞争或完全竞争态势,评估文化市场份额竞争、价格竞争、品牌竞争和促销竞争的良性或恶性、有序或无序程度。

否极泰来，文化市场的恶性、无序竞争引起了文化行政管理部门、文化产业和文化市场主导力量的普遍重视，在一系列区域合作行动的支持下，区域文化市场与文化产业的合作局面正在珠三角、长三角、环渤海湾等区域逐步形成，并进一步产生了大珠三角、大长三角、中西部等更大视野的区域合作动议。

文化市场与文化产业区域调研，将从文化资源整合、产业分工合作、市场与产品错位发展、市场和产业策略联盟等方面全面检视区域合作的形态，并发挥信息链接优势、专家资源优势和创意活动优势，为文化市场和文化产业的区域合作提供建设性的对话平台和创意平台，设计文化市场和文化产业区域合作行动方案，切实推进文化市场和文化产业区域合作的发展。

3. 评估文化市场和文化产业标杆主力。

当代国际文化产业发展的一个鲜明特征是，跨国文化产业集团发挥着举足轻重的引领作用，这些文化产业集团不仅具有强大的经济规模和全球化的分销网络，而且引领着国际文化市场和文化产业的发展趋向。我国文化产业集团的组建正呈风起云涌之势，珠三角、长三角、环渤海湾和中西部的各省市都相继成立了文化产业集团。这些文化产业集团包括系列化集团、一体化集团和多元化集团。文化市场与文化产业区域调研，将密切关注各地文化产业集团在公司治理与股份化改造、多元化经营、资本运营与管理、资产重组与上市、战略联盟与管理、国际市场营销与融资、跨国经营与管理等方面的发展态势，检视文化产业集团规模经济的效果，评估文化产业集团多元化经营方面的机会和风险，研究文化产业集团产业一体化进程的推进方案，检视其在文化市场和文化产业区域格局中的带动作用。

从产业运作的实际看，创意为首的文化产业具有多样性、小型化、分散性的特性，这一产业特质揭示：文化产业的规模经营具有多种产业配置和市场配置途径，文化产业规模效益的实现，除文化产业集团外，还可以通过文化市场和文化产业的区域市场总量规模得以实现。以文化产业中的传统工艺产业为例，由于其手工作坊的产业背景，形成了传统工艺的稀缺性的生产流程和产品数量特征，如果单一从扩大生产组织规模的角度"发展"传统工艺产业，有可能丢失其文化特色、象征意义和存在价值，导致传统工艺产业的湮灭。所以发展地方传统文化产业的可行途径，是通过对产业组织、资金、政策、市场推广等作示范性、导向性的重点扶持，丰富地方文化吸引的内容和语汇，提炼地方文化的多元象征要素，恢复那些具有文化吸引、独特工艺，可以引动文化消费需求的地方性文化产业项目，逐步培育出地方文化产业的特色和优势。文化市场与文化产业区域调

第六章 国内区域文化市场

研,将对各地传统文化产业项目的开发价值、可开发性做出评荐,提出地方文化产业开发序列、产业要素配置、创意增值、可持续开发等方面的建议,为中小企业发展传统型、创意型地方产业提供创业指导。

(二)厘定发展问题,引领产业实践

在文化市场与文化产业的发展中,各区域和城市都面临着一些问题,这些问题主要集中在:文化产业资源的开发和配置、文化产业的规划管理、文化产业实践创新等方面。文化市场与文化产业调研行动将通过与产业界、管理层和学术界进行密切合作,厘定文化产业的发展问题,积极引导和提升产业先进实践。

1. 文化产业资源的盘活、整合。

在文化产业资源的开发方面,各区域和城市面临着资源的闲置、不足和浪费同时存在的问题。

文化产业资源的闲置问题主要是对区域和城市文化资源没有全面的盘点、评估,缺乏系统的开发思路和开发规划,文化资源没有转换成产业资源,各种文化资源要素得不到市场确认、产品链接和营销整合,无法得到产业要素市场的关注和实质性的投资、开发。

文化产业资源的不足,主要由两方面的原因造成:一是对文化产业资源的认识存在较大的偏差,二是对文化资源缺乏系统的产业整合规划。从产业资源角度看,区域和城市历史文化积淀并不是严格意义上的文化产业资源,历史文化积淀中的有些方面和部分,对消费者可能具有一定的文化吸引,但这种吸引只是文化产品的要素之一,不等于完整的文化消费产品。从文化资源的产业整合来看,无法通过对文化资源的简单开发将其直接转化为文化产品,并形成产品丛、产品链的产业规模。事实上,历史文化积淀在整体上很难和文化市场、产业资本、产业技术和产业人力资源等文化产业要素进行直接匹配,如果将区域历史文化积淀作为文化产业资源进行拼装式的简单加工开发,不仅有可能"血本无归",而且可能对区域文化造成价值损伤。

文化资源的浪费往往表现为一个恶性开发链:对文化资源缺乏全面的价值认识——急功近利式的"粗加工"——经济效益的实现周期短、总量少——更大规模的盲目开发——文化资源开发资金、开发计划的跟进性"失血"——文化资源开发的"烂尾楼"工程……许多区域和城市的文化资源,以及资金、人力等文化产业资源就在这样的不断损耗、屡屡"套牢"过程中浪费殆尽。

文化市场与文化产业区域调研,将从发现和了解资源、资源评价、资源析用、资源组合、资源外取、资源优势战略等方面,为区域和城市文化产业资源的盘活、充实和配置提供咨询和建议，对已经发生和可能发生的区域和城市文化产业资源开发项目中的重复投资、无效投资问题，将探寻可行的"解套"方案。

文化市场与文化产业区域调研还将关注与文化资源的产业开发相关的文化产业投融资问题，重点对文化资源开发投资主体单一，文化产业的社会投融资体系缺环，文化产业发展资金投入不足等问题进行系统调研。对各省市和城市正在进行的文化产业投融资体制探索作深度分析，在文化产业投融资机制、投融资渠道、投资方式等方面对国家和地方文化产业投融资政策提出建议。

2. 区域和城市文化产业的规划、执行。

目前，许多省市和大中城市结合"文化大省"、"文化强市"发展目标，相继制定了各自的文化产业发展规划，这些发展规划对区域和城市文化产业的发展将产生重大的影响。文化市场与文化产业区域调研，将检视这些省市和大中城市文化产业发展规划的理念，研究其文化产业的发展目标和计划，从规划的合理性、一致性、可执行性角度评估这些文化产业开发规划，并从文化产业的发展战略、区域竞合比较优势、综合效益和可持续发展等角度，对这些省市和大中城市的文化产业发展规划提出建议。

从整体来看，在各区域和城市的文化产业发展中，目前还存在产业组织规模小、经营分散、集约化程度不高和经营管理效率较低等一系列亟待提升等问题。特别是在原有的文化事业体制区分为公益性文化事业和经营性文化产业以后，许多省市和大中城市在文化事业发展、大文化管理体制建立、文化艺术团体等事业单位体制改革等方面面临许多的难题，刚刚从文化事业体制中分离出来的经营性文化产业单位，又发生了"断脐期"、"断乳期"的问题，自身造血功能不足，普遍缺乏市场活力、营运活力、效益活力、团队活力和创意活力，没有成为市场主体和市场主力。

文化市场与文化产业区域调研活动，将切入产业运行和产业管理的结合点，从文化产业的人员流程、战略流程和营运流程三个方面为区域和城市文化产业发展设计行动方案。

区域和城市文化产业人员流程行动方案，将对区域和城市文化产业经营管理人才资源进行评估，从区域和城市文化产业规划战略流程和营运流程的结合点，提出人员流程的配置建议，为区域和城市文化产业发展设计人才方案，为区域和城市文化产业建立人才流通渠道，为区域和城市引进紧缺的文化产业经营管理人才。

区域和城市文化产业战略流程方案将从赢得市场、建立持续竞争优势、实现效益目标的角度，对区域和城市文化产业的外部环境、现有市场、实施战略的能

第六章 国内区域文化市场

力、短期利益和长期利益的平衡、产业战略的阶段性目标、目前面临的关键问题、保持持久盈利的策略等方面，把握并突破文化产业规划执行中的主要障碍。

战略营运流程行动方案将从制定区域和城市文化产业运营计划，确定符合实际的阶段性目标，明确跟进的措施，保持战略计划各部分执行过程中的同步协调的角度出发，对区域和城市文化产业规划提供全面的行动计划支持，并协助区域和城市建立起文化产业营运支援体系和预警机制。

3. 文化产业实践和创意的汇聚、引领。

文化产业具有极强的产业关联性。为了保证文化产业的稳健发展，各区域和城市应尽快建立组织管理机制，建立资金支持机制，构筑集约化生产经营机制和建立人才培养机制。组织管理机制的建立将避免业务重复和减少资金浪费，通过跨区域、跨部门合作，形成文化产业发展运作管理机制。资金支持机制的建立，是多渠道筹措文化产业发展资金，有目的、有重点地支持重点项目的开发和建设。集约化生产经营机制的目标是构建区域和城市文化产业链，实现文化产业资源的优化组合，发展集约经营，形成规模优势。人才培养机制建立的目标是培养区域和城市所需的复合型高级人才，提升研发生产能力和文化产业的整体运作实力。

文化产业是一个创意支撑产业，也是一个创新导向的产业。文化产业的发展离不开创新实践和创意活动。文化市场与文化产业区域调研活动，将组建文化产业创意实践团队，汇聚产业界、管理界和学术界的先进实践，整合文化产业实践范例和最佳模式，促成文化产业经验模式的资源共享，激发文化产业创新思维，推进文化产业的先进实践、创新管理和应用研究。

文化市场与文化产业调研活动，还将为文化产业实业界、管理层和学术界提供对话、交流和合作平台，追踪文化产业环境变迁和发展趋势，甄别影响文化产业发展的各种问题和信息，彰显新的市场机会和投资机会。通过推进文化产业各界的交流和直接合作，倍增文化产业人力资源和知本价值，寻求文化产业发展问题的团队解决方案，为文化产业发展提供智力支持。

文化市场与文化产业调研活动，将通过积极的行动策划，引领娱乐经济、时尚经济、注意力经济、体验经济和创意经济等领域的文化产业创意，促进区域和城市文化产品类型的丰富，文化产品附加值的增加，文化产业门类结构的完善，构建有效的区域和城市文化产业营销战略和行动方案。

我们相信，这些产业发展创意行动将有助于激发文化产业发展创意，借助社会公众对文化产业的关注和支持，开启区域和城市文化产业发展的崭新局面。

第三节
文化产业市场

（一）对文化产业客体市场的考察

所谓文化产业市场的客体，是指加入交换活动的各种交易对象，如文化产品、文化服务等。在发达的现代市场经济条件下，市场体系的客体结构十分完善，其分类方式也是多样的，为便于分析，本书依据客体市场的存在形式将文化产业客体市场划分为有形的文化产品市场和无形的文化服务市场。

1. 文化产品市场。

文化产品市场主要由纸媒市场、电子音像市场、艺术品市场等产品市场组成。

纸媒市场是文化产业市场的一个重要组成部分，是建立在传播技术基础上以提供精神食粮和传播信息为主要任务，以纸质媒介作为载体的文化产业类型，主要包括报业市场、期刊市场和图书市场。

电子音像市场主要是指音像市场和电子出版物市场。目前我国的电子影像市场正向专营化、连锁化、集团化和规模化方向发展。

艺术品市场又被称为继股票、房地产之后世界最热门的投资领域。随着人类社会的发展、财富的增加，人们在物质需求基本满足之后，大多将消费转向精神方面，艺术品收藏活动成为人们的首选之一。据文化部文化市场司报告显示，2009年我国仅艺术品拍卖业的年度成交额就达212.50亿元，加上其他方式的艺术品交易，总成交额保守估计会达到1200亿元的规模。艺术品市场呈现出一系列新的发展趋势：市场经营主体结构持续调整优化、艺术衍生品市场逐步成熟、文化产权交易所促进艺术品市场的规范和流通、艺术品市场趋向金融化。

2. 文化服务市场。

文化服务市场是指有偿提供与各类精神文化需求相关的信息服务和劳务服务的市场，是现代文化产业的核心领域之一。它既是市场体系的一个组成部分，又是文化产品市场形成、发展和完善的条件。在传统经济条件下，文化服务市场伴随着文化产品市场而存在。在现代经济条件下，文化服务市场迅猛拓展，成为独立于文化产品市场之外的有机部分，其突出特点是供求弹性大，市场运行自由度高。现代文化服务市场包括影音传媒市场、网络市场、演出娱乐市场、广告市场、设计服务市场、旅游资源市场、文教咨询市场等。

第六章 国内区域文化市场

影音传媒市场： 影音传媒市场主要包括电视市场、电影市场、广播市场等。影音市场作为文化市场的重要组成部分日益发展成为新的经济增长点。自20世纪90年代以来影音市场资本重组风起云涌，购并领域之广、购并资本之多，都极为引人注目。影音传媒市场的资本重组所表现出来的特征主要有：集团化成为发展趋势，多种影音业交叉重组，跨行业的综合性影音产业集团增多。

网络文化市场主要包括游戏动漫业、网络运营服务和网络内容服务等。与其他文化产业门类相比，网络文化产业一开始就是走的产业化道路，因此网络文化产业成为当今文化产业中发展势头最好的部分。数据显示，新兴的网络文化产业已经超过许多传统的文化产业，成为文化产业的"领头羊"。

旅游市场随着经济社会的快速发展、人民生活水平不断提高而迅速发展。旅游需求日益高涨，产品类别也由初期的文化、自然观光，发展到现在的休闲度假、农业生态等各个专项领域和专项活动。我国已拥有世界上规模最大的国内旅游市场，我国现有旅行社19000多家，直接从业人员达1100多万。据统计局网站发布新闻稿称，2012年全年国内出游人数同比增长12.1%，国内旅游收入2.27万亿元，增长17.6%。

文教市场主要包括教育市场和会展市场。教育产业主要是指以市场为导向的各类学校教育、教育培训和教育经纪，公立教育机构则不属于教育产业的范围。在市场经济发展的今天，教育事业与教育产业并存已经是一个普遍的事实。据统计，培训业正以每年30%的速度增长，2007年我国的教育培训市场总体规模超过3000亿元。而会展业是通过举办各种形式的展览和会议来创造直接或间接经济效益的行业。据预测，会展的产业带动系数为1：9，即展览场馆收入1元，相关收入为9元。因此，世界各国纷纷把会展业作为国民经济的重要产业来加以重视。2012年，我国会展业直接产值约3500亿元，较2011年增长16.1%，占全国国内生产总值的0.68%，占全国第三产业产值的1.53%。

现代广告市场主要包括传统媒体广告市场、新兴媒体广告市场、户外广告市场。广告业是市场经济的产物，是伴随着市场交易活动和市场经济的发展演变而形成、变革和扩展的，历来被誉为经济发展状况的晴雨表。与发达国家相比，我国的广告市场起步较晚。但发展迅猛，以年平均52%的速度增长，成为我国各行业中增长速度最快的行业之一。

设计服务市场是指有偿提供产品设计、商标设计、广告设计、展示设计、建筑设计、园林设计等服务行业。经过近30年的发展，中国设计业已经积累了相当多的经验，但同时存在不少问题：设计业的标准体系仍然缺失，具有中国文化本源性的设计意识形态还很模糊，西方设计在中国设计界依然是一种强势的榜样姿态。

(二) 对文化产业生产要素的考察

生产要素是在生产经营活动中利用的各种经济资源的统称，市场经济要求生产要素以商品的形式在市场上通实现流动和配置。文化产业的发展也不例外，各种要素需要市场来实现有效配置。因此，只有逐步完善文化生产要素市场，才能充分发挥市场对于文化资源配置的基础性作用，有效促进文化生产和市场交换，向社会提供丰富的文化产品和服务。文化产业生产要素市场按存在形态可划分为资源市场、劳动力市场和资本市场。

1. 文化产业资源市场。

文化产业资源指一切可以产业化的文化存在对象，它是文化产业的核心要素，是文化产业发展的基础。文化产业资源的分类方式是多样的，按历时性标准，文化资源可以分为文化历史资源和文化现实资源。文化历史资源主要是指前人创造的物的凝聚。文化现实资源指人类劳动创造的物质成果的转化。按照资源的存在状态可以将文化产业资源分为有形资源和无形资源。有形资源是文化产业的基本载体，包括自然景观、历史遗迹、文化设施等方面。无形资源是文化产业区别于其他产业的重要特征，包括民俗风情、品牌资源、宗教文化、文学历史等。文化资源分类方式的多样决定了文化资源市场分类方式的多样。本书依据资源的存在状态，将文化产业资源市场分为有形资源市场和无形资源市场。

文化产业资源市场主要是通过市场机制将有限的文化资源进行合理配置，使资源能最大限度地得到合理利用。这种配置不仅表现为行业之间的配置，也表现为地域之间的配置。但是文化产业资源市场同其他要素市场相比有其特殊性，有些文化生产要素不具有流动性，如自然景观、历史遗迹、民俗风情等具有明显地域性特征的文化产业类型资源，市场配置几乎不起作用。

从文化产业资源市场发展来看呈现以下几个特点：文化资源市场呈现科技性，科技的发展优化了市场对文化产业资源配置并拓展了文化产业市场的外延。文化产业资源市场配置凸显国际性，在文化产业发展中，资源配置的国际化趋势越来越明显，它的基础是文化生产的分工协作和文化市场开拓的结果。文化产业资源市场集团化趋势加快，为最大限度地利用不同类型的资源，许多不同领域的文化企业和非文化企业纷纷走向联合或是兼并，形成大的产业集团，使得市场呈现出集团化的发展趋势。

由于我国文化发展和管理模式长期处于计划经济体制下，文化产业资源市场在对资源配置和与文化资源对接方面还很不完善。同时我国文化资源的产业开发

第六章 国内区域文化市场

在资金实力、科技水平、市场运作能力等方面与欧美发达国家都存在相当大的差距。在科技发展信息流通便捷的情况下,国际化的产业开发方式促使资本从传统资源争夺转向文化资源的争夺。我国几千年积淀的文化资源不再为中国所独有,文化资源稀缺而产业开发能力强大的欧美国家,其触角已经伸向文化资源丰富的发展中国家,利用他国的文化资源开发文化产品,再卖到文化资源的输出国和其他国家,赚取大量利润。例如,美国文化产业集团以熊猫为素材拍摄的《功夫熊猫》投入中国市场,获得极高的收视率和巨额票房收入。因此,有效开发和充分利用中国文化资源,最大限度地发挥中国文化资源的本土优势,加强市场在文化产业资源配置和文化资源对接方面的作用,创造富有民族特色的文化产业,推动社会经济的发展,既是社会发展的客观要求,又是发挥中国文化资源优势的迫切需要。

2. 文化产业劳动力市场。

培育和发展劳动力市场,是发展文化产业的客观要求,文化产业劳动力市场是市场机制发挥作用实现文化产业劳动力使用权的转让与文化产业劳动力购买上达成一系列合约的总和,它的作用就是运用市场机制调节劳动力供求关系,推动劳动力的合理流动,实现文化产业领域劳动力资源的合理配置。这里的劳动力包含两个层次即普通劳动力和人才。普通劳动力来源很多,只需简单培训就可以解决,而人才是拥有知识、技能和创新能力的综合劳动主体,是人力资源的最高层次。文化产业劳动力市场由三个基本要素构成:劳动力的供给方、需求方和价格。

劳动力商品供给和需求关系的变化使劳动力的价格围绕其价值上下波动,同时劳动力商品的价格又反过来调节供求关系,并引导劳动力合理流动,调整劳动力的供给结构。

文化产业劳动力市场同一般商品市场相比,具有自己的特殊性:首先,交换对象的抽象性。劳动者在文化市场上出卖的是既不具体又难把握的"能力",具有抽象性。其次,交换对象的期限性。劳动力市场上让渡的只是一定时间内劳动力的使用权,这种使用权只有在规定的期限内有效,超出这个期限则是无效的。最后,转让关系的不彻底性。一般文化市场转让的是文化产品的所有权,而劳动力市场上只是转让一定时间劳动力的使用权,不能转让所有权。因此,劳动力市场实际上是一种使用权转让市场。

在市场经济运行中,文化产业劳动力供求受到多种因素的影响。首先,文化产业结构的变化会引起劳动力需求的变化,人口的变化和现代教育的发展也使得劳动力的供求在数量和质量上不可能一成不变。在劳动力市场上,供求不平衡主要是通过价格来调整使之平衡。其次，工资是劳动力市场上一个重要的经济因素，它可以调节劳动力供求，影响劳动力布局。最后，为获得更大的经济利益，文化生产者必然要展开竞争，竞争作为市场经济中的普遍规律，成为劳动力市场机制中又一个重要的调节因素。在文化产业劳动力市场上，供求、工资、竞争等经济要素对劳动力市场的影响并不是孤立的，它们互为因果、相互制约的内在联系和制约作用构成了劳动力市场机制，对劳动力市场运行及劳动力资源配置进行调节。

3. 文化产业资本市场。

文化产业资本市场是文化市场体系的组成部分之一，是市场经济的产物和重要标志。文化产业资本市场主要是指以货币资本为主要内容的用以发展文化产业的金融资本投资和融资流通系统。文化投资主要是指货币以资本形式直接用于文化产业的开发与发展，融资是指通过证券市场以发行债券或股票的方式进行文化投资，增强和提高企业的综合实力。按融资方式和特点，资本市场主要包括股票市场（主板市场与二板市场）、债券市场（企业债券市场、投资基金市场、金融衍生工具市场）和长期信贷市场。筹资者和投资者是资本市场的主要参与者，加上中介机构和管理机构，他们互相制约、相互依存，就构成了资本市场的完整内涵。

由于货币在现代经济中是所有资源的一般表现形式，资源的分配首先表现为资金的分配，因此，文化资本市场及其发育程度在整个文化市场体系中占有极为重要的位置，其发育程度是文化产业市场体系成熟程度的重要标志。综观世界各国文化产业的发展，没有哪个国家的文化产业能够无须强健的资本市场而获得持续快速发展。资本市场对文化产业的发展的重要性已经不言而喻。

其一，发展资本市场是突破文化产业发展瓶颈的重要手段。由于投资的匮乏，我国的文化产业在整体上缺乏规模效应，这已经成为制约我国文化产业发展的"瓶颈"。要突破这一"瓶颈"，必须要借助资本市场的力量。其二，发展资本市场是提高文化市场核心竞争力的重要举措。目前我国大多数的文化产业主体市场没有形成法人治理结构，文化市场基本上处于粗放经营状态，经营规模过小，难以抵御市场风险，而解决这一问题的重要举措就是要引入资本市场。一方面可以使文化企业根据上市公司的要求，进行改制或改组，形成有效的法人治理结构；另一方面，可以通过产权交易，进行资产重组和资源优化的配置，形成企业的比较优势，培育企业的核心竞争力。其三，发展资本市场是文化行业进行体制改革的重要保证。有了强大资本注入，文化企业才有可能进行公司化改造，实现法人治理结构。

第六章 国内区域文化市场

中国文化产业资本市场出现于 20 世纪 90 年代初,还相当年轻。然而中国文化产业资本市场在短短二十年的时间里达到了许多国家几十年甚至上百年才实现的规模。可以说中国资本市场至今已经历了从无到有、从小到大的演进过程。但与同等发展水平的国家相比,我国文化产业资本市场发育程度还比较低,处于低水平发展阶段。制度缺陷,股权分置不均;市场结构亟待优化,债券市场与股票市场没有协调发展;缺乏能用于防范文化投资风险的衍生品;资本投入不足等已经成为制约我国文化产业资本市场发展的"瓶颈"。

(三)从时间维度考察文化产业市场

文化产品和服务的交换总是在特定的空间和时间里进行的,它不但表现出空间差异,也有时间序列的差异。随着经济科技的发展,文化产品和服务交换的内容和交易方式也发生了很大的变化,在打破交换空间限制的同时,也打破了时间界限的限制,偶然交易被定期交易、长期交易所代替,现货交易方式逐渐发展为远期合同交易和期货交易,并在现货交易的基础上形成了期货交易市场。

1. 文化产品现货交易市场。

文化产品现货市场是指对与期货、期权和互换等衍生工具市场相对的市场的一个统称,它是由拥有文化产品并准备马上交割的卖者和拥有货币并想立刻得到文化产品的买者所构成的市场,是他们交换关系的总和。它的交易对象是现实商品社会中存在的文化产品,买卖双方"当面交易,钱货两清"。现货市场构成了期货交易市场存在和发展的基础,它的发育和繁荣程度决定着期货市场的发育、发展及其繁荣程度。

一个结构合理、运行有序的文化产业现货市场需要具备许多条件。这些条件是:首先,要有独立自主、自负盈亏的文化主体市场存在。这些主体以自我利益为基本原则,以利润最大化为追求目标。其次,有多样客体市场。市场上文化产品供应量充足,结构合理。再次,要有政府的宏观调控。政府运用税收、财政、利率等杠杆调控市场。最后,有健全的市场机制。在价格规律的作用下,形成运行有序的市场机制,供求规律、价格规律、竞争规律互相结合,共同调节商品的流动和社会资源的配置。只有具备了上述条件,才能保证现货市场的有序运行和健康发展。

在市场经济条件下,发展文化产品现货市场首先可以优化文化资源的配置,引导文化资源与文化需求相适应,使文化资源的配置在总体上与文化需求相适应,促进文化产品的流通。调节文化供求矛盾,通过文化市场中供给规律与需求规律自发作用形成的功能,使文化产品的供求由不平衡趋向大体上的平衡。

2. 文化产品期货交易市场。

期货市场孕育于现货市场,是现货市场发展到一定程度的产物,并以现货市场为基础。期货市场发展到今天不仅包括商品期货、金融期货,而且包括期权期货等内容。一般而言,期货市场包含四个方面,即,期货交易所、期货结算所、期货经纪公司、期货交易者(包括套期保值者和投机者)。文化产品期货顾名思义就是以文化产品或服务作为标的对象的期货。现阶段发展文化产业期货市场在目前情况下有诸多益处:首先,锁定生产经营成本,实现预期利润。文化企业可以利用期货市场进行套期保值,规避价格风险,达到锁定生产经营成本的目的。其次,降低流通费用。期货市场集中交易,透明度高,期货合约属于标准化合约,进行期货交易不存在难于寻找到交易对象和难于履约问题,故能够降低市场流通费用。同时,期货市场是一种预期交易,产销双方从期货交易获得各自计划需要,这有利于稳定产销关系。

目前,世界各国的文化产品期货市场发展还不成熟,文化品交易的种类和方式正处于探索阶段。欧美国家在文化产品期货交易方面已经有了实质性的发展,美国商品期货交易委员会裁定证券交易商可以经营电影票房期货合同市场。两家金融公司:Cantor Fitzgerald 金融公司和 MDEX 公司已获美国商品期货交易委员会的初步批准,允许其分别开设一家以电影票房收入为标的物的期货交易所,进行电影期货交易。

我国的文化产业期货交易已经起步,2009 年 11 月 16 日,深圳文化产权交易所(以下简称"文交所")正式挂牌成立,文交所的交易品种设计主要包括:文化产品期货、期权以及文化企业股权交易等。文交所从 2010 年开始,交易包括文化产品期货及期权、文化产业投资基金等文化金融产品。2009 年 9 月 17 日,天津文化艺术品交易所股份有限公司正式成立。公司的主要经营交易拆分化的、非实物艺术品份额合约,同时交易经批准发行的文化艺术品期货、期权。2010 年 5 月,成都文交所挂牌成立,提供包括新闻出版物、广播影视作品、文化艺术产品的交易服务以及文化产业项目投融资咨询等服务内容。按照文交所的发展规划,下一步文交所会推出"文化期货",将文化产品的所有权和衍生收益进行拆分,并挂牌交易。

(四)从空间维度考察文化产业市场

空间维度上的文化产业市场是文化产业主体市场支配交换客体的活动范围。现实的市场总是具有空间概念的市场,分为不同的范围等级,如区域市场、国内市场、国际市场等。一般来说,表现为以下三个层次:以区域分工为基础形成的

第六章 国内区域文化市场

区域市场；在各区域市场融合基础上形成的国内统一市场；在各国经济相互开放交流基础上形成的国际市场。文化产业空间市场结构的合理化，是现代市场经济发展的要求，也是现代市场体系的一个构成要素，如果没有空间市场的健康发展，就没有文化产业资源的合理配置，文化产业就不能实现快速发展。

1. 文化产业区域市场。

文化产业区域市场是文化产业和区域经济相互作用的结果，是指文化产业建立在区域分工基础上，以一定的区域单元和行政单元为依托，旨在充分利用区域内资源和区域优势，发展区域生产和流通协作，实现区域内文化产业协调发展的市场空间组织形式。正是成熟程度不同的区域市场导致了区域经济发展的失衡。

所以要缩小区域文化产业发展不平衡的现象，必须要促进合理的区域利益格局，培育区域市场形成国内统一市场，通过市场配置资源的机制和作用实现区域文化产业的平衡和协调发展。文化产业区域市场的培育是一个逐步演进的过程，并非一蹴而就。统一市场是区域市场发育的目标，区域市场是统一市场的一个中间过程，因此，市场范围的扩展必然体现为先萌发地方小市场，然后逐步形成区域市场，继而发展为统一市场。地域分工是文化产业区域市场发育的基础。文化产业区域市场是市场经济发展到一定阶段的产物，区域市场的发育受很多复杂因素的影响，其中最重要的基础性因素是生产劳动的地域分工，所谓地域分工是指相互关联的社会生产体系受一定利益机制支配而在地理空间上发生的分异。换言之是社会分工的空间形式。

地域分工是区域市场形成的先决条件，因为只有在社会劳动出现地域分工的条件下，才会产生地域间产品交换的条件；只有存在地域间产品交换的需求，才会有可能产生区域间贸易和区域市场。区域分工的不断发展和市场交换的不断扩大，会促进区域市场不断扩张，从而逐步走向一体化的统一大市场。

比较利益市场区域市场发育的杠杆。区域市场在本质上以人们的经济利益为动机和目的，经济利益是隐藏在地域分工背后的动力。正是出于对比较利益的追求，分工和交换才不断发展起来。只有在区域间的比较利益都充分实现的基础上，区域市场才能不断扩张，融合。比较利益是区域市场发育的原动力，也是比较优势的实现形式。除地域分工和比较利益外，文化产业区域市场的成因还包括以下几种：文化产业资源的地域性；地区性消费传统；区域与市场人为分割。

2. 文化产业国家市场。

文化产业国家市场是文化产业将一国为范围作为商品或服务流通空间的市场，是一国区域内文化市场及其交换关系的总和。它是在充分发挥专业化分工协作的基础上，打破种种封锁割据而形成的统一开放的市场。由于国内统一市场是

区域文化经济论

一国所有文化市场以及交换关系的总和，因此，在统一市场体系中它既包括各类文化产品和服务市场，也包括各类文化要素市场。文化产业国家市场的形成与完善既有利于生产要素在全社会范围内合理流动，优化配置，促进文化产业发展；又有利于各种文化品的流动，优化人们的消费结构。但是，统一市场的形成是一个漫长的不断发展的过程。世界上第一个国内统一市场——英国统一市场经历了长达3个世纪的漫长时间，我国统一市场的建立也将有一个不断发育、逐步成熟的过程，不可能一蹴而就。

历史证明，一个大国要保持持久的繁荣和发展主要依靠本国市场，对外贸易虽然很重要，但对其依赖度不能太高。在全球化相互依存的时代，国家市场规模的大小和市场结构是一种巨大的国家权力和竞争力。正因为如此，大国或者拥有大市场的国家在国际政治经济舞台上才有较高的政治地位和影响力。中国随着改革开放的深入，经济迅速发展，市场也越来越大，《中国文化产业年度发展报告（2013）》指出，2012年中国国内文化产业总产值突破4万亿元人民币，比前一年得到进一步增长，文化产业在中国GDP中所占比重也正在进一步提升，对社会经济发展的拉动作用正逐渐增强。巨大的市场已经为中国文化产业市场的发展提供足够了空间。但同时日益发展的中国市场已经成为外国资本和商品的争夺对象，外资和外国文化商品的强势进入，中国的文化产业主体市场面临越来越大的挑战。

3. 文化产业国际市场。

文化产业国际市场是以各个国家和地区的文化市场为基础，以国际关系为背景，以国际文化交流为动力，借鉴国际市场的营销手段，进行跨国界的文化产品交易活动的市场。实质上，它是一国文化市场超越国界，在世界范围内进行交换关系的总和，是世界文化交流的结果，是经济、文化国际化的体现。它的存在和发展，可以让文化产品和服务在世界范围内流通，有助于满足世界人民文化生活的需要。

文化产业国际市场的构成与一国市场的构成基本相同。首先，市场的主体是由各个国家及其出口商、进口商、中间商等签约人构成的。其次，市场的客体是由产品和服务构成。再次，市场也包括各种要素。最后，文化产业国际市场构成还包括一些中介组织，如WTO等国际贸易协定。

随着经济全球化步伐的不断加快，各国文化产业壁垒不断被打破，跨行业跨国界企业重组兼并浪潮汹涌。当今的国际文化市场已进入垄断竞争时代，跨国公司和国际性文化娱乐传媒公司在国际文化市场中占据着垄断地位。全球50家娱乐传媒公司占据了文化产业国际市场95%的份额。传播于世界各地的新闻，

第六章　国内区域文化市场

90%由美国等西方国家垄断，其中又有70%为跨国公司所垄断，跨国文化产业集团日益成为世界文化生产的主导者。

诺丁汉特伦特大学的汤林森博士在《文化帝国主义》中写道："发达国家通过国际市场大力推销文化产品，将文化品所负载的价值密码推向世界，虽使全世界分享了文化盛宴，但发达国家的'世界文化'在全球泛滥"。这种借助于经济和技术的优势，由西方大国控制的文化输出权，把自身的文化作为普遍的价值标准，通过文化国际市场向外灌输，使发展中国家的文化传统被瓦解，可能导致全球文化"同质化"的结局。这种现象已引起了各国的忧虑。因此，在文化市场国际化的进程中，弱势文化既不能实行关门主义，孤立于潮流之外，也不能坐以待毙，任外来文化蚕食。弱势文化所采取的对策应该是积极的，即借文化的全球化机会，将自身的文化系统进行检点，存优汰劣，借鉴其他民族的优势文化，进行文化创新。

第七章

区域文化资源

　　文化资源是区域经济发展的要素之一，是文化产业发展的前提和基础。随着世界及我国文化产业的快速发展，文化资源产业化已经成为国家和区域经济发展的重要途径。文化资源产业化开发是将文化资源作为一种经济发展要素，与其他经济发展要素充分结合的经济活动，进而催生文化传媒产业、文化创意产业、文娱产业、网络产业等新的文化经济现象和产业形态。

第一节　国际文化资源

一、文化资源的内涵

　　文化资源是指人类为开辟、发展和完善自己赖以生存的环境，在改造利用自然、维系社会规范和塑造人类自身的长期实践过程中所创造的物质文化、制度文化（社会文化）和精神文化资源。文化资源包含多方面的内容，如民族文化传统和民族精神、科学和教育发展水平、文化事业和文化产业、体制建设和民主法制建设等。在这诸多内容中，以社会价值观为核心的民族精神、人文精神和科学精神是最重要的文化资源。

　　文化资源具有精神和物质的双重属性，从统计评价的角度看，对于文化资源价值的评价和度量就具有了双重的意义。物质、制度、精神三类文化既相互区别又彼此联系，构成文化整体。三者为同一文化体系中的"表层"、"中层"与"深层"结构。物质文化是人类为求生存，适应和改造自然界所创造的物质文明。物质文化具有"历久弥新"的特征。人类创造的物质文化，当时过境迁，

第七章 区域文化资源

变为"不可再生"的文化资源时,它就具有了历史价值、科学价值和艺术价值。文化资源是历史上形成的,是不同时期、不同地区、不同民族政治、经济、文化活动的物质载体。制度文化是人类用以规范个人与个人、个人与群体、群体与群体之间的关系和权利义务等所形成的一整套约束人们行为的社会规范。人是社会的人,要生存就必然与"他者"接触。为维持正常的社会关系和社会生活,就必须约束人们的行为。法律、规章制度、伦理道德是制度文化的主要内涵。精神文化是人类自身情感、思想的表达方式,是维护社会稳定团结、协调人际关系、规范人们的行为、调整人们的情绪、寄托人们的希望的无形的"上帝"。精神文化的内涵十分丰富,科学技术、文学艺术、宗教信仰、民情风俗、思想观念、思维方式、心理特征等都是精神文化的重要内容。

文化资源是人们从事文化生活和生产所必需的前提准备,包括历史人物、文物古迹、民俗、建筑、工艺、宗教信仰、语言文字、戏曲等。文化资源从对人们的贡献力量来看,有广义和狭义之分。广义上的文化资源泛指人们从事一切与文化活动有关的生产和生活内容的总称,它以精神状态为主要存在形式。广义的文化资源是难以给出具体的界定的,只要是体现人类追求和满足人类精神需求的产品或活动,均应划入文化资源的范畴。这样一来,社会生活的方方面面就大量地体现了文化的痕迹,政治、经济、社会生活以及世界范围内的比较,都蕴涵了丰富的文化特征。狭义上的文化资源是指对人们能够产生直接和间接经济利益的精神文化内容。文化资源的丰富程度和质量高低直接对当地文化经济的发展产生多重作用。

二、国际文化资源产业化开发

(一) 美国的文化资源产业化开发

美国是世界上文化产业最发达的国家之一,文化产业已成为美国的重要支柱产业。美国拥有丰富的文化资源,在当今经济和文化全球化的大背景下,这种资源已逐渐成为一种重要的社会资源,通过对其进行合理利用、开发和运作进而形成文化资本,是文化产业开发的重要基础。美国发达的文化产业源于对文化资源的成功开发和运作。纵观美国的文化产业形态无不与其独特的文化资源息息相关,包括丰富的多元文化资源、自然文化资源及发达的人才资源等。美国充分利用自身具备的文化资源优势,已形成了自己的文化产业形态,主要包括影视产业、传媒产业等。闻名世界的好莱坞已成为美国影视文化产业的代名词,美国的大部分电影公司都集中在那里。好莱坞拥有丰富的文化资源,包括技术先进的电影生产流水线、成熟的商业运作经验、深厚的电影文化底蕴、丰富的艺术人力资源（电影明星和大牌导演）、先进的数字化信息技术以及源源不断的创意等。迪士尼、索尼、米高梅、派拉蒙、20世纪福克斯、环球、华纳兄弟七大公司基本上掌控了美国影视文化产业。好莱坞正是由于充分利用这些文化资源，每年生产出了大量的影片，获取了巨额的票房价值，进而在全球文化市场占有绝对优势。由影视产业还衍生了其他相关产业，如对迪士尼动画卡通形象的产业开发，包括迪士尼乐园、迪士尼系列的卡通产品（文具－衣服－用品等），成功延伸了迪士尼品牌的产业链，进而产生了巨大的经济效应。美国的文化影视产业开发获得了巨大的成功，已形成了成熟的产业链和具有全球影响的优势品牌。

另外，美国的传媒产业也非常发达，拥有先进的传媒技术和一流的传媒人才。美国传媒产业的发展极大地得益于现代高科技的飞速发展。数字化技术的迅速发展引发了全球化的信息技术革命，文化产品充分融入高科技理念，并以其为载体，创新了人们的生活理念，同时也不断激励人们对文化产品产生新的需求。[①]

（二）英国的文化资源产业化开发

英国文化资源产业化开发的形式主要是创意产业。英国是最早提出"创意产业"（Creative Industry）的国家。英国前首相布莱尔为振兴英国经济，在1997年5月就提议并推动成立了创意产业特别工作小组。该小组将创意产业定义为：源自个人创意、技巧及才华，通过开发和应用知识产权，具有创造财富和就业潜力的行业。创意或创造性是英国文化资源产业化开发的生命源泉和核心动力。英国政府及重要社会团体，包括相关的研究机构和商业机构，从多方面推动着英国文化产业的发展。英国政府加大了对创意产业的投资，兴建多座文化艺术设施（如曼彻斯特的中国艺术中心），免费对公众开放国家博物馆，使文化艺术真正走进了普通人的生活中。

英国政府通过立法的方式管理国家彩票的部分收入，主要用于文化基础设施的建设和完善，鼓励和支持优秀艺术形式的发展，积极推动艺术人才的培养。英国艺术委员会设立的基金对文化艺术的投资每年大幅增长，对文化艺术投入了巨额的彩票基金，每年约有300个旅游项目受到扶持，100多万民众受益于"青年

---

① 闫顺利、王雪：《传媒时代文化诉求的后现代意蕴》，载于《成都理工大学学报（社会科学版）》2008年第3期，第25~26页。

第七章 区域文化资源

音乐"计划。[①] 通过一系列的文化普及活动,不仅使英国民众深刻认识本国的丰富文化资源,而且极大地促进了英国文化资源的产业化开发,创造出了大量世界级的创意产品。

(三) 日本的文化资源产业化开发

文化产业是日本经济发展的主要支柱产业,通过对本国文化资源的充分挖掘进行市场运作,主要包括休闲、娱乐、博彩、旅游、参观、博览会等方面。日本在1995年确立了文化立国方略后,文化市场成为日本发展潜力大、增长速度快的重要经济领域。在400家财力最雄厚的日本公司中,文化企业占81家。日本文化产业相当发达,主要体现在它不仅拥有较大的市场份额,更在于能充分把握时代的脉搏,运用数字技术,利用创新思维创造出具有市场竞争力的文化产品。

日本的动漫产业极其发达,在国际动漫市场上居于领先地位。日本相关方面的研究报告指出,日本有235家动画制作公司,市场规模达1519亿日元,加上与卡通片相关的商品开发与销售,整个市场规模约为1万亿日元。[②] 以动画片为基础生产的相关卡通玩具、配饰、书籍等文化产品也大大促进了动漫产业链的延伸。网络以及数字化技术的快速发展将大幅降低动画片制作的成本,进而会进一步延长动画产业链。据日本经济产业省统计的相关数据表明,全球范围内播放的动画片中,日本动画占60%。目前,广义上的动漫产业在日本国内生产总值中已经占十几个百分点,成为日本第三大产业。[③]

旅游业也是日本文化产业的重要支柱之一。虽然日本是高度城市化和现代化的国家,但同时又保存着十分丰富的传统文化和历史遗存。其主要人文旅游资源包括历史文化古迹、庭院、人文景观、博物馆、美术馆及传统节庆活动等。据统计,在日本国内旅游的人以数亿人次计算,每年的5月份的黄金周和8月份的夏季连休假期,因为旅游热潮而出现全国的人口移动。日本政府还采取一些措施进一步吸引到日本旅游的海外游客,2010年,海外游客的数量达到1000万人次,这使相关的收入达到216万亿日元,而且为日本带来30万个就业机会。[④]

---

① 张晓明、胡慧林、章建刚主编:《2008年中国文化产业发展报告》,北京:社会科学文献出版社2008年版,第322、341页。
② 李思屈、李涛:《文化产业概论》,杭州:浙江大学出版社2008年版,第55页。
③ 曹鹏程:《国外文化产业面面观:日本发展动漫产业》,载于《人民日报》2006年6月5日。
④ 王伟:《传媒作为诠释的世界——主体间性语境中的传媒文化构建》,载于《成都理工大学学报(社会科学版)》2011年第2期,第38~40页。

(四) 韩国的文化资源产业化开发

文化产业在韩国经济发展中已经成为最活跃、发展最快的产业，韩国已经成为亚洲乃至世界的文化出口大国。1998 年，韩国正式宣布将"文化立国"作为国家重要经济发展战略，大力支持和发展文化产业，使文化产业成为韩国 21 世纪经济发展的战略性主导产业。韩国作为亚洲的文化产业强国，充分挖掘和整合了本国的文化资源，创造了极富竞争力的文化产品。以生动细腻地反映家庭生活和人际关系为特色的韩国电视剧，深得具有相似文化背景的亚洲国家和地区大批观众的喜爱。通过电影和电视剧在海外的广泛影响，其他文化产品也通过多种渠道进入了海外市场，如音像制品、出版、演出、游戏等，甚至还带动了韩国旅游业的较快发展，其电视剧里出现的景点都已成为吸引外国游客的旅游胜地。韩服、韩食、韩语等文化的流行和传播，使得"韩流"大有席卷全球之势。

另外，韩国政府对于游戏产业也给予大力支持。在相关职业教育的配合、各种机构的支持、法律法规的完善、各类游戏竞赛的举办等方面的支持下，韩国游戏产业实现了健康快速发展。每年政府要投资 500 亿韩元，在税收方面也给予优惠，这些措施使韩国游戏产业成为韩国文化产业的重要组成部分。韩国游戏主要出口国或地区有中国大陆（39.5%）、日本（24.9%）、中国台湾（17.9%）等地。在我国目前运营的网络游戏中，六成以上来自韩国，运营业绩最好的盛大、九城等公司的主打产品都来自韩国。

第二节 中国文化资源

一、中国文化资源的主要特征

由于文化状态是人类智慧与才识的表征。因此，文化资源的特征充分显示出精神层面的特征。理解文化资源的特征有助于我们更好地按照文化规律从事文化产业的开发与维护工作。大体说来，文化资源具有以下特点：

（一）无形性

文化精神和气质是以不可见的形式存在于人们的思想当中，意识之内的，如孔子文化。我们所能体验到的思想是从他的论述中、论著的解读中，以及人们不

第七章 区域文化资源

断意会言传当中把握其内涵。它时刻以无形的姿态存在于孔子文化圈子当中。这也告诉我们，在从事文化资源开发时，应该特别注重精神品质的不断提升和丰富，才能够深刻把握文化资源的丰富价值和意义。

（二）差异性

文化资源由于产生的背景、条件等不相同，导致其不同区域的文化资源大不一样。这也是文化资源得以交流和共享的前提。差异产生互动，在差异互动中形成互补增强，这对于我们进行文化改革开放提供有力支撑。

（三）适境性

所谓适境性，是指文化资源的生命力要在一定的情景或者相当的环境资源条件支撑下才会发生。文化是民族的文化，文化是大众的文化。民族的大众的文化对文化的传承和交流提供了丰富的适应情景，也因之广泛的影响力而注入新生的力量源泉。

二、中国文化资源的构成

（一）历史文化资源

1. 历史文化资源的内涵。

历史文化资源指人类文明活动过程中遗存的各种文明印记。对于历史文化资源的研究也就是对人类自身文明发展规律的研究。各国对于本国的历史文化资源的研究与开发从未间断，并且形成了一个跨多学科的研究体系。

这一概念的界定，各学者持有不同的见解和观点。郑冬生指出，"所谓历史文化资源，是指历史文物、古迹、历史遗存。"郑汕、赵康认为"历史文化资源是以文化形态存在的社会资源，它是人类社会进步的纪录，是人类创造的物质财富和精神财富的积淀，是社会文明的结晶"。金一的《文学观》里有："从古帝王之业，真能赤手开创而无所凭藉者，历史上，多不过三四人。"这里的"历史"指的是自然界和社会的发展进程。而词典里"文化"的含义是"人们在社会历史实践过程中所创造的物质财富和精神财富的总和"，如曹禺《王昭君》第二幕："他不相信，汉朝对待匈奴的诚意，看不起长安文化"中"文化"就是此意。"资源"则是生产资料或生活资料等的来源。叶剑英的词《浣溪沙登大兴安岭》中："伐后更生延百岁，祖先遗树值千年。资源利用慎材艰"中的"资源"就作此解释。由此，笔者认为历史文化资源是人们在社会发展的进程中通过实践所创造出来的，对人们的生产或生活有利用价值的物质财富和精神财富的总和。

2. 中国西部地区的历史文化资源概况。

西部地区文化历史悠久，是中华文化的主要发源地。尤其是在周、秦、汉、唐四大王朝期间，西部历史文化主导着中华文化发展，历史文化产品的影响力波及海外，一度誉为世界文化中心。历史文化资源是人类祖先创造的文化产品的精华，历史价值和文化价值颇高，极具开发空间。西部历史文化资源具有以下几大特点：一是唐朝以前的文化资源较多，文化价值也较高；二是宗教文物较多，艺术价值较高；三是历史遗迹较多，科学价值颇高。

（1）西部历史艺术文化资源。

历史艺术文化资源就是指古代创造遗留下来的艺术文化作品。由于种种原因，历史艺术文化作品的保留难度较大，在文化资源中所占的份额并不是最多的。但是，由于历史艺术文化作品大多数都是人类社会创造的经典文化产品，其可利用价值却非常大。从西部历史艺术文化遗留分布情况看，历史艺术文化资源的多少取决于文化底蕴，也取决于经济实力。西部历史艺术文化资源主要包含古代的石刻塑像、壁画、碑文等。对历史艺术文化资源，除了进行旅游业开发外，还应继承古人艺术的创造风格，发扬其艺术创新精神，开发具有中华文化蕴涵的现代艺术作品。①四川、重庆的雕像历史艺术资源：四川作为古老的巴蜀之地，一直是中国历史艺术的聚宝盆，历史艺术文化资源十分丰富。富饶的巴蜀盆地、浑厚的文化底蕴是其古代艺术文化资源的主要土壤。在巴蜀之地的历史艺术文化资源中，最丰富的是石雕塑像文物，如乐山大佛、大足石刻。在四川、重庆两地的历史艺术文化中，中土佛教文化艺术占主导地位，佛教、道教、儒家或三教合一的艺术品表现多样，并将世俗文化列入表现内容。四川安岳是已知的中国古代佛教雕像遗址最集中的县，已发现历代石窟雕像200处，塑像10万余尊，其中以唐代雕像的宏伟和宋代雕像的精美著称于世，在中国石刻艺术史上具有不可取代的地位。大足石刻是重庆市大足县境内摩崖造像石窟艺术的总称。大足境内的石刻造像星罗棋布，雕像5万余身，铭文10万余字，是唐末、宋初时期的宗教摩崖石刻。②甘肃的壁画历史艺术资源：甘肃的壁画历史艺术在西部历史文化资源中占有特殊的地位。"丝绸之路"既是商品贸易交流的商贸之路，也是艺术文化传播的艺术之路。甘肃地处中国境内古代"丝绸之路"的中段，伴随着"丝绸之路"的贸易往来，中外艺术文化也在这一地域生根开花，遗留下了丰富多彩的历史艺术文化瑰宝。甘肃境内的历史艺术文化更多的是佛教艺术，是在外来佛教文化催生下的汉族佛教艺术文化，具有独特的文化价值。在甘肃历史艺术文化资源中，各种壁画占有重要地位，这也是一大特色。炳灵寺石窟位于甘肃省永

第七章 区域文化资源

靖县城西南35千米的小积石山中,地处古代中西交通要道"丝绸之路"陇西段的一条支线上。麦积山石窟位于甘肃省天水市东南约45千米处,是秦岭山脉西端小陇山中的一座奇峰,山高只142米,但山形奇特,孤峰崛起,犹如麦垛,故称为麦积山。莫高窟又名"千佛洞",位于敦煌市东南25千米处鸣沙山的崖壁上,是中国三大石窟之一,也是世界上现存的规模最大、延续时间最长、内容最丰富、保存最完好的佛教艺术宝库。③陕西的碑文历史艺术文化资源:陕西是西部历史文化资源最为丰富的省份之一,保存着无数历史艺术珍品,如石刻塑像、壁画、碑文等,显示出其深厚的历史文化底蕴。在陕西历史艺术资源中最有特色的应该是碑文历史艺术。西安碑林是北宋二年(1078年)为保存《开成石经》而建立的。近900多年来,经历代征集,扩大收藏,精心保护,入藏碑石近3000方。现有6个碑廊、7座碑室、8个碑亭,陈列展出了共1087方碑石。药王山位于陕西省铜川市耀州城东1.5千米处,景区面积10.1平方千米。隋唐医药学家孙思邈晚年归隐于此,后世尊他为"药王",药王山便因此而得名。钟山石窟位于子长县城西巧千米处的钟山南麓,山形有若巨钟倒扣,故名曰"钟山"。

(2)西部遗迹文化资源。

中国西部不仅是中华文化的发源地,也是人类社会文化发祥地之一。距今80万年的"蓝田人"遗址、距今170万年的"元谋人"遗址,以及距今200多万年前"巫山人"遗址,都是分布在西部地区,可见西部遗迹文化源远流长,对探讨中华文化的起源、对揭示人类演化都具有重要的意义。从西部遗址文化的主要内容特征看,可分为古文化遗址、古城遗址、古长城遗址、特殊用途遗址等类型的遗迹文化。①西部古文化遗址:黔西观音洞文化遗址是至今24万年的旧石器时代早期古文化遗址。在这里出土了3000多件石制品和大量哺乳动物化石。大地湾古文化遗址位于甘肃省秦安县五营乡,是一处规模较大的新石器时代遗址,最早距今7800年,最晚距今4800年,有3000年文化的延续,其规模之大、内涵之丰富在我国考古史上亦属罕见。西安半坡古文化遗址是西北黄河流域的新石器时代仰韶文化母系氏族聚落遗址,距今5600~6700年之间。马家窑古文化遗址位于甘肃省临挑县的马家窑村,是仰韶文化向西发展的一种地方类型,创始于距今5700多年的新石器时期晚期,历经了3000多年的发展,有马家窑、半山、马厂等类型。广汉三星堆古文化遗址位于四川省广汉市城西南兴镇,遗址分布范围达12平方公里,是四川境内目前所知的范围最广、延续时间最长、文化内涵最为丰富的古蜀文化遗址。②西部古城遗址:古城遗址是西部历史遗址文化资源的重要内容,既反映了西部的历史发展变化和城市兴衰,又蕴藏着不同民族的文化风貌。③西部古军事防御工事遗址:古军事防御工程遗址包括古长城、古城堡、古城关和古烽燧等军事遗址。西部地处边陲,军事战略地位突出,加上民族、国家之间战事不断,西域各民族和历代王朝修建了大量的军事防御工事,因而古军事防御遗址就成了西部遗址文化资源的重要内容。④西部其他特殊用途古遗址:西部古遗址文化资源丰富还表现为多样性。除了古文化遗址、古城遗址和古军事防御工事遗址外,还有古窑遗址、古代水利工程遗址、古宫殿遗址、古寺遗址、古路桥遗址和古矿遗址等特殊用途古遗址。这些古遗址即埋藏着大量的物质文化资源,又包含着丰富的非物质文化资源,是开发现代文化产品取之不尽的宝贵财富。

(3) 西部古建筑文化资源。

古建筑既是中华祖先给后人留下的物质财富,也是文化财富。在1961~2006年,在国务院确定的六批全国重点文物保护单位(总共2348项)中,古建筑物数量最多,共有1087处,占重点文物保护单位总数的46.29%,可见古建筑物在全国历史文物古迹的地位分量。西部地区有288处古建筑物是全国重点文物保护单位,占全国的26.49%。在经济相对落后、少数民族较多的边远地区,拥有如此多的古建筑文物,说明中国西部地区的历史文化底蕴之深厚。西部古建筑物作为珍贵的历史文化资源,不仅具有历史、科学和艺术等文化价值,而且还蕴涵着西部各族人民特有的精神价值、思维方式、想象力,体现着中华民族的生命力和创造力。

(4) 西部古墓葬文化资源。

古墓葬可以说是"地下博物馆",埋藏着无数的生活贵重物品和文化艺术珍宝,它即体现着一个时期社会的生产能力和生活水平,又反映着当时文化艺术的创造水准,是最宝贵的历史文化资源。从全国重点文物保护单位看,西部地区的古墓葬文物占全国历史文化资源中占有重要地位。1961~2006年,在国务院公布的六批全国重点文物保护单位中,古墓葬有204处,其中,西部古墓葬是81处,占全国的39.7%。而且西部古墓葬大多年代久远,历史文物价值高,是极富有开发利用价值的历史文化资源。

(二) 旅游餐饮文化资源

1. 旅游餐饮文化资源的内涵。

中国的传统饮食观念是一种美性饮食观念,中国人不管营养是否超负荷还是不足,各种营养成分的比例搭配是否得当,甚至在某些方面违反一些卫生要求,但只要口味好、色彩美、造型佳,便乐意享受,在中国的这种饮食生活中,美性

第七章 区域文化资源

的追求显然压倒了理性的认识,中国的美性饮食观长于直觉感悟,凭经验、重功能、具有身心的愉悦性和科学的超前性。

我国美食饮食观念深深根植在传统文化基础上,这些传统文化主要有:以"和"为美观念、阴阳五行学说、老庄的自然清淡的"道"的思想、孔子的食精脍细的美食思想、古代神话传说、宗教习惯等。

现代旅游活动中的美食旅游观提倡餐饮要有一定的气氛和环境,刻意进食中环境、心情、器具等美学,讲究菜肴的"色、香、味、形、器、质、养、净",强调满足旅游者的心理需求和享受要求,体现在烹饪中自然美与艺术美的巧妙结合,单一的菜肴经过烹调、艺术加工成色彩对比鲜明的崭新造型;形态美与质地美的和谐统一,菜肴在烹饪中形质兼美、表里一致;实体美与意境美的有机交融,使食者在美食过程中获得了身心和精神上的享受和满足等特点。

随着文明的进步,文化的积淀,人们对于因进餐而带来的精神上的快乐与需求越来越急切,我们开发餐饮的目的应该是让食者在品尝美味的同时,更深地为中国饮食的传奇色彩、深厚的文化底蕴所折服,而不单单是为了刺激消费而开发。

饮食文化源远流长,历经中华民族5000年历史的凝练和沉淀,成为中华文化中一颗璀璨的明珠。从旅游经济的角度来说,旅游餐饮是旅游者六大消费要素中的首要和基本要素,餐饮消费在旅游六大要素中所占的比例越来越高,在国际旅游消费中仅次于购物消费,占据第二位。旅游餐饮是旅游产品的一个有机组成,是整体旅游产品中一个重要的单项产品或服务,直接影响着旅游业的经济效益,旅游活动离不开餐饮,旅游经济离不开餐饮经济,饮食文化的开发会促进旅游的发展。

2. 云南旅游餐饮文化资源概述。

云南省的民族餐饮文化源远流长,丰富多彩。全省有25个少数民族,其中有15个是全国独有的民族,每个民族都有自己独特的餐饮文化,全省已形成滇菜名肴360余种,总计达847种,其中民族菜肴已近500余种,已形成体系的民族菜系列和特色突出的民族餐饮有彝、白、回、傣、壮、傈僳、哈尼、基诺、苗、瑶、纳西、普米、景颇、拉祜、佤、布朗、独龙、阿昌等21个民族,再加上其独特的文化和节庆活动,使民族餐饮文化具有很大的开发价值。

(1)云南民族旅游餐饮文化的特点。

云南民族旅游餐饮文化产业无论从直观效果还是潜在价值看,都具有绿色、文化、民族、旅游四个特点:①云南民族餐饮的绿色性。这在民族餐饮用料方面尤为突出。云南餐饮一直有吃新、吃鲜、吃生的习惯,并有春天食花、夏天食

· 135 ·

菌、秋天食果、冬天食菜之说，其原料全部天然，属绿色食品。②云南民族餐饮的文化性。餐饮文化是民族文化的重要组成部分。中华民族餐饮文化的历史源远流长。商朝已有宫廷宴舞，到了唐朝达到极致，流传到现代，每到节庆人们饮酒欢唱，歌舞伴随。云南已形成的民族餐饮文化更是独具特色，如大理三道茶、过桥米线、傣家餐饮等，加之民族风情、风俗、礼仪等与之紧密融合，无不体现了丰富多彩的民族文化。③云南民族餐饮的民族性。云南省少数民族大聚居、小杂居，各具特色。将民族文化特色挖掘、提升、推广，可加强云南省民族旅游餐饮文化的发展。云南民族餐饮的主要民族特色表现在五个方面：民族菜肴和民族就餐方式；民族服饰、民族餐具；民族餐饮典故、传说；富有民族特色的居室、就餐环境；与民族餐饮相关的节庆、歌舞。④云南民族餐饮的旅游性。云南是旅游大省，来云南旅游的旅游者到旅游目的地之后的第一生理需要即是餐饮需求；同时，餐饮又是旅游的主要内容和目的之一，是独特的旅游资源。所以20世纪80年代末上海推出的美食游旅游项目曾吸引了大批海外旅游者。我们曾就旅游者感兴趣的旅游资源对来滇旅游的367个团队进行调查统计结果显示：对山水风光感兴趣的占29.9%，对文物古迹感兴趣的占19.4%，对民俗风情感兴趣的占28.8%，对文化艺术感兴趣的占7.6%，对饮食烹饪感兴趣的占7.6%，对旅游购物感兴趣的占4.1%，对节目活动感兴趣的占5%。

(2) 云南民族旅游餐饮文化的特色。

云南民族旅游餐饮文化的特色可具体体现在器、形、艺、俗等方面。①器。可以包括两个方面的器具：一是餐饮器具。云南民族餐饮器具古风犹存，自然淳朴，采自天然，用之随意，云南省傣、白、纳西、彝、佤等民族的饮食器具大都用竹、陶、瓦、木、叶等天然器具，不但具有民族特色，也给人以返璞归真的感受。二是其他民族器具，如乐器、面具、歌舞道具等也都古朴纯真、典雅自然。②形。主要指餐饮菜肴的形状与用料。中国传统菜肴讲究色、香、味、型、滋。由于云南省菜肴用料独特，多以花、菌、竹、虫、药、果、珍（山珍）、物（动物）入菜，其造型、色泽、香味及滋补、功夫别具一格，新鲜独特。③艺。主要指云南民族餐饮烹饪技艺与云南民族文化艺术。云南民族文化艺术已被人们所熟知，而民族餐饮烹饪技术却鲜为人知。一是烤：用明火烤羊、烤野鸡，这在少数民族中较为普遍，如傣族的茅草烤鱼、拉祜族的香茅草烤牛肉、怒族的烤羊肚、藏族的烤牛肉。二是焐：利用柴木燃烧后的炭灰余热，焙制各种菜品，独具一格，如基诺族的芭蕉叶烧肉、哈尼族的灰焐干巴。三是舂：即将制熟的原料和调味品放入石臼或竹筒中细舂而食，如阿昌族的舂南瓜尖、德昂族的舂折耳根、景颇族的舂鳝鱼等。四是盐：是在铁锅内放一层盐巴、盐上放饮具，用盐传热，

第七章 区域文化资源

隔热炖熟而食,如白族的盐炖罐子狗等。五是腌:为适应云南气候特点和冬季宰杀年猪的习俗而积累出一套加工、贮藏和食用的传统技法,如平民百姓爱吃的腌茄子,纳西、普米、藏族的琵琶猪,白族的圆腿,回族的腊鹅和牛干巴,壮族的盐风肝等。六是熏:用柴木燃烧产生的烟雾熏制食品,使之产生特殊风味,如哈尼族的熏腊肉、景颇族的熏牛干巴。④俗。民族风俗、风情与民族餐饮构成了现代旅游一道美丽的风景。它以绚丽多彩的民族服饰、古老淳朴的民族礼仪、世代相传的民族风俗、悠久灿烂的民族文化、诗情画意的民族风情、久远神奇的民族传说、热情奔放的民族歌舞,使民族文化与民俗民情展现无遗。

(三)红色文化资源

1. 红色文化资源的内涵。

红色文化是中国人民在长期的革命实践中,不断地选择、融化、重组、整合中外优秀文化思想的基础上所形成的特定文化精神和文化形态。它蛰伏于近代,形成于"五四"以后。成熟和发展于新民主主义革命和社会主义建设时期。同时,也传承光大于改革开放的新时代。红色资源是指蕴涵在革命战争时期重要的革命纪念地、纪念物中的革命精神即红色文化的非物质形态。

2. 红色文化资源的特征。

红色文化资源一端连着文化,一端连着财富,既具有红色文化丰富的内涵,也有作为文化资源开发的特点,因此,红色文化资源的特征是两种属性的体现。

(1)红色文化资源内涵的丰富性。

遍布全国各地的红色文化资源都蕴涵着丰富的革命精神和厚重的历史文化内容,每一处革命遗迹、每一件珍贵文物都折射出革命先辈的崇高理想、坚定信念、爱国情感和高尚品质。红色文化资源蕴涵的丰富内容有:坚定的理想信念、爱国主义精神、集体主义观念、艰苦奋斗的精神、自强不息、勇于进取的品质等。红色文化不是一个封闭的系统,能够在改革开放和现代化实践活动中不断赋予其新的内容,与时代精神紧密结合,解放思想、与时俱进。

(2)红色文化资源分布的广泛性。

党领导人民进行的长期革命斗争,在全国各地都留下了极其宝贵的红色文化资源。从中国共产党的诞生地上海,到人民军队的诞生地南昌;从革命摇篮井冈山,到革命圣地延安;从革命转危为安的历史转折地遵义,到全国解放战争指挥中心西柏坡;从红色故都瑞金,到共和国首都北京。长城内外、大江南北处处都留下了党领导人民进行英勇斗争的足迹,处处都耸立着革命的丰碑。目前,国家级的爱国主义教育基地就有 200 个，还有省级、市级、县级的爱国主义教育基地，加上各地的纪念碑、展览馆、烈士陵园等革命遗迹，红色文化资源遍布全国。它是中国先进文化的代表，是党和人民取之不尽、用之不竭的宝贵的教育财富。只要各地根据本地区的特点加以开发、深入挖掘，就能给当地带来巨大的效益。

（3）红色文化资源价值的潜隐性。

文化资源价位的潜在性与文化的存在形式有关。计算价值的前提是对象化和具体化。物质产品，例如，一支笔、一斤粮、一匹布，可以对象化，有明确的单价，计算价值比较容易。红色文化的物质形态，可以对象化，而非物质形态即包含的各种精神、价值等，很难对象化。无法对象化的文化资源很难度量，然而它的巨大影响是客观存在的。优秀的文化具有强烈的冲击力、震撼力和感召力，能够升华思想、激扬精神、醇化道德、陶冶灵魂。正如严家炎先生在《重视人文科学的无用之用》中所说的那样，优秀的文化，"犹如天空中的氧气、自然界的春雨、不可或缺却视之无形，飘飘洒洒，润物无声。"在开发利用的过程中，要注意到红色文化资源其价值的潜隐性，注重内涵的深入挖掘。

（4）红色文化资源效益的双重性。

红色文化资源既具有红色文化的属性，也有资源的特点。红色文化是一种有着多种功能的优秀文化，以追求人文关怀、精神创造、智慧探求与人生情趣，培养人们高尚的道德情操为己任，因而更注重社会效益。而资源，作为资财的来源，是与财富的创造相联系的，更注重经济效益。那么红色文化与资源有机地结合在一起，在实践中自然要追求经济效益和社会效益的统一。

3. 红色文化资源的分类。

文化资源既包括静态的文化成果，也包括动态的文化活动形式。那么，红色文化资源也可以分静态的红色文化成果如红色经典、红色网络等以及动态的红色文化活动形式，如红色歌会、红色旅游、红色主题活动等。这种划分不是绝对的，静态的文化成果也有动态的成分，动态的文化活动形式也有静态的部分，主要是看静态的成分多还是静态的成分多。

（1）静态的红色文化成果。

红色经典。红色经典在经过几年的沉寂之后，再次出现在人们的现野中。红色经典是指以中国共产党领导下的全国人民的国内革命战争和民族解放战争为题材的一批文学艺术作品，包括小说、诗歌、散文、戏剧、电影、音乐、舞蹈、美术、摄影等方面的作品。这些作品诞生于革命战争年代，是对当时社会生活和革命战士人生经历的描写。对于革命英雄主义的张扬和革命理想的歌颂，以及大量

第七章 区域文化资源

优秀作品在艺术上获得的成就，使得它们具有了极大的思想震撼力和极强的艺术感染力。

红色网络。其中，红色网站是通过网站这一平台承载红色文化内容，如以音乐、歌曲、视频、图片、史记等形式记录和展现革命历史、革命遗产遗址，达到歌颂革命精神，传承红色文化，开发红色系列纪念品的目的。还有一系列的红色游戏、红色软件等。

（2）动态的红色文化活动形式。

中国红歌会原是江西电视台为纪念红军长征胜利70周年而推出的大型电视活动。2006年国庆期间，江西电视台在井冈山举办"红歌总动员"活动，观众参与热情高涨，其热烈火爆的盛况大大出乎了组织者的意料。2007年，恰逢纪念中国人民解放军建军80周年、秋收起义80周年、井冈山革命根据地创建80周年和党的十七大召开，江西电视台又于"五一"黄金周第二次在井冈山举办了"放歌井冈山"7天电视现场直播，同样取得了巨大成功。随后，又多次组织，规模逐渐扩大。随着节目的播出，中国红歌会在观众中的影响也越来越大。中宣部文艺局局长杨新贵说："红歌会运用现代的传播方式，来进行一革命历史的教育，是一个很大的创新。随着党的十七大的召开，我们国家的文化建设必将进入一个新的高潮。红歌会的举办，意义不仅仅是促进红色文化建设或者红色旅游发展，更重要的是推动社会主义核心价值体系的建设，对于弘扬我们的民族精神、革命精神，是一个非常成功的形式。"

红色旅游。在2004年12月中共中央办公厅、国务院办公厅印发了《2004～2010年全国红色旅游发展规划纲要》中，对红色旅游有比较权威的定义。红色旅游是指以中国共产党领导人民在各民族战争时期形成的纪念地、标志物为载体，以其所承载的革命历史、事迹和精神为内涵，组织接待旅游者开展缅怀学习、参观游览的主题性旅游活动，即依托革命历史、传承革命精神、教育激励公民。红色旅游也有其特定的外延。红色旅游是以中国共产党奋斗历史为主体的，时间框定在中国共产党成立到新中国成立28年（1921年～1949年）。那么，中国共产党成立上溯到1840年以来为中国革命和民族振兴做出重大贡献的各类纪念地，由新中国成立后扩展到社会主义建设时期以及改革开放以来形成的大庆精神、"两弹一星"精神及其承载物等，都不在红色旅游的时间界定以内。[①] 在地域范围上主要指革命老区和红色长征经过的地方，但以长征沿线为重点，形成了井冈山、瑞金、韶山、遵义、延安、西柏坡一条"红色"主线。

---

① 谷玉芬：《红色旅游与红色资源关系解析》，载于《商业经济》2006年第3期，第55～57页。

4. 赣南红色文化资源概述。

赣南是全国著名的革命老区，是中国新民主主义革命历史的重要发生地。赣南是"人民共和国摇篮"，英雄的赣南人民具有光荣的革命传统。

赣南辉煌的革命历程积淀了厚重的红色文化，形成了内容广泛、种类众多的红色文化资源，是中国革命历史进程的缩影与见证。

（1）苏区精神。

赣南是人民共和国之根，又是苏区精神之源，红色文化资源内涵丰富。20世纪二三十年代，以毛泽东为代表的中国共产党人转战赣南、闽西，创建了以瑞金为中心的中央革命根据地，建立了中华苏维埃共和国，开始了"我们党建立人民政权的探索和尝试"，"为抗日战争、解放战争时期根据地建设，以及后来新中国政权建设，提供了丰富的历史经验，培养了大批领导骨干和组织管理人才"[1]，影响深远。在中央革命根据地的艰苦卓绝斗争环境中，毛泽东等老一辈无产阶级革命家领导苏区军民培育了苏区精神。它是马克思主义中国化的重要阶段性成果，承前启后，以"坚定信念，求真务实，执政为民，艰苦奉献，廉洁奉公，争创第一"的科学内涵深化和发展了井冈山精神，成为长征精神、延安精神的先河和源头。[2] 而苏区干部所践行的"调查研究，实事求是；艰苦奋斗，廉洁奉公；关心群众，执政为民；模范带头，争创一流"的好作风，是中国共产党光荣革命传统和优良作风的重要组成部分。[3] 苏维埃运动孕育的伟大苏区精神和干部好作风是赣南红色文化资源的精髓，是建设有中国特色社会主义不可或缺的强大精神动力。

（2）革命遗存、纪念场馆。

赣南革命遗存和纪念场馆数量众多，类型丰富，既有见证赣南红色革命发生的遗址遗迹、旧居旧址等，又有为缅怀革命先烈的纪念革命事迹。新民主主义革命前后，修建的烈士陵园、纪念馆、陈列馆、纪念园、纪念亭、纪念塔、纪念碑等纪念设施等，这些都是重要的红色文化资源。据不完全统计，全市目前共有遗址旧居及纪念设施近500余个点，其中有4处53余个点列为全国重点文物保护单位，有33处列为省级文物保护单位，有40余处市级文物保护单位，有200余处县级文物保护单位，且还有为数众多尚待保护与开发的革命遗存。

---

[1] 胡锦涛在纪念中央革命根据地创建暨中华苏维埃共和国临时中央政府成立七十周年座谈会上的讲话，2001年10月，《巍巍丰碑》，北京：中央文献出版社，2003年版，第62~65页。
[2] 凌步机：《论苏区精神》，载于《中国井冈山干部学院学报》2006年第6期，第25~27页。
[3] 摘录自兴国县苏区干部好作风陈列馆"序言"。

第七章 区域文化资源

（3）红色歌谣。

"红军打来晴了天，红色歌谣万万千"。红色歌谣（包括民歌、小调、童谣），是根据地军民战斗生活的艺术结晶，是红色革命文化的珍品。在第二次国内革命战争年代，被解放的人民以真挚、火热的情怀投身到伟大的革命洪流中，他们以行动支持革命，他们以歌声宣传革命，赣南客家山歌焕发新的活力。"哎呀嘞——山歌来自兴国城，句句唱来感动人"，在当时中央苏区，兴国山歌是最为著名的。在革命战争中兴国山歌得到升华，被赋予新的生命和新的内容，兴国山歌从"苦情歌"发展为红色歌谣。红色歌谣扎根于客家文化土壤之上，又秉承革命主流意识的强烈愿望，很快就生根发芽，急遽成长壮大。革命的需要极大地促进了红色歌谣的发展，特别是在《古田会议决议》提出"各政治部负责征集并编制表现各种群众情绪的革命歌谣"，"要把革命故事，歌谣作为材料，开展宣传教育活动"。1933年，《红色中华》号召苏区军民"努力地把苏区工农群众的苏维埃生活的实际，为苏维埃政权英勇斗争的光荣历史事迹，以正确的政治观点与立场在文艺的形式中写出来"。当时出现了一大批像"苏区干部好作风"、"十送红军"、"分田歌"、"土地革命歌"、"当兵就要当红军"、"十劝我郎当红军"等红色经典，这些红色经典秉承革命主流文化，以群众喜闻乐见的艺术形式，融合了革命与地域文化，以崭新的内容宣传革命支持革命，曾产生了"一首山歌三个师"的惊人效应。1934年1月6日，《青年实话》发表评论文章，认为苏区歌谣"在格调上来说，是极其单纯的，然而它是大众所理解，为大众所传诵，它是广大民众所欣赏的艺术"。红色歌谣就像一部革命史册，记载着苏区军民的英雄业绩，至今仍广为传唱。

（4）红色戏剧歌舞。

在中央苏区，以瞿秋白、李伯钊等剧作家组织领导成立八一剧团、工农剧社、蓝衫剧团、中央苏维埃剧团以及轮训培养文艺人才文艺干部的高尔基戏剧学校等文艺团体，采用话剧、戏曲等十余种表演形式，创作演出了两百余部像《活捉张辉瓒》、《送郎当红军》、《为谁牺牲》等两百余部思想性、艺术性俱佳的经典剧目，以艺术的形式描绘了苏区的崭新风貌。在中央苏维埃剧团的带动下，各县都组建了工农剧社、蓝衫社、文明戏团，开展各种形式活动。苏区戏剧运动的广泛开展，促进戏剧创作的繁荣，推动了革命文化与地域文化的融合，使苏维埃戏剧运动走上了群众化、组织化、革命化道路。1931年，蓝衫剧团就借助"东河戏"的艺术形式创作演出了《活捉张辉瓒》，在舞台上首次出现毛泽东、朱德的光辉形象。1933年11月中华苏维埃共和国第一次全国代表大会期间，举行了万人灯会，节目精彩纷呈，期间，还表演了赣南民间灯彩《茶篮灯》

· 141 ·

和赣南采茶戏中双扇舞的基础上加工改编的《五星灯》、《扇舞》等。毛泽东提出，要"创造新的工农的苏维埃文化"，并指出"苏区中群众的革命的艺术，亦在开始创造中"。① 可见，苏区的戏剧歌舞等艺术形式伴随苏维埃革命的脚步，从无到有，从小到大，真实反映了苏区峥嵘岁月，尽管还不很成熟，不那么规范，但这株扎根在赣南红色土壤中的艺术之花，成为20世纪中国无产阶级革命戏剧、歌舞的发端，具有深远的意义和影响。

（5）报刊、标语、漫画。

报刊、标语、漫画是苏区开展新闻宣传与政治教育的有力武器。随着苏维埃运动的发展，中央苏区党和政府非常重视报刊出版发行工作。报纸和刊物也从无到有、从小到大，相应地得到发展。1934年1月毛泽东同志在第二次全国苏维埃代表大会的报告中说："中央苏区现在已有大小报纸34种，其中如《红色中华》从三千份增至四万份，《青年实话》发行二万八千份，《斗争》二万七千一百份，《红星》一万七千一百份"。据不完全统计，到红军长征出发前，在中央苏区发行的报刊，已达有100多种，其中，创刊于瑞金的就有《斗争》（中央党刊）、《红色中华》（中央政府机关报）、《红星报》（中革军委机关报）等30余种。据目前保存的史料及苏区报刊统计，中央革命根据地创办了160余种，目前已发现130余种，其中江西苏区各县创办的报刊98种，仅赣南有80余种。② 这为我们调查研究红色文化资源提供丰富资料，也为我们认识"山坳里的中国"打开了一扇门。

与报刊一样，苏区军民以漫画、标语为武器，与国民党进行了宣传战。古田会议后，根据会议"应该把全军绘画人才集中工作"、"出版石印或油印的画报"的指示精神，苏区宣传工作者开展了前所未有的宣传战，在报纸、刊物、墙报、传单、画报和墙壁上，以宣传画、漫画等形式创作了数以万计的美术作品和革命标语。它们成为苏维埃政府宣传革命、武装群众、打击敌人的锐利武器，在中国革命宣传史上写下了绚丽多彩的一页。但由于战争和岁月的流逝，在赣南各县只保存了部分宣传画、漫画和革命标语。目前，赣南各县市仍保存有600余条（幅）苏区时期的宣传画、漫画和标语。③

---

① 江西省、福建省文化厅革命文化史料征集委员会编：《中央苏区革命文化史料汇编》，江西人民出版社1994年版，第60~62页。

② 根据程沄主编的《江西苏区新闻史》（江西人民出版社，1994年版）一书"附录"和赣州市图书馆保存的1993年版《赣州地区文化志第三篇》统计而成。

③ 夏之明、邹征华：《红色印迹——赣南苏区标语漫画选》，北京：文物出版社2006年版，第32~35页。

第七章 区域文化资源

(6) 革命诗词。

老一辈革命家在赣南创作的军旅诗词是中国文艺百花园中的一朵奇葩。毛泽东、董必武、叶剑英、陈毅等老一辈无产阶级革命家，在赣南生活战斗6年之多，书写了为数众多的壮美诗篇。作为诗人的毛泽东，在中央苏区时期写的军旅诗词就有9首，在《菩萨蛮·大柏地》、《清平乐·会昌》中咏出了"装点此关山，今朝更好看"、"风景这边独好"的千古佳句。1934年10月开始，陈毅转战赣南，坚持游击战争，经历了革命斗争中最艰苦最困难的时期。作为诗人，他为我们留下了像《登大庾岭》、《油山埋伏》、《雪中野营闻警》、《赣南游击词》、《梅岭三章》等10多首等气壮山河的诗篇，生动地记录了艰苦卓绝的革命斗争历程，表现了共产党人崇高理想与顽强不屈的革命精神。这些诗篇既是历史记忆，又是那个时代的写照。

(7) 红色影视作品。

新中国成立以来，以赣南党史、军史题材为内容的文学艺术作品、影视剧作品层出不穷，不胜枚举。《红孩子》、《闪闪的红星》、《党的女儿》、《冬梅》、《翠冈红旗》、《独立大队》、《赣水苍茫》、《梅岭星火》、《宁都兵暴》、《封锁线上的交易》、《邓小平在会昌》、《心动岁月》、《特殊连队》、《长征》、《浴血坚持》、《那时花开》等一大批文学、电影视剧作品不断涌现。这些影视作品从不同的视角，再现了中央苏区时期的峥嵘岁月，讴歌了中国共产党人和革命群众不怕牺牲、勇于追求真理的革命精神，诠释和提升了新时期的人生观和价值观，成为叫得响、留得住、传得开的优秀精神文化产品，深受广大人民群众喜爱。这些红色影视作品是成长于赣南的现代红色文化。

这一处处革命遗存、一首首红色歌谣、一幕幕红色戏曲、一份份红色报刊、一幅幅标语漫画、一部部红色影视不只是赣南苏区革命历史的缩影和见证，更为重要的是它们承载了伟大的苏区精神，成为赣南人民构建社会主义核心价值体系的文化根基之一，是赣南建设社会主义和谐社会不可多得的政治资源、经济资源、文化资源。

(四) 民族文化资源

1. 民族文化资源的内涵。

民族文化资源是民族文化的"物化"过程。民族文化是每个民族在长期的生活和生产过程中不断提炼出来的劳动结晶。其既体现在有形的物质方面，而更多地则体现在无形的精神方面。只有当商品经济进入市场化发展阶段，且民族文化本身具备的条件充分的情况下，民族文化才可能转化为民族文化资源。

处于民族文化表层的物质文化，在文明演进过程中形成不同门类，如生产渔

区域文化经济论

猎交通工具类、民居宗教建筑类、服饰类、生活器皿类（金银器、铜器、木器、陶器、玉器、骨器、石器等）、宗教信物及丧葬用具类、工艺织物类、民间乐器类、饮食文化类等。

民族文化的深层是观念形态文化，包括民族文学与艺术、宗教信仰、价值取向、审美情趣思维方式、文化典籍、语言文字等。

各民族的民间文学、民间艺术，如民间戏剧、音乐、舞蹈、美术等的资源十分丰富。民歌、戏剧、传说、故事、舞蹈、绘画、工艺、建筑、雕塑、神话、音乐等，这些宝贵的文字承传、行为承传、物质承传、精神承传到处散见，构成民族文化特殊的个性。

2. 吐鲁番地区民族文化资源概述。

（1）吐鲁番地区概况。

吐鲁番，突厥语的意思是"富庶丰饶之地"，位于天山南部山间盆地，是内地连接新疆、中亚地区及南北疆的重要通道，总面积约7万平方公里。吐鲁番地区辖一市两县，即吐鲁番市、鄯善县和托克逊县。

吐鲁番盆地历史悠久，自古以来就是一个多民族共同生活的地区，是古丝绸之路上的政治、经济、贸易和文化重镇，古"丝绸之路"曾使这里繁华一时。史籍记载最早生活在这块土地上的土著民族是姑师（车师）人，后来，匈奴、汉、柔然、突厥、铁勒、吐蕃、回鹘、蒙古、回、哈萨克等民族都曾出现在吐鲁番这块舞台上，为发展吐鲁番的经济和文化做出了贡献。维吾尔族自高昌回鹘汗国以来，成为本地的主体民族。

吐鲁番是我国保存丝路遗址最丰富的地区，遗存的古城、石窟寺、烽燧、墓葬、岩画等达200余处，其中对外开放的国家级重点文物保护单位5处。吐鲁番是我国最低、最热、最干的地方，是极干旱地区独特自然生态环境与绿洲文明的典型代表，这里有艾丁湖、葡萄沟、火焰山、坎儿井、库姆塔格沙漠等众多独有的景观，这里还是著名的瓜果之乡与歌舞之乡。多个民族、多种文化、多种宗教充分融合的特点在当地现存的历史文化遗迹和民风民俗中反映出来，异彩纷呈。

维吾尔族人口在吐鲁番各民族中的比例占有绝对的优势，是吐鲁番的主体民族。"吐鲁番现共有58万余人，少数民族有近45万，其中维吾尔族有41万余人，占总人口的70.2%，占少数民族人口的91.3%"[①]。吐鲁番维吾尔族民族文化具有很强的历史厚重性、地域独特性、丰富多样性。吐鲁番也是维吾尔文化的

---

① 新疆维吾尔自治区对外文化交流协会主编：《维吾尔族民俗文化》，乌鲁木齐：新疆美术摄影出版社、新疆电子音像出版社2006年版，第50~52页。

第七章 区域文化资源

两大中心之一,当地维吾尔族的民居、服饰、音乐、舞蹈、宗教和生活习俗等都独具魅力。

(2) 吐鲁番地区民族物质文化。

民族物质文化是指劳动工具和人们为了满足生活需要而创造出来的一切财富。一般把物质文化分成劳动工具、住所、饮食、服饰及交通工具等。吐鲁番地区维吾尔族衣食住行方面的生活文化丰富多彩,具有很浓郁的民族风情。

①服饰:维吾尔族服饰历史悠久、色彩鲜明、纹饰多样、图案古朴、工艺精湛,体现了一个地区、一种文化的历史沉淀。维吾尔族传统男装,以"袷袢"式服式为主要款式。长外衣过膝、对襟、长袖过手指、无领、无纽扣,一拢腰巾束系,既紧身连体,又舒畅保暖。年长者以黑色、深褐色等布料裁制,显得古朴大方。青年男装夏季为白色布料缝制的合领式衣,其领口、前胸、袖口结装饰花边,腰部束花腰巾,显得朝气勃勃。维吾尔族妇女无论老少都喜欢穿色彩绚丽、图案别致的艾德里斯绸制作的宽袖连衣裙,上身外罩黑色金丝绒对襟绣花小坎肩,佩戴各种金、银、珠宝首饰,用"奥斯曼"和"海纳"植物汁黛眉和染指甲,用托特库拉克花作胭脂,用沙枣树油(维吾尔语"依里穆")作头油。维吾尔族男女老幼皆有戴帽冠的习俗,帽冠上的图案纹样装饰美观多彩。节日和喜庆集会时,小孩和青年男女通常戴色彩鲜艳的花帽。中年以上的男子多戴淡雅素净的花帽。花帽是维吾尔族日常生活中的必备品,花帽的制作精美奇特,又把它作为馈赠亲友的贵重的礼品。姑娘把它当做定情物。吐鲁番花帽与新疆其他地区的花帽形状、花纹、色彩有所不同,其主要特点是花大底空小,颜色火红鲜艳,镶黑条绒布边。用珍珠串成图案的"玛勒江伯克"花帽,满花铺底,充实饱满,像一顶彩色的花冠,给人活泼跳跃、富丽堂皇的感觉,受到文化艺术界女士们的青睐。这在其他地区是十分罕见的。宗教人士则喜欢戴帽檐用羊皮做成的赛勒布西吐玛克,知识分子则喜欢戴做工考究的礼帽。②饮食:吐鲁番地区饮食花样繁多,最著名的风味食品有:烤全羊、烤羊肉串、抓饭、烤馕、拉条子、豆豆饭和手抓肉等。由于吐鲁番气候独特,其羊肉膻味很小,肉质鲜美,使吐鲁番的饮食更具风味。大碗喝酒、大口吃肉是豪爽、率直的吐鲁番人的习惯,也是他们的待客之道。维吾尔其他食品还有烤包子、油煎包子、羊杂碎、肉汤等。③住所:吐鲁番位于新疆东部、火焰山脚下。由于地理位置特殊,持续日晒造成的高温难以散发,每年5~8月气温高于45℃,降雨量极少。而后冷空气流经常使吐鲁番刮起八级以上的大风,飞沙走石,属于典型的沙漠热干型气候。独有的自然气候条件,使得当地维吾尔人的民居颇具特色。长期以来,生活在当地的居民修筑坎儿井引水灌溉,创造了片片绿洲,并利用火焰山周围高强度微红色的黏土资源创建

区域文化经济论

了土拱、土墙的半地下两层居住建筑格局，有效地涤荡了烈日高温的侵袭，同时形成了中国西部地区新疆特有的生土建筑文化。当地人的旧式住房，都是土木结构，生土筑墙或土坯砌墙，用草泥涂抹屋顶。许多百年泥土房屋能保存至今，皆因吐鲁番盆地少雨所致。庭院里都挖筑地下室，或建成地下地上两层住房，以供储藏瓜果、物品和在夏季避暑，这是古已有之的传统建筑设施。④交通：1949年以前，吐鲁番维吾尔族交通工具是马、牛、骆驼、驴和各种木轮大车，历史上称维吾尔先民"高车"就是因他们使用特别高大的车轮而命名。20世纪60年代后，胶轮木车开始在吐鲁番维吾尔族中普及，成为广大农民群众主要的运输工具，当地人戏称这是农民的"驴吉普"。目前，乡乡通汽车，大部分村庄通了汽车，交通非常便利，几乎家家都拥有摩托车或拖拉机。但民间畜力交通因其具有方便灵活、适应性强、绿色环保等特点，仍然发挥着不容忽视的运输作用。吐鲁番地区有一种独特的交通工具，即"毛驴公共车"，也称"驴的"。近些年在吐鲁番旅游市场中发挥着重要作用。这种公共车的装饰具有很强的地方特色，民族风情浓郁。小毛驴的笼头，带有人造的小红花，脖子上系着铜制铃铛，驴后的车身是3平方米多的胶轮平板车，平板四角竖有木杆。木杆上撑着五颜六色的篷布、地毯。驾驭这种车的"驾驶员"既有银须拂胸的维吾尔族老人，也有十几岁的"巴郎子"。这种公共车载客量一般为6~8人，游客来吐鲁番不坐一坐这种"的士"兜风简直是一件憾事。

（3）吐鲁番地区民族社会生活文化。

民族社会生活文化同民族物质文化、民族精神文化一样，是民族文化中的重要组成部分，在社会生活中反映着一个民族的内涵以及对生活的热爱之情。主要包括婚姻家庭、人生礼仪以及节日文化等，这里着重介绍民族节日文化。

民族节日文化包括年节以及各民族特有的宗教、农事、纪念、庆典等节日。节日是一个民族传统文化最重要的载体，集中地展现出传统文化的方方面面，因而是一种综合性的文化。

吐鲁番地区的民族节庆主要有肉孜节和古尔邦节。由于信仰伊斯兰教的少数民族在吐鲁番占大多数，这两大节日也就成为吐鲁番地区的主要节日。伊斯兰教使用的教事历法跟四季的轮回总相差10来天，由于肉孜节和古尔邦节都是宗教节日，所以他们的日期会与公历之间产生差异，使这些节日有时候在冬天，有时候却又在夏天。季节不同，节庆的色彩也不同，这就使得节日也异常的多彩。

①肉孜节意译为"开斋节"。按伊斯兰教教规，节前一个月开始封斋。即在日出和日落前不准饮食，期满30天开斋，恢复白天吃喝的习惯。肉孜节在斋月结束后的第二天，古尔邦节前70天。节前，各家习惯炸馓子、油香，烤制各种

第七章 区域文化资源

点心，准备节日食品。节日期间人人都穿新衣，戴新帽，相互拜节祝贺。各清真寺都打鼓、吹奏唢呐欢庆，召唤维吾尔族男人们到各自所在地的清真寺内会礼，向真主祈祷。会礼散后，先上坟，然后各家请阿訇到家诵经。②古尔邦节在伊斯兰教历的十二月十日，意为"宰牲节"。吐鲁番很多维吾尔族群众在过节前一般都要把头发剃光，这是表示对安拉的虔诚。还有一种说法是节前剃发是对天表示尊敬。古尔邦节期间大家都要相互串门贺节。亲朋好友相聚，视歌舞为饭食的维吾尔民族人民，就会弹起琴、唱起歌、跳起舞，到处是一派欢乐的景象。所有的成年男子都要到当地的清真寺参加聚礼，场面蔚为壮观。大聚礼过后，各家各户都要到墓地去祈祷，怀念祝福死去的亲人。吐鲁番地区的维吾尔族孩子受到汉族孩子的影响，古尔邦节也会在街头放鞭炮，把新的内容融入到民族传统节日中。③中国丝绸之路吐鲁番葡萄节，是为纪念丝绸之路开通2100年而举办的，是新疆唯一由国务院确定的40个重要节庆活动之一。从1990年开办第一届起，吐鲁番已经成功举办了十四届葡萄节。吐鲁番葡萄节是展示西域历史文化、民族风情以及干旱地区独特自然景观和生态环境最具综合性、代表性的节日。每一届葡萄节无不是在民族歌舞中拉开序幕，在麦西莱甫大型舞会中达到高潮。在整个节日期间，到处洋溢着维吾尔族民族文化气息。在第十四届葡萄节上还专门确定了民族民俗文化月活动。现在，吐鲁番人已经把葡萄节作为一个新的节日来看待。

（4）吐鲁番地区民族精神文化。

精神文化同物质文化一样，是民族文化的一个重要方面，作为观念形态的精神文化是客观世界的反映。一个民族精神文化的形式和内容决定于一个民族的社会、经济和生活方式。同时，民族的精神文化又反过来对民族的社会、经济发展施以影响和作用。

①信仰崇尚与禁忌：在吐鲁番农村最具特色的建筑是清真寺。清真寺在阿拉伯语中称"麦斯志德"，意思是"礼拜的场所"。这一称呼在唐代特别流行，到了宋代改称为"礼拜堂"，元代称为"礼拜寺"。清真寺是从明代中叶开始的称谓。另外，维吾尔族是一个热情好客、崇尚礼仪的民族，在与人交往中非常注重礼貌。熟人、亲朋见面时，男性要用右手抚胸微微躬身，互道"萨拉姆"，或握手问候；妇女问候完毕，双手扶膝，躬身道别。妇女还有相互亲吻（贴脸）和长辈吻晚辈的礼节。②民间文学艺术：民间传承文化包括民间文学、音乐、舞蹈、竞技、游艺、民族工艺和民间美术等。吐鲁番民间文学代表人物有凯苏里（1717～1827），吐鲁番人，其传世之作《明星的乐园》；祖赫尔丁（出身于吐鲁番王族），现存其作品为《祖赫尔丁诗集》；尼亚孜（原供职于鲁克沁吐鲁番王府），其作品为《尼亚孜诗集》；另一位是幽默大师毛拉则丁（1815～1881），吐

鲁番鲁克沁人，本名则丁，毛拉是人们对他的尊称。他是一位幽默大师，是集中维吾尔族人民聪明才智的阿凡提式人物，在吐鲁番家喻户晓，妇孺皆知。他创作了大量的故事表达人民的心声并深受人们的喜爱。后人为他出版了各种文字版本的《毛拉则丁故事集》和《毛拉则丁笑话选》，流传于世。维吾尔族人会走路就会跳舞，会说话就会唱歌，音乐和舞蹈是其生活中不可或缺的部分。维吾尔舞蹈和音乐都具有很高的知名度，尤其是十二木卡姆、麦西来甫、那孜库姆等。吐鲁番地区竞技游艺主要是摔跤、斗鸡和达瓦孜表演等。吐鲁番地区传统民间工艺主要有：维吾尔族手工树条编织、维吾尔族花帽技艺、维吾尔族桑皮纸技艺、维吾尔族花毡技艺、维吾尔族土陶技艺、维吾尔族印花布技艺等。

三、中国文化资源产业化开发

（一）文化资源产业化开发的内涵

文化资源产业化开发的内涵是将文化资源作为一种经济发展要素，与其他经济发展要素充分结合的经济活动，进而催生文化传媒产业、文化创意、文娱产业、网络产业等新的文化经济现象和产业形态。产业化既是从资源到产业的动态化的形成"过程"，又是资源转化为产业运行的"结果"。因此，文化资源产业化作为过程，首先要以文化资源为基本经济发展要素，通过挖掘、整合、创新等途径形成文化产品，然后进入市场，成为文化商品，参与到文化商品的生产、流通、交换、分配等基本环节中，在市场基本规律的作用下，遵循市场经济规律和文化产业标准，进而形成现代文化生产和运行方式；另外，作为文化资源产业化运行的结果是指文化生产规模化，以文化产业和文化产业群的兴起和成为标志。

（二）文化资源产业化开发的特征

1. 文化资源是否具备可"产业化"的条件。

并不是所有的文化资源都能够开发形成产品的，在这个过程里，首先是要甄别哪些文化资源是可以进行产业化开发的，哪些是必须进行保护的。注意划分文化资源的可开发性与不可开发性，并不是所有的文化资源都可以进行产业化开发的。现有的文化资源可以分为4个层次：完全属于文化事业范围的文化资源；介于文化事业和文化产业之间的文化资源；不属于文化事业，但文化产业特色不强，市场潜力较小的文化资源；文化产业特色强，市场潜力大的文化资源。其中，第一种文化资源不允许进行产业化经营，第三种文化资源不具备产业化经营的条件，第二种文化资源要在保护的基础上进行适度产业化经营，第四种文化资

第七章 区域文化资源

源要作为产业化运作的重心。因此,只有第二、第四种文化资源才可以选择文化资源产业化开发的路径。

2. 文化资源产业化开发的"产业化"标准。

文化资源的产业化,是指文化生产具有相当规模,文化产品真正遵循价值规律,是真正以市场为导向,才可以认为文化资源已经"产业化"了。

3. 文化资源产业化开发的"阶段"。

文化资源产业化开发通常可分为初级阶段和高级阶段。在初级阶段,文化资源因素对经济发展的作用和影响是间接的,其产业化开发主要表现为文化产品的简单复制或资源的初级开发;在高级阶段,市场机制和产业化手段以更高的程度介入到文化资源产业化的过程和状态之中,文化资源直接作为经济发展的基本要素,通过产业化运作成为文化资本,进而形成各类文化经济实体和文化企业,在更大范围和更高层次上实现文化资源的优化配置和生产要素的重新组合,文化生产才能形成一定的规模。

由此可见,文化资源产业化开发的基本环节包括:文化资源(基础)→文化产品(关键环节)→文化产业(结果:文化生产规模化)。要成功实现文化资源产业化开发,如何将文化资源转化为文化产品是至关重要的。在这个转化过程中要充分发挥市场的作用,以市场为导向,对文化资源进行优化配置,开发出符合市场需求、适销对路的文化产品,才能真正实现文化资源的产业化开发。

第三节 国内区域文化资源

一、区域文化资源

(一)区域文化资源的概念

我国幅员辽阔,不同地区存在着风格迥异的自然环境和资源禀赋,地形地貌千差万别,社会生活各式各样。经过悠久的历史风雨洗礼,各地区的人文地理各有特色,异彩纷呈,造就了姿态万千的区域文化,如中原文化、齐鲁文化、湘楚文化、三晋文化、吴越文化等,都有自己独特的风格所在。区域文化资源的概念可以在区域文化的地理范围及内在层次作概念上的界定。

1. 区域:与行政区划相关联的文化载体。

"区域"一词发端于地理学,它由两个要素构成,分别为地方和地域。"地

区域文化经济论

方"侧重于自然概念,是指因为自然的地理性质作用而形成的区域划分,地域则是由于人的有意识的调控而形成的区域划分。此概念后来逐渐被其他学科所借用,并根据学科自身特性进行了新的阐释。社会学将区域定义为"具有同质的地理环境与社会文化特征的一个较大地区"[①];从经济学角度看,"区域是人类经济活动及其必需的生产要素存在和运动所依赖的载体—地域空间"。[②] 文化学认为"区域本身具有同质性,并以同样标准而与相邻诸地区或诸区域相区别,是有内聚力的地区。"[③] 虽然不同的学科对区域概念的表述不同,但它们都强调因为地理层面上的一致性,"区域"的空间意义与社会文化经济紧密相连,不可分割。

用文化来关照区域,我们发现由于文化自身的模糊性,"区域"概念难以明确界定,特别是在区域文化之间的交汇地带。本书借鉴当代历史地理学者周振鹤的观点。他认为行政区划对中国的地域文化规范产生了重要影响。与欧美国家不同,中国历代行政区划都受制于历史传统与自然环境,历史传统中既包含历史自然环境变迁的因素,也有历史文化区域因素的影响。中国历史上自然区域、行政区划以及文化区域三方之间有密切不可分的关系。[④] 著名文化学者李勤德也认为:"生存的地域和文化的区域,不是人为地强行划分,而是在历史上客观存在的文化实体现象。"[⑤] 行政区划意义上的区域往往与文化学层面的区域存在重合。另外,我们可以认为,区域文化的物理范围以行政区划为基本,同时兼顾周边相关联的文化地区。

2. 文化:可转换为资源的复杂总体。

与区域概念相比,文化的内涵更加丰富多样。第一章已经对文化的定义解释得很详细,《文化学辞典》将"文化"的定义分为广义和狭义两种解释。广义的文化又称"大文化",它涵盖的范围非常广泛,包括表层的物态文化、中层的制度文化、深层的观念文化。它是人类物质生活和精神生活及其产物的总和。一句话可以概括为"文化是错综复杂的总体。"狭义的文化侧重于精神生产,认为它的核心内容是精神产品和社会意识形态,是观念的反映。综合各方观点,认为文化偏向于宽泛的概念指向,是包含物态表征和精神理念的能够转换为资源的复杂

[①] 高放等主编:《社会科学学科大全》,北京理工大学出版社1996年版,第256页。
[②] 张敦富等:《知识经济与区域经济》,中国轻工业出版社2000年版,第53页。
[③] 覃光广等主编:《文化学辞典》,中央民族学院出版社1988年版,第50页。
[④] 周振鹤:《中国历史上自然区域、行政区划与文化区域相互关系管窥》,《历史地理》第十九辑,上海人民出版社2003年版,第1页。
[⑤] 李勤德:《中国区域文化》,山西高校联合出版社1995年版,第13页。

第七章 区域文化资源

总体。它既可以是表层的地缘文化、环境资源，亦指向深层次的文化理论、集体心理。

3. 区域文化资源：拥有某种特质的空间文化分布。

文化是人在认识并改造自然环境的过程中创造的产物，它与产生这种文化形态的自然生态密切关联。区域文化，既离不开自然环境条件，又直接受人文习俗、社会风气、意识形态的影响，是在综合条件下形成的一种特殊气质。这是"文化的空间分类，是类型文化在空间地域中的凝聚和固定，是研究文化原生形态和发展过程的，以空间地域为前提的文化分布。"①

区域文化并不抽象，它凝结在人们生活中的方方面面，从人类生产到政治形态，从语言风俗到社会价值观，无不体现着特色鲜明的文化地域性。本书认为，区域文化资源是以行政区划为基本地理范围的文化形态，与其他地区相比，在本区域内具有明显优势的资源要素，它或者发端并繁盛于此，或者本区域的人文土壤为其提供了良好的生长环境。它既包含深层次的集体心理、文化理念、生活价值观，也包括直观的物质资源，如区位地理、自然环境等。

没有一种文化是能够脱离大的文化传统和文化背景孤立存在的，一种文化形态的发展是离不开文化的传承性的，正是因为这样的文化传承，从而产生了富有地域特点的民俗文化，自然而然就会出现风格鲜明的区域文化资源。区域文化资源最大的特点就是其文化存在的本省所具有的历史传承性以及未来发展趋向，随之出现了不同的区域文化资源特性。

（二）区域文化资源的特点

华夏区域文化的发展经历了不同的发展道路，区域文化的发展特点鲜明，既有相容性又各自具有特殊性。区域文化的格局形成始于春秋战国时期，从东部的汉族区域内部起源发展，直到隋唐时期以前，共同性逐渐浓厚，差异性渐渐减弱。隋唐以后，随着历史车轮的前进，少数民族文化在区域文化的发展中扮演着越来越重要的作用，从起初的与汉文化的摩擦、冲突甚至是对立中，逐渐变成了汉文化圈内的组成部分，走上共同性渐增，差异性渐减的道路。

根据可考历史，早在久远的新石器时代，中国区域文化的发展就可以大致划分为四大文化区域，它们分别是——黄河流域文化区、长江流域文化区、珠江流域文化区和环抱燕山以长城一带为重心的北方文化区。新石器时代四大文化区域的形成，逐步奠定了后来农耕文化区域和游牧文化区域的基础，为区域文化资源

---

① 李勤德：《中国区域文化》，山西高校联合出版社1995年版，第11页。

的丰富和发展创造了先决条件。区域文化资源主要有以下三个特点：

1. 独特性。

独特性是指区域文化具有其他地区所不具有的特质，这种特质无法被模仿或复制。"一方水土养育一方人"，区域文化是根植于区域环境之中的。区域文化资源，因不同区域各异的人文环境、经济水平等原因交织而成，故在不同的区域，文化具有不同的特性。它指的是"一个地方所具有的富于个性化的特点和人文风格，延伸开来，实际上就是受当地人文习俗、历史地理等环境条件的影响而形成的一种特殊的气质。"

2. 价值性。

价值性是指区域文化具有媒体传播的意义，能够成就媒体的发展。这种价值性主要体现在它是一种内容资源，无论是具体的物质形态，还是艺术表达，它都有利于媒体传播的有效进行。如云南属于亚热带季风气候，动植物资源异常丰富。独特的人文地理风貌，可以为媒体提供充足的自然素材。

3. 延展性。

区域文化并非固守疆土或一成不变的，它具备一定的开放与延伸能力，又可称为"持久性"或"衍生性"。它不仅对本区域观众有吸引，同时经过技术包装和整合，也能引起区域外观众的收视关注。区域文化是在区域内产生并不断发展的，从表面上看，它具有空间上的不兼容。但有些区域文化拥有人类的共通性，如湘楚地区的狂欢精神，既是属于湖南的，也是人类所共同追求的。只是这种狂欢精神因各种因素的影响，较突出地体现在湘楚地区而已。还有一些区域文化因政治、经济等原因，能对其他地区的文化产生召唤。如上海作为全国金融中心，它是全国时尚的典范之地，其时尚的海派文化吸引着其他地区的广泛关注，同时又能影响其他文化区域。

二、国内区域文化资源产业开发现状

（一）传统文化资源开发现状

我国的传统文化资源禀赋丰厚，遍布大江南北，虽然其内在的意义早已不再具有，但仍有很多文化资源仅凭形式就足以吸引海内外众多群体的关注。然而伴随着我国现代化建设的日渐深入、科学技术的日益昌盛、人民群众生活的日益富足、古老陈旧的形式也变得乏善可陈时，它们必然面临着在现代如何转换、如何再度引领风骚的问题。近几年，河南嵩山少林寺在其方丈释永信的领导下，书写了浴火重生的神话。

第七章 区域文化资源

少林寺，位于河南省登封市西北 13 公里的中岳嵩山南麓，有"禅宗祖廷，天下第一名刹"之誉，是中国汉传佛教禅宗祖庭，始建于 495 年（北魏太和十九年）。少林寺建寺以来，经历了数废数兴的曲折历史，无数的历史名人曾在这里驻足停留，铸就传奇。而使少林寺更加威名远播的是少林功夫。少林功夫是汉族武术中体系最庞大的门派，武功套路高达七百种以上，又因以禅入武，习武修禅，又有"武术禅"之称。到了现代，更因金庸、梁羽生等武侠作家，乃至影视作品将少林功夫推到无以复加的地步。站在这个拥有广大受众群的基础之上，释永信自 1999 年接任方丈后，就顺应潮流，大胆变革，10 多年来，少林寺开药局、拍电影、举办音乐大典、全球海选功夫之星、天价卖武功秘籍，还把中国互联网新闻宣传高峰论坛搬进藏经阁，又与佛教在线联手，办了两届"机锋辩禅"。

蓬勃发展中，少林寺已无意间构筑了一个庞杂的"少林模式"。少林寺将寺庙的文化资源与运营平台分离，前者向后者投入无形资产，后者聘请专业人士打理，然后反哺寺院，这就是"少林模式"。它借助媒体，整合品牌，重视创意，吸引人才，逐步形成了一条集"禅、武、医、艺"为一体的文化产业链。

少林寺本着与其被市场化所吞食，不如积极地迎接市场化的挑战的精神，不断求新、求变，主动融入社会，引入现代管理与经营理念，使传统的形象转化现代的品牌，为传统文化资源的产业化开发走出一条可行之路。

（二）民俗文化资源开发现状

民俗文化，是指民间民众的风俗生活文化的统称，也泛指一个国家、民族、地区中集居的民众所创造、共享、传承的风俗生活习惯，是在普通人民群众的生产生活过程中所形成的一系列物质的、精神的文化现象。它包括生产劳动民俗、日常生活民俗、社会组织民俗、岁时节日民俗、人生礼仪、游艺民俗、民间观念、民间文学等。我国的民俗文化资源异常丰富，各个地方政府都十分重视当地民俗资源的有效开发，如陕西安塞、甘肃庆阳、河北武强均为各自的民俗推广开发做出了有益的探索。而 21 世纪风行祖国大陆的无疑要数赵本山和他的小品、影视剧、二人转为底色的东北民俗了。在商品时代，人们在高节奏运转中寻求放松，越来越强调时尚、个性化，越强调这些就越寻求开心。二人转这种民间娱乐形式恰好迎合了当前的人们需要，随后具有明显东北地域特征的二人转像滚雪球一样在全国蔓延和诸多以东北人生活为背景的电视剧在全国热播，不得不说更多地依赖一些文艺作品或艺人的影响力，而谁也不能忽视赵本山的作用。

自从赵本山的小品登陆央视,并成为每年春晚雷打不动的"招牌菜",赵本山的名字便从东北发轫,响彻全国。21世纪初,赵本山又以东北农民为原型的电视剧《刘老根》火遍神州,赵本山也开始了从喜剧演员到文化商人的转型。2005年,辽宁民间艺术团升格为本山传媒,2010年初,他的企业被文化部授予除事业单位以外的"中国文化经济实体30强"。本山传媒的下属单位有辽宁民间艺术团、本山影视、瑞东文化发展有限公司、辽宁大学本山艺术学院。辽宁民间艺术团创立时有28人,是本山传媒的前身,它的主要任务是在沈阳、哈尔滨、天津、长春各剧场演出二人转。赵本山的生意,从头到尾都由他自己掌控,那就是从演员培养到最后的产品(影视剧和演出场所)形成一条龙。例如,《刘老根》里的龙泉山庄,赵本山为自己和徒弟们经营了一个独立王国,没有平均分配,但它和一般的民营企业不一样。

总之,赵本山和他的团队,凭借创意和集团运营为民俗文化资源开发找到新的突破口,成为无法复制的"本山传媒模式",赵本山本人也被朋友、手下乃至媒体形容为"中国最聪明的农民"。但是民俗文化资源的开发整体却不容乐观,并不是一个赵本山就可以解决所有的问题,其他民俗文化资源的开发仍然需要我们探索可行的途径。

(三) 红色文化资源开发现状

红色文化是在如火如荼的革命战争年代,由中国共产党人、先进分子和人民群众共同创造并极具中国特色的先进文化。其留下的资源是中国共产党在领导各族人民进行革命斗争和现代化建设实践中所形成的伟大精神及其物质载体,是进行革命传统教育、爱国主义教育的优秀文化资源。开发红色文化资源,既可以进行革命传统教育和爱国主义教育,倡导社会主义核心价值观,传播社会主义先进文化,又可以凭借"红色资源"的优势赋予相关产业以独特的文化内涵,培育红色文化品牌,利用品牌影响实现经济收益,最终形成"红色资源"与地方经济社会发展的良性循环。

红色文化资源是我国特殊的一种资源,对它的开发,近年来在国家大力推动下和地方的自觉追求下,已经形成初步思路。自2004年起,国家旅游局就启动了以建设10个"红色旅游名城"、100个"红色旅游经典景区"为主体的"红色旅游"工程。延安、井冈山、西柏坡等革命老区均努力把握这一机遇,希冀实现宣传和经济的"双丰收"。

第八章

区域文化产业整合

2011年,我国文化及相关产业法人单位增加值为13479亿元,占当年国内生产总值(GDP)的比重达2.85%,比2010年增长21.96%,高于同期现价GDP年均增长速度4个百分点,文化服务提供单位的增加值占文化产业法人单位增加值的55.9%,比上年提高2.2个百分点。十八大报告中提出,扎实推进社会主义文化强国建设,要将文化产业发展成为国民经济支柱型产业,要发展新型文化业态,提高文化产业规模化、集约化、专业化水平。可见我国对于发展文化产业非常重视,文化产业已经提升为国家战略。

第一节
文化产业多样性

一、文化产业的定义

(一)文化产业概念的提出及发展

"文化产业"一词最早出现于法兰克福学派的霍克海默(Max Horkerheimer)和阿多诺(Theodor Adordo)于1947年出版的《启蒙辩证法》一书中,他们用"文化工业"(Culture Industry)来指传统的或前工业化的产品,如书籍和报纸,也指工业化的大众文化产品,如收音机和电影。《启蒙辩证法》中单列一章"文化工业:作为大众欺骗的启蒙"[1],对文化工业进行了描述和剖析,批判了大工业生产方式将文化彻底商业化。同属法兰克福学派的本雅明(Walter Benjamin)

---

[1] [德]霍克海默、阿多诺著:《启蒙辩证法》(中译本),上海人民出版社2003年版,第134~187页。

区域文化经济论

在其 1935 年发表的《机械复制时代的艺术作品》一文中第一次讨论了大工业生产方式和技术复制手段所产生的艺术与审美文化领域质的革命，他认为"技术性复制可以使复制品达到原创作品无法达到的水平"①。这就是 20 世纪上半期的"大众文化"论争。"在法兰克福学派那里，'文化工业'一般指的是凭借现代科学技术手段大规模地复制、传播文化产品的娱乐工业体系。"②

胡惠林在其《文化产业概论》一书中指出，"随着历史的推进，尤其是高科技的发展，'文化产业'这一词语最初产生的语境已被新的语境所置换，它也渐渐发展成为一种中性概念——也就是我们今天所普遍使用的'文化产业'。"③

联合国教科文组织对文化产业的定义："文化产业就是按照工业标准，生产、再生产、储存以及分配文化产品和服务的一系列活动。"这一定义只包括可以由工业化生产并符合四个特征（即系列化、标准化、生产过程分工精细化和消费的大众化）的产品（如书籍报刊等印刷品和电子出版物有声制品、视听制品等）及其相关服务，而不包括舞台演出和造型艺术的生产与服务。

事实上，世界各国对文化产业的定义和名称并没有一个统一的说法。这些概念和界定更多地体现世界各国各自战略思考和政策导向。在美国、加拿大、澳大利亚、俄罗斯、乌克兰、荷兰、匈牙利、新加坡等国家，从文化产品具有知识产权的角度，称其为"版权产业"；在德国、西班牙等国家使用"文化产业"的称谓；英国、新西兰从文化产业的创造力出发，称其为"创意产业"；日本、韩国、芬兰等国家，更强调内容的精神属性，称其为"内容产业"，认为凡是与文化相关联的产业都属于文化产业，除传统的演出、展览、新闻出版外，还包括休闲娱乐、广播影视、体育、旅游等。

（二）我国政府对文化产业的定义

我国长期实行文化事业体制，把公益性文化事业和经营性文化产业相混淆，政府统包统揽。2000 年 10 月，在党的十五届五中全会通过的《中共中央关于制定国民经济和社会发展的第十个五年计划的建议》中，第一次在中央正式文件中使用"文化产业"的概念。2002 年 11 月召开的十六大第一次把"文化事业"和"文化产业"作为两个概念提出，并指出"发展文化产业是市场经济条件下繁荣社会主义文化、满足人民群众精神文化需求的重要途径。完善文化产业政

---

① [英]约翰·斯道雷著：《文化理论与通俗文化导论（第二版）》（中译本），南京大学出版社 2001 年版，第 154 页。
② 胡惠林主编：《文化产业概论》，云南大学出版社 2005 年版，第 8 页。
③ 胡惠林主编：《文化产业概论》，云南大学出版社 2005 年版，第 10 页。

第八章　区域文化产业整合

策,支持文化产业发展,增强我国文化产业的整体实力和竞争力。"2003年9月中国文化部制定下发的《关于支持和促进文化产业发展的若干意见》,将文化产业界定为:"从事文化产品生产和提供文化服务的经营性行业。文化产业是与文化事业相对应的概念,两者都是社会主义文化建设的重要组成部分。文化产业是社会生产力发展的必然产物,是随着中国社会主义市场经济的逐步完善和现代生产方式的不断进步而发展起来的新兴产业。"

2004年3月29日,国家统计局在与有关部门共同研究后,首次制定了《文化及相关产业分类》,以规范文化及相关产业的口径、范围,将文化及相关产业定义为:为社会公众提供文化、娱乐产品和服务的活动,以及与这些活动有关联的活动的集合。根据《文化产业分类》还可组合出文化产业核心层、外围层和相关文化产业层。其中核心层包括:新闻服务;出版发行和版权服务;广播、电视、电影服务;文化艺术服务。文化产业外围层包括:网络文化服务;文化休闲娱乐服务;其他文化服务。相关文化产业层包括:文化用品、设备及相关文化产品的生产;文化用品、设备及相关文化产品的销售。

国家统计局《文化及相关产业分类2012》中对"文化及相关产业"进一步定义为:为社会公众提供文化产品和文化相关产品的生产活动的集合。文化及相关产业的范围包括四类:第一类是以文化为核心内容,为直接满足人们的精神需要而进行的创作、制造、传播、展示等文化产品(包括货物和服务)的生产活动;第二类是为实现文化产品生产所必需的辅助生产活动;第三类是作为文化产品实物载体或制作(使用、传播、展示)工具的文化用品的生产活动(包括制造和销售);第四类是为实现文化产品生产所需专用设备的生产活动(包括制造和销售)。其中文化产品的生产活动构成文化及相关产业的主体,其他三个方面是文化及相关产业的补充。

与《文化及相关产业的分类2004》相比,《文化及相关产业分类2012》对原有的类别结构和具体内容作了调整,增加了文化创意、文化新业态、软件设计服务、具有文化内涵的特色产品的生产等内容和部分行业小类,删除旅行社、休闲健身娱乐活动、教学用模型及教具制造、其他文教办公用品制造、其他文化办公用机械制造和彩票活动等。另外,由于目前我国文化体制改革已取得新突破,文化业态不断融合,文化新业态不断涌现,许多文化生产活动很难区分是核心层还是外围层,因此不再保留三个层次的划分。新分类用文化产品的生产活动、文化产品生产的辅助生产活动、文化用品的生产活动和文化专用设备的生产活动等四个方面来替代核心层、外围层和相关层三个层次。

(三) 国内外学者对文化产业的定义

国内外学者从自己研究角度出发，从不同角度界定了文化产业，指出了文化产业的不同层次和侧面。

美国学者艾伦·斯科特（Allen J. Scott, 2004）认为，文化产业是指基于娱乐、教育和信息等目的的服务产出和基于消费者特殊嗜好、自我肯定和社会展示等目的的人造产品的集合。①

英国学者贾斯廷·奥康纳（Justin O'Connor）认为，文化产业就是"以经营符号性商品为主的那些活动，这些商品的基本经济价值源于它们的文化价值"。②

国内学者胡惠林将文化产业定义为"生产和经营文化产品，提供文化服务的企业行为和活动。"③ 孙安民从经济学视域对文化产业进行界定，"文化产业是指生产文化产品或提供文化服务以满足社会精神文化需要的行业门类的总称。"

顾江认为"文化产业是生产、提供同类或具有密切替代关系的文化产品、服务的企业的集合"，并从文化产业应该具有的含义上进行解释"文化产业应该以利润为追求目标"，"以满足市场的精神需求为主要功能"，"从产业内部机构来看，文化产业可以分为内容产业和媒介产业两个互为补充、互相交叉的产业门类"。④

(四) 文化产业、创意产业与文化创意产业

除"文化产业"这一概念外，"创意产业"、"文化创意产业"也频繁出现于我国各种媒体中，最为典型代表的是国家统计局颁布了新修订的《文化及相关产业分类（2012）》标准，北京市和上海市分别发布了《北京市文化创意产业报告》和《上海市创意产业报告》。学者们对文化产业、创意产业与文化创意产业这三个概念也进行了比较，提出了各自的观点。

"创意产业"的概念最早是由英国提出的。布莱尔政府1997年上台后，为调整产业结构和解决就业问题，并振兴英国经济，决定大力推进英国创意产业的发展，提出把创意产业作为英国振兴经济的聚焦点。"创意英国"主要强调了设

---

① A. J. Scott, Cultural - products Industries and Urban Economic Development: Prospects for growth and market contestation in global context, Urban Affairs Review, 2004, 39 (4), pp. 461~490.
② 林拓、李惠斌、薛晓源主编：《世界文化产业发展前沿报告》，社会科学文献出版社2004年版，第6页。
③ 胡惠林主编：《文化产业概论》，云南大学出版社2005年版，第52页。
④ 顾江编著：《文化产业经济学》，南京大学出版社2007年版，第26页。

第八章　区域文化产业整合

计业的发展，从时装到建筑。这是因为老牌资本主义的英国进入到"后资本主义"时期，制造业基本上已经转移到国外，仅仅靠金融业和一些老的品牌并不足以支撑英国经济的可持续发展，因此英国需要找到可以远程控制国际制造业的各种生长点，于是他们瞄准了设计。英国的做法和概念影响了不少前英国殖民地国家或地区，中国香港是其中之一。英国经济学家霍金斯（Howkins，2001）认为，创意产业是产品在知识产权法的保护范围内的经济部门，专利、版权、商标和设计产业四个部门共同构建了创意产业和创意经济，并认为，广告、软件、玩具和游乐器、电视广播、电子游戏、建筑、艺术、电影、音乐、表演艺术、出版、研发、工艺品、设计、时尚等十五种行业属于核心创意产业。[1] 这一定义将自然科学中专利研发活动也纳入了创意产业，扩展了创意产业的内涵。[2] 毕佳和龙志超（2007）认为文化产业和创意产业"两者皆为文化领域中创造财富的产业，但文化产业务范畴更广泛，创意产业则专指通过知识产权开发和运用的那一部分"，"创意产业是文化产业的源头与动力，也是基础和主干"。[3] 荣跃明（2004）认为创意产业与文化产业的联系不是由产业链来决定的，而是由价值链定律来完成。在价值链的连接中，创意产业始终处于文化产业的上游。[4] 澳大利亚学者坎宁安认为，"文化产业与创意产业之间无疑具有关联性，但是我更愿意认为它们之间的差异可以归结为创意产业正在试图描绘出一个历史性的变化，即从被资助的'公共艺术'和广播时代的媒体转变为对创意的新的和更广泛的应用"。[5] 薛绯等人（2011）认为创意产业与文化产业具有密切的关联性，创意产业源于文化产业，但又超越文化产业。创意产业是知识经济时代文化产业与高科技产业相结合而产生的一种新经济形态。[6]

胡惠林（2009）认为"就其本源性来说，无论是'创意产业'还是'文化创意产业'，这两个概念都是政策性概念，都是某一届政府实施制度新政而采取和实施的一项产业政策"，并且认为"应该坚持文化产业作为我国现阶段文化产

---

[1] Howkins J. Creative Economy: How People Make Money From Idea [M]. London: Penguin Books, 2001: 30.

[2] 周国梁:《美国文化产业集群发展研究》，吉林大学出版社2010年版。

[3] 毕佳、龙志超编著:《英国文化产业》，外语教学与研究出版社2007年版，第1页。

[4] 荣跃明:《超越文化产业：创意产业的本质与特征》，载于《毛泽东邓小平理论研究》2004年第5期，第18～24页。

[5] ［澳］坎宁安:《从文化产业到创意产业：理论、产业和政策的涵义》，载于林拓等主编《世界文化产业发展前沿报告》，社会科学文献出版社2004年版。

[6] 薛绯、曹如中、高长春:《创意产业与文化产业的逻辑关系研究》，载于《科技管理研究》2011年第18期，第241～244页。

业发展统一的政策概念"。① 而祁述裕（2009）认为"使用文化创意产业比使用文化产业的概念，更具时代感、也更有前瞻性"。② 范军（2012）认为，"按照2009年国务院颁布的《文化产业振兴规划》，文化创意产业成为文化产业的一个门类。北京市文化创意产业和上海市创意产业都不能等同于《文化产业振兴规划》中关于文化创意产业的概念和界定"。③

从实践来看，上海市和北京市明确把发展"创意产业"和"文化创意产业"正式列为上海和北京的文化发展战略。2005年北京正式提出发展文化创意产业，并于2006年12月发布了《北京市文化创意产业分类标准》，这个分类标准将国民经济行业分类中的82个行业小类和6个行业中类纳入北京市文化创意产业范围，并将文化创意产业定义为：源于创意产业和文化产业，是指以创作、创造、创新为根本手段，以文化内容和创意成果为核心价值，以知识产权或消费为交易特征，为公众提供文化体验的、具有内在联系的行业集群。其范围包括：文化艺术、新闻出版、广播电视电影、软件网络及计算机服务、广告会展、艺术品交易、设计服务、旅游休闲娱乐和其他辅助服务等九大门类。上海市则于2004年提出发展创意产业的规划，创意产业具体指以创新思想、技巧和先进技术等知识和智力密集型要素为核心，通过一系列创造活动，引起生产和消费环节的价值增值，为社会创造财富和提供广泛就业机会的产业，主要包括研发设计、建筑设计、文化艺术、咨询策划和时尚消费等几大类，并涉及诸多行业。

我们认为，文化产业与创意产业两个概念的内涵并不完全重合，分别强调"文化"因素和"创意"因素，如研发设计和建筑设计属于创意产业但不属于文化产业，而传统戏剧表演、手工工艺属于文化产业但不属于创意产业。文化创意产业则是文化产业与创意产业的交叉部分。

可以预见的是，随着文化与科技的融合，进而实现文化产业整体升级转型，文化产业的规模和边界将进一步扩大，文化产业的内涵也将不断丰富。

二、文化产业的分类

世界各国对于文化产业的界定不尽相同，加上文化概念本身的模糊性和多义性、各国文化的差别和国情的不同、国家政策的制定和调整，当然各国对于文化

---

① 胡惠林：《对"创意产业"和"文化产业"作为政策性概念的一些思考》，载于《学术探索》2009年第5期，第33~34页。
② 祁述裕：《文化产业，还是文化创意产业》，载于《学术探索》2009年第5期，第29~30页。
③ 范军：《版权产业与文化产业、创意产业》，中国新闻出版报2013年9月7日第4版。

第八章 区域文化产业整合

产业的分类也就存在了差异,至今世界各国也没有一个统一的分类标准,如表 8-1 所示。通过比较可以发现各国文化产业分类的特殊之处,采用"创意产业"这一概念的国家或地区的产业分类中包括了建筑和设计。采用"文化产业"这一概念的国家,以韩国为例,文化产业分类中包括传统工艺品、传统食品。

表 8-1　　　　　　　　　　文化产业的分类表

名称	国家、地区、国际组织	分类
创意产业	英国	13类:广告、建筑、艺术品和古董交易市场、手工艺品、(工业)设计、时尚设计、电影音像、互动性娱乐软件、音乐、表演艺术、出版、电脑软件及电脑游戏、广播电视(还包括与之相关的旅游、博物馆和美术馆、遗产和体育等)
	新西兰	10类:广告、软件与资讯服务业、出版、广播电视、建筑、设计、时尚设计、音乐与表演艺术、视觉艺术、电影与录像制作
	中国香港	11类:广告、建筑、设计、出版、数码娱乐、电影、古董与艺术品、音乐、表演艺术、软件与资讯服务业、电视与电台
	澳大利亚	7类:制造(出版、印刷等)、批发与销售(音乐或书籍销售)、财务资产与商务(建筑、广告及其商务)、公共管理与国防、社区服务、休闲服务、其他产业
	新加坡	3类:文化艺术、设计、媒体
文化产业	韩国	17类:影视、广播、音像、游戏、动画、卡通形象、演出、文物市场、美术、广告、出版印刷、创意性设计、传统工艺品、传统复制、传统食品、多媒体影像软件、网络
	芬兰	9类:文学、雕塑、建筑、戏剧、舞蹈、影像、电影、工业设计、媒体
	联合国教科文组织	6类:印刷、出版、多媒体、视听产品、影视产品、工艺设计

续表

名称	国家、地区、国际组织	分类
文化创意产业	中国台湾	13类：视觉艺术、音乐与表演艺术、文化展演设施、工艺、电影、广播电视、出版、广告、设计、品牌时尚设计、建筑设计、创意生活、数字休闲娱乐
版权产业	美国	4类：核心版权产业、交叉产业、部分版权产业、边缘支撑产业
内容产业	日本	3类：内容产业、休闲产业、时尚产业
娱乐与媒介产业	印度	5类：电影业、电视业、广播业、唱片业和出版业（有些相关的内容产业或旅游、信息服务等产业不被政府视为产业）
文化经济	德国	3大类：图书、电影、音乐及其他视听产品、艺术品市场、私营戏院，以及相关的网络信息系统

注：根据蒋三庚著《文化创意产业研究》，首都经济贸易大学出版社2006年版和熊澄宇著《世界文化产业研究》，清华大学出版社2012年版，第9页。

根据我国国家统计局《文化及相关产业的分类2012》，将文化产业第一层分为文化产品的生产和文化相关产品的生产两部分；第二层分为新闻出版发行服务、广播电视电影服务、文化艺术服务、文化信息传输服务、文化创意和设计服务、文化休闲娱乐服务、工艺美术品的生产、文化产品生产的辅助生产、文化用品的生产、文化专用设备的生产10个大类；第三层依照文化生产活动的相近性分为50个中类；第四层是具体的活动类别，共计120个小类；第五层是对于含有部分文化生产活动的小类设置延伸层，共计29个。《文化及相关产业的分类2012》详见附表1。

尽管各个国家、地区对文化产业的分类有所不同，但我们都可以从中看出文化产业具有多样性的特点。

第八章 区域文化产业整合

第二节
文化产业融合

产业融合现象使得产业的边界产生交叉或模糊,从而诞生很多新的行业。在产业融合基础上形成的新产品、新产业,成为经济发展的新增长点,加快了产业结构升级的步伐。文化产业的发展也同样出现了产业融合的趋势。

一、文化产业内部的融合

虽然文化产业可以分为若干类,但随着传播技术和手段的日益多样化,各种文化产业内部将逐渐出现融合的趋势。如以网络信息平台所形成的网络报纸、网络出版、网络电视以及数字电视、移动电视、手机电视、手机电影、手机报刊、手机图书等新业态。叶朗在《中国文化产业年度发展报告(2012)》中指出在新旧业态并行发展过程中,2011年文化产业出现"互动性增强"和"媒介融合"的两大趋势,传统媒体与新媒体相互融合、相互碰撞形成了新经济、新业态,让文化产业焕发了新生机、新活力。[1]

二、文化产业与其他产业的融合

不仅文化产业内部存在融合发展的趋势,而且文化产业与其他产业融合的趋势也日益明显。文化产业是一种关联性较强的产业,能够与旅游、金融、建筑、体育、工业、农业等行业进行融合,这种融合跨越了产业的界限,在技术创新的平台上将文化、科技、制造和服务等融为一体,开发出新的产品和服务或者是新的增长点,进而形成新的融合性的产业形态。例如,文化产业与工业融合,产生了工业设计;文化产业与建筑业融合,产生了创意地产;文化产业与旅游融合,产生了文化旅游。邓安球(2010)认为,"政策放宽将进一步推进跨业融合","跨业合资、合作与经营将深化宽广,将有新的更大的发展,不仅是技术应用和支持下的融合,而且会有文化、资本等要素作用下的融合"。[2]

---

[1] 叶朗主编:《中国文化产业年度发展报告(2012)》,北京大学出版社2012年版,第24页。
[2] 邓安球著:《文化产业发展研究》,中国社会科学出版社2010年版,第100~101页。

区域文化经济论

与原来单一的产业相比,融合之处往往成为价值的主要增长点,能获得更大的利润空间,而且融合后的新业态具有更高的附加值和更强的市场竞争力。例如,影视制作企业可以借助电子企业或者网络企业,利用先进的数字技术,进行影视制作,而且也可以越过传统发行商直接向影院传送影片。另外,影视制作企业可以通过网络视频点播等方式直接向最终消费者提供产品和服务,拉长了产业链条,同时降低了影视的制作成本,降低了产品和服务的边际成本。以深圳华强集团为例,深圳华强集团将高科技产业和文化产业相结合,以文化为核心、以科技为依托,发展出文化科技主题公园、数字动漫、主题演艺、游戏软件、特种电影等科技含量高的新型文化产业形态,构建多元立体产业网络,被评为"全国十大最具影响力的国家文化产业示范基地"、"国家文化出口重点企业",核心竞争力增强。产业融合提升了文化产业的科技竞争力,强化了知识、人才等高级生产要素。再比如湖南文化产业也已经成为一个独特的文化现象和经济现象。在这个产业链上,是电视湘军、出版湘军、娱乐湘军会合而成的"文化湘军"。

在文化资源的挖掘、保存、开发和利用以及文化产品和服务从生产到传播再到消费的各个环节,前端链接各类装备制造业(如广播电视、电影、演艺、考古、印刷等设备生产),后端对接各类电子设备制造业(如电视机、计算机、手机、阅读器等终端设备生产),文化内容(如新闻、资讯、影视、动漫、游戏、演艺)已成为信息业、旅游业的"血液",以设计为核心的文化创意正在改造提升建筑、装饰、包装等传统产业,如果将民族文化元素或符号,经过创意设计植入建筑、装饰和包装材料及旅游纪念品,将会提高物质产品的文化含量和附加值。随着立体视觉产业的兴起,立体视频的采集、制作、播映、显示所需的摄像机、电视机、计算机、手机、银幕等设备必然面临更新换代,对制造业的拉动作用将是巨大的。

还有一些学者研究了文化产业和旅游产业的融合,如张海燕、王忠云(2010)认为旅游与文化是相互依存、相互促进的,提出了旅游产业与文化产业融合过程,并提出体制观念整合引导市场整合,进而促进两大产业资源整合的融合发展路径,[1] 其后,两位作者进一步提出旅游产业和文化产业融合发展的模式,包括"文化旅游圈融合运作模式、项目开发融合运营模式、文化旅游节庆与会展推广模式、文化旅游产品创新吸引模式"[2]。石艳(2012)认为文化是旅

---

[1] 张海燕、王忠云:《旅游产业与文化产业融合发展研究》,载于《资源开发与市场》2010年第4期,第322~326页。

[2] 张海燕、王忠云:《旅游产业与文化产业融合运作模式研究》,载于《山东社会科学》2013年第1期总第209期,第169~172页。

第八章　区域文化产业整合

游业发展的资源基础,旅游是文化产业发展的重要载体,通过产业融合旅游产业和文化产业相互渗透,互动发展,拓展了旅游业的内涵与外延,拓宽了文化产业的发展空间,而推动两大产业融合发展,需要从理念创新、政府主导、市场运作、人才保障等方面进行深入探索和实践。[①]

三、文化产业融合的必要性

十七届六中全会《决定》提出,推动文化产业与旅游、体育、信息、物流、建筑等产业融合发展,增加相关产业文化含量,延伸文化产业链,提高附加值。文化产业融合既是加快文化产业发展的需要,也是经济社会发展对文化建设提出的迫切要求。

信息技术为文化产业的发展提供了巨大的技术支撑和强大推动力。随着数字化、网络化技术迅猛发展,文化产品的生产方式和传播途径空前丰富,文化产业内部各个行业之间的融合渗透达到前所未有的水平,文化产业与其他产业的壁垒也被打破。如三网融合带动了与文化产业和信息产业相关的众多行业发展,催生了文化创意、数字制作、数字发行、动漫游戏等许多新的业态,使内容提供商、服务提供商、运营商以及设备制造商因为产业链条而紧紧连在一起,都能因为文化产业和信息产业的融合发展而从中获益。另外,新的科技成果创造了新的文化生产方式和文化消费方式,进一步刺激了人们新的文化需求,开发出新的文化市场空间。

消费者的文化消费需求是文化产业发展提供强大的拉动力,文化产业与其他产业融合,可以进一步丰富文化产品和服务的品种和样式,提升文化产品和服务的供给能力,从而更好地满足消费者的文化消费需求。时代华纳的负责人曾表示,有不少影迷曾写信表示希望电影里的场景和魔法道具能够出现在现实世界中,而获得品牌授权的厂商则在满足这一需求上占尽优势。

文化产业既要讲社会效益,也要讲经济效益。在市场经济条件下,文化产业与其他产业一样,必须遵循市场经济规律,走市场化的发展道路,追求经济效益最大化。只有加快文化产业与其他产业融合,创新文化产品和服务的生产、储存、传播和消费形态,发展新型文化业态,开发衍生产品和服务,延伸文化产业链,才能最大限度地实现文化产品和服务的经济效益,实现文化产业的生产和再生产,也才能更好地实现文化产业的社会效益。例如,索尼公司的 PS2 自 2001

---

① 石艳:《产业融合视角下的旅游产业与文化产业互动发展研究》,载于《山东财政学院学报》2012 年第 2 期总第 118 期,第 109~114 页。

年开始与影片同步发行游戏软件，2007年的《哈利·波特与凤凰社》首度在索尼的PS2、PS3、任天堂的Wii上同时发行同名游戏。华纳公司还携手奥兰多环球影城建造了一个哈利·波特魔法世界主题公园。

加快文化产业融合，发挥文化产业的引领作用，有利于提升其他产业的文化内涵，提高创新创意能力，提高企业核心竞争力。以制造业为例，产品价值构成中原材料和劳动成本所占的比重越来越小，而产品所承载的文化内涵如创意、设计、品牌、服务和管理创新等要素分量越来越重。如2001年11月《哈利·波特与魔法石》公映时，已经有80家公司向时代华纳购买约2000种"哈利·波特"商品的特许经营权。时代华纳将品牌授权一分为三，世界上最大的三家玩具商——丹麦的乐高（Lego）、美国的Mattel以及孩之宝（Hasbro）分别以4000万~8000万美元不等的价格，获得了将《哈利·波特与魔法石》中人物、棋盘等做成积木、玩偶、纸牌等产品的权利。而对于这些玩具制造商来说，将"哈利·波特"元素值入其产品中，提高了物质产品的文化含量和附加值，进而提高产品的竞争力。

另外，加快文化产业与其他产业融合发展，可以催生许多新的业态。这些新兴业态，绝大部分属于现代服务业的范畴，发展速度快、发展潜力大，对于推动我国经济结构战略性调整具有重要作用。胡惠林（2005）指出，"文化产业的兴起，意味着人类经济增长方式已经发生了革命性的变革"，"文化产业是现代国民经济新的增长点"，"文化产业是一种有利于实施可持续发展的产业"[①]。同样，陈宪和韩太祥认为，"文化作为知识资产，以其特有的方式进入总生产函数，进而决定了经济增长率和增长路径"，"相对于工业化社会的经济增长，经济与文化共生演进导致的一个重大变化，可能就是增长方式的转变，即主要依赖物质资源投入转变为主要依赖智力资源投入"，"文化产业的发达有利于智力资本积累，从而促进创意的规模扩大，同时，更多创意产生大多带来文化产业门类的扩大"，进而提出"随着服务经济的发展和结构升级，经济与文化的共生演化成为趋势，由此改变经济增长方式和经济竞争方式"的假说。[②]

因此，加快推动文化产业与其他产业融合发展，形成良好的互动关系，既能进一步推动文化产业结构创新、产业链条创新、产业形态创新，同时也能为推动经济结构战略性调整、转变经济发展方式、提升其他产业竞争力作贡献。

---

① 胡惠林主编：《文化产业概论》，云南大学出版社2005年版，第34~38页。
② 陈宪、韩太祥：《文化要素、文化产业与经济增长》，载于胡惠林等主编《中国文化产业评论》第9卷，上海人民出版社2009年版。

第八章 区域文化产业整合

第三节
文化产业集聚

一、文化产业集聚的定义

斯科特（Scott）是对文化产业集群进行研究较早也较为深入的学者。斯科特（1997）从生产和销售两个角度分析了文化集群产生的原因与过程。从生产角度上看，文化产业有五个主要的特征：一是对大量有技巧的劳动力有着大量的需求；二是文化企业涉及多个行业，因此激发了对多种人才的需求；三是生产组织相互之间强烈依赖，形成了一个网络；四是外来经济逐步加入区域内众多文化企业形成的产业联合体；五是产业联合体依赖于一系列制度体制的成功运行。这五个特征使得区域内文化企业之间呈现出强烈的相互关联性，最终导致产业集聚度上升，形成了一个大型集群。从销售角度看，当地的中小企业网络往往是根植于全球发行网络的，而全球发行网络又由几个大的文化和媒体巨头所主导。所以文化产业横跨全球和地方。文化产品的生产越来越具有集聚的倾向，而发行和消费则是面向全球市场。[①]

国内关于文化产业集群研究的时间还较短，但目前已有部分学者对文化产业集群的概念进行了界定。如康小明和向勇（2005）认为，"文化产业集群就是在文化产业领域中（通常以传媒产业为核心），大量产业联系密切的文化产业企业以及相关支撑机构（包括研究机构）在空间上集聚，通过协同作用，形成强劲、持续竞争优势的现象"，"一般意义上的文化产业集群既包括了下游产业的文化产业企业、互补产品的供应商、专业化基础结构的供应者和提供培训、教育、信息、研究、技术支持的其他机构，如大学、智囊团和技术标准机构等"。[②] 刘蔚（2007）认为，所谓文化产业集群就是大量的相互关联的文化娱乐公司（电影公司、广播电视公司、广告公司、新媒介公司、出版社、唱片公司和设计公司、经纪公司等）、个人（艺术家）以及与相关支持系统（包括大学、行业协会、金融机构、服务性行业、政府部门等）在一定地域范围内的集聚和集中。[③]

[①] Scott. A. J. The Cultural Economy of Cities [M]. Blackwell Publishers, 1997.

[②] 康小明、向勇：《产业集群与文化产业竞争力的提升》，载于《北京大学学报（哲学与社会科学版）》2005年第2期，第18页。

[③] 刘蔚：《文化产业集群的形成机理研究》，暨南大学博士论文，2007年。

从上述对文化产业集聚的定义来看,体现以下两点:一是文化企业在空间上的集中;二是带来竞争优势。结合迈克尔·波特(Michael E. Porter)于 1990 年在其《国家竞争优势》一书中对产业集聚的定义[①],可将文化产业集聚定义为:在一定区域范围内,地理上邻近、有交互关联性的文化企业和相关法人机构以彼此的共通性和互补性相联结,进而形成强劲、持续竞争优势的现象。

二、区域文化产业集聚的影响因素

熊澄宇在《世界文化产业研究》一书中指出,"文化产业的发展出现了两种密切相关的新趋势:一是产业整合的趋势,文化产业在产业内部及其他产业之间的结盟或重组如火如荼……二是空间上的聚合趋势,文化产业在特定的城市空间形成高度的集聚倾向。"[②] 一个地区文化产业是否集聚发展取决于以下因素。

1. 本地区的文化消费需求。

市场需求是文化产业发展的根本前提。文化产品和文化服务的需求量决定着文化产业的生产能力和发展规模,市场需求结构决定着区域文化产业结构和布局。文化消费需求具有以下特点:首先,与普通商品的需求不同,文化需求是一种精神需求,是与物质相比更为高级的需求。按照马斯洛的需求层次论,人类的需要分为生理需要、安全需要、社会需要、尊重需要和自我实现的需要五个层次。文化需求是一种高层次的需要,只有在生理需要和安全需要得到满足,即人们的物质生活水平达到一定高度后,会产生对文化产品的消费需求。其次,文化产业是一个高收入弹性的产业,如果一个地区消费者的购买力越强,那么对于文化产品与服务的需求就会越多,会导致本地文化产品与服务价格的上升,吸引新企业进入这一市场。同时,文化企业在本地的集聚也导致了工资的上升、消费者的购买力进一步提高,从而产生该地区文化产业发展的良性循环。

2. 区位。

传统的经济地理理论认为产业集聚的主要原因是不同区域之间经济地理因素的差异,资源禀赋和沿海便利的港口贸易都会促使产业集聚。文化产业需要丰富的文化资源,所以一个地区的文化潜质和历史积淀对文化产业企业的选址十分重

---

① Porter M. The Competitive Advantage of Nations [M]. Macmillan, 1990.
② 熊澄宇著:《世界文化产业研究》,清华大学出版社 2012 年版,第 22 页。

第八章 区域文化产业整合

要。斯科特（1997）认为特定地理位置具有提高文化产业集群内创意行为的功能，并指出现代文化产业的主要部分集中在像洛杉矶、纽约、巴黎、米兰或者东京这样的国际化城市。这些城市的鲜明特点就是城市的形象和文化生产是共生的关系，也就是城市是文化产品的信誉保证。[①] 邓安球指出，"文化产业的文化基础性和精神性、休闲娱乐性，某些资源的现场性，以及消费的高层次性、经济基础性，决定了文化产业在空间分布上首先或主要集聚于中心城市和文化资源禀赋区，只有其能量积聚到一定程度、继续发展受到限制的情况下才会向区外进行辐射和扩张。"[②]

从形式上看，文化资源可以分为有形文化资源与无形文化资源。有形文化资源是文化产业的基本载体，它包括富有特色的自然生态景观、富含历史文化内涵的遗址和文物、具有鲜明民族地方特色的工艺和饮食文化资源以及文化设施和设备资源等。无形文化资源是文化产业区别于其他产业的重要特征，也是文化产业独有的精神气质根本，它包括语言文字、民族节庆、文学艺术、神话传说、音乐舞蹈以及风俗习惯等内容。

文化产业的发展过程实际上就是将文化资源不断转化为文化产品和文化服务的过程。在竞争日益激烈的文化市场上，如果不能够充分利用本区域的文化资源禀赋，就难以生产出具有特色的文化产品，同时许多文化资源会消亡或被其他地区所利用。因此，区域文化资源禀赋能够影响到区域文化产业的主导产业，并直接关系到该地区文化产业的类型及竞争力，进而制约着文化产业和文化企业的地区选择。各地在发展区域特色文化产业集群时，应当考虑到本地区的文化资源。例如，郑州市按照文化资源分布的特点，拟定了文化发展"二带、三区"的总体布局构架。"二带"即构建从城区东北到西南的城区文化带和从巩义到中牟的沿黄河文化带，"三区"即依托嵩山和少林品牌构建嵩山文化功能区，以黄帝故里为中心构建黄帝文化功能区，以巩义北宋皇家陵园为主构建唐宋文化功能区。位于古城西安东南曲江新区的大唐芙蓉园建于原唐代芙蓉园遗址之上，是中国第一个全方位展示盛唐风貌的大型皇家园林式文化主题公园，即深度挖掘和利用了当地的历史文化资源。

3. 分工与专业化程度。

在分工与专业化越细致的地方，文化产业的集聚现象越容易出现，因此文化集群在大城市出现的概率要高于乡村和小城市。

---

① Scott. A. J. The Cultural Economy of Cities [M]. Blackwell Publishers, 1997.
② 邓安球著：《文化产业发展研究》，中国社会科学出版社2010年版，第50页。

4. 本地区文化企业的数量。

文化产业是一个关联度十分强的产业，它具有强大的前、后向关联。例如，电影产业，它需要制造产业、信息产业、教育培训产业、文艺创作等的材料提供与技术、信息、人才、文化及艺术支持。一部成功的影片，又催生出了图书、唱片、玩具、游戏、旅游纪念品等产品，成为出版业、唱片业、玩具业和旅游业的生产资源并带动了这些产业的发展。因此，一个地区的文化企业数量越多，该地区的文化产品与服务市场需求也越大，企业间的前向与后向联系程度越高，也就越能吸引文化产业的集聚。

5. 本地区的人力资本。

文化产业是知识密集型产业，"人才兴业，人的创造力是文化产业发展的主导因素。"① 因此，高素质的文化产业人才，尤其是创意人才、管理人才以及复合型人才，对于文化产业的发展有着重要的作用。文化创意人员的地理邻近，有利于隐性知识的溢出与创意生成。而且，新进入文化企业也容易招聘到所需要的文化创意与经营管理人才。因此，高素质文化产业人才的地理分布是决定文化产业集聚的重要因素。

6. 资本因素。

区域内文化产业投资体制的完善程度，直接影响各类资本进入文化产业进入门槛，从而影响到文化市场资本的效率。随着文化产业逐步走向集团化和跨国化，文化产业发展所需要的资金越来越多。对于文化产业落后的地区来说，如果要利用后发优势，生产出具有竞争力的文化产品和服务，必须要有大量的资金支撑。政府的资金支持毕竟是有限的，因此还需依靠个人、企业、投资公司甚至外资等社会外部资本进入文化产业，形成政府、民间、外资等多种投资渠道的投资格局。例如，美国文化产业资金来源就具有多层次性和多渠道的特点，其中有联邦政府、州政府以及地方政府的财政资助，有来自企业的投资，有来自金融机构和投资机构的风险投资，还有来自各大公司、基金会和个人的捐赠。而且，"来自各大公司、基金会和个人捐助的数额远远高于各级政府的资助"②。多渠道多层次的融资渠道保证了文化产业在发展过程中所需的资金支持。

7. 产业政策。

文化产业作为新兴产业，是提升国家文化软实力的重要手段，它的发展离不开政府的政策支持。文化产业政策是各级政府为了弥补市场机制缺陷，实现一定

---

① 邓安球著：《文化产业发展研究》，中国社会科学出版社2010年版，第155页。
② 熊澄宇著：《世界文化产业研究》，清华大学出版社2012年版，第87页。

第八章 区域文化产业整合

的经济和社会目标而对文化产业的形成和发展进行干预的政策总和。其中的干预包含引导、规划、调整、促进、扶持、保护以及限制等方式。①熊澄宇总结了世界各国的文化产业政策，认为"世界各国根据自身情况不同，在制定文化产业政策的时候也采取了不同的基调和态度。如美国的文化产业在世界范围内处于支配地位，因此采取的是'普遍主义、自由贸易和文化扩张'这一基本态度，文化政策的核心是向世界推行美国的价值观念。英国、加拿大、法国等国家针对美国的文化产业冲击，采取的多是'保护与扶持'的基本态度。日本、韩国则将采取文化产业的举国战略，倾全国之力来保护本国特色的文化产业。"②。上述国家在文化产业政策的指引下，文化产业均得到迅猛发展，尤其是英国，现在已经成功地发展成了创意产业大国。这与英国政府的创意产业政策是密不可分的，毕佳、龙志和认为"英国政府的创意产业政策是目前国际上产业架构最完整的文化产业政策"③。因此，我国各级政府和相关机构应该对文化产业的发展提供相关的产业支持政策，包括全面清晰的产业描述、管理部门的整合及保证文化产业政策的统一性、持续性和稳定性等。

三、文化产业集聚度的测算方法

产业集聚度的测算方法包括行业集中率指数、工业区位基尼系数法、区位商法、集聚指数法、雷达图法、集聚竞争力评估法、层次分析法和投入产出法等。下文将介绍几种使用最广泛的测算方法。

1. 行业集中度指数（Concentration Ratio）。

行业集中度指数可以通过某产业规模最大的前 n（一般取4、5或8）个企业（或地区）有关数据（如销售额、增加值、职工人数、资产总额）占整个行业或市场的比重来衡量产业集聚程度，计算公式为：

$$CR_n = \sum_{i=1}^{n} x_i \Big/ \sum_{i=1}^{N} x_i = \sum_{i=1}^{n} S_i, \quad S_i = x_i \Big/ \sum_{i=1}^{n} x_i \qquad (8-1)$$

其中，CR_n 为行业集中度指数；x_i 为一个行业中第 i 个企业（或地区）的有关数据（如销售额、增加值、职工人数、资产总额）；N 为行业中全部企业（或地区）数目；S_i 为第 i 个企业（或地区）在全部行业中所占的份额。

---

① 周国梁：《美国文化产业集群发展研究》[D]．吉林大学博士论文，2010年。
② 熊澄宇著：《世界文化产业研究》，清华大学出版社2012年版，第14页。
③ 毕佳、龙志超编著：《英国文化产业》，外语教学与研究出版社2007年版，第14页。

集中率指标最大的优点是数据容易获得，计算也简单。但是，它也有自身的缺陷，当 n 取不同的数值时会得出不同的结论，这样可能会影响同一行业以及不同行业之间集聚状况的比较。但如果进行行业集聚的历年变动分析时，就可以弱化这一缺陷。

2. H 指数。

赫芬达尔和赫希曼（Herfindahl and Hirschman）为了弥补上述行业集中度指数的不足，提出了 H 指数，H 指数充分考虑了产业内企业的总数和企业规模的影响。它是指一个行业中各市场竞争主体所占行业总收入或总资产百分比的平方和，用来计量市场份额的变化，即市场中厂商规模的离散度。其计算公式为：

$$H_i = \sum_{i=1}^{N} S_i^2 = \sum_{i=1}^{N} (x_i / \sum_{i=1}^{N} x_i)^2 \qquad (8-2)$$

其中，H_i 表示 H 指数，N 表示产业内部的企业数，S_i 表示 i 企业的市场占有率，x_i 表示 i 企业的规模。

H 指数越大，表示产业集中程度越高。当产业中只有一家企业独占时，H 指数等于 1；当所有的企业规模相同，即 $S_1 = S_2 = \cdots = S_N = 1/n$ 时，H 指数等于 $1/n$。产业内企业的规模越是接近，且企业数越多，H 指数就越接近于 0。

3. 区位基尼系数法（Spatial Gini Coefficient）。

基尼系数是衡量收入分配和不平等的重要指标，基布尔（Keeble）等人最早将基尼系数用于衡量产业的空间分布。区位基尼系数法是 Krugman（1991）提出的用来测定美国制造业集聚程度的度量方法[①]，它也是衡量产业地理集中的常用指标，可以描述产业地理分布的不平衡性。具体计算方法为：(1) 计算地区 i 部门 k 的就业占全国该部门就业的比重 S_i^k；(2) 计算地区 i 文化产业就业占全国文化产业就业的比重 S_i；(3) 计算各个地区上述两个比重的比值，即 S_i^k/S_i；(4) 将得到的比值从大到小排序，按照排序的结果计算累积的部门就业比重和累积的文化产业就业比重；(5) 画出基尼曲线，计算基尼系数。根据实际情况，还可以用产值、增加值或贸易额等指标代替就业。用公式表示为：

$$G_i = \frac{1}{2n^2 s_k} \sum_{i=1}^{n} \sum_{j=1}^{n} |S_i^k - S_j^k| \qquad (8-3)$$

其中，G_i 为区位基尼系数；S_i^k 为地区 i 产业 k 所占的比重；S_j^k 为地区 j 产业 k

---

① Krugman P. Increasing Returns and Economic Geography [J]. Journal of Political Economy, 1991, 99 (3).

第八章 区域文化产业整合

所占的比重；n 为地区的数量；$\overline{s_k}$ 为全国产业 k 的平均份额。

区位基尼系数在 0~1 之间变化，若取值为 0，表示该产业的地区分布完全均等；若取值为 1，则表示该产业所有的生产活动集中在一个地区。区位基尼系数越高，表明集聚程度越高，产业在地理上愈加集中。

4. 区位商系数（Location Quotient）。

区位商系数 LQ 判别产业集群存在的可能性。LQ 指一个地区特定部门的产值（或就业）在地区工业总产值（或总就业）中所占的比重与全国该部门产值（或就业）在全国工业总产值（或总就业）中所占比重之间的比值。这是一个相对集中度。区位商大于 1，可以认为该产业是地区的专业化部门，意味着高于平均集聚；区位商越大，专业化水平越高；如果区位商小于或等于 1，则认为该产业是自给性部门。区位商系数不仅提供了集群存在于一个特定区域的一个迹象，还可用于各省份产业集聚水平的比较分析。计算公式为：

$$LQ = (E_i^j/E_i)/(E_k^j/E_k) \qquad (8-4)$$

其中，E_i^j 指地区 i 产业 j 的产值（或增加值、就业、贸易额）；E_i 指地区 i 的总就业（或总增加值、总就业、总贸易额）；E_k^j 指国家 k 产业 j 的总就业（或总增加值、总就业、总贸易额）；E_k 指国家 k 的总就业（或总增加值、总就业、总贸易额）。

5. 地区相对专业化指数。

地区专业化指数是某一地区各行业的专业化系数与全国其余地区相应行业的专业化系数差的绝对值之和，测度的是第 i 地区与其余地区平均水平的产业结构差异度，称为第 i 地区的专业化程度。

$$K_i = \sum_{k=1}^{n} \left| \frac{E_{ik}}{E_i} - \frac{\overline{E_{ik}}}{\overline{E_i}} \right| \qquad (8-5)$$

其中，K_i 为地区相对专业化指数，E_{ik} 为地区 i 文化产业 k 的增加值，E_i 为地区 i 的全部产业增加值，$\overline{E_{ik}}$ 为除地区 i 以外的所有其他地区加总的文化产业 k 的增加值，$\overline{E_i}$ 为除地区 i 以外的所有其他地区加总的全部产业增加值。

四、我国文化产业集聚的形态——文化产业园

文化产业园区是在政府规划下形成的，以文化产业为主导产业定位、配以相应管理系统、公共服务设施完备、创意氛围浓厚，并集中体现研发、培训、孵

化、制作、展示、交易等功能,进行创意产品策划生产和销售的专业化园区。

就当前文化产业园区的发展现状而言,我国已初步形成六大文化产业集聚区:以北京为核心的首都文化创意产业园区,以上海为龙头的长三角文化产业集聚区,以广州、深圳为聚集区的珠三角文化产业集群,以昆明、丽江、三亚为中心的滇海文化产业集聚区,以重庆、成都、西安为中心的川陕文化产业园区和以长沙为代表的中部文化产业园区。[①] 近年来,随着文化产业规模化、集约化的发展,政府对文化产业的推动作用不断增强,文化企业的协同创新能力和联动作用不断加强,由此催生了一大批综合竞争实力较强,品牌影响力较大,项目投资力度和市场关注程度都较高的文化产业园区,例如,从国家层面上而言,文化部自2007年以来,共命名了8家国家级文化产业示范园区和8家国家级文化产业试验园区,如表8-2所示。另外,从2004年开始,共命名了273个国家文化产业示范基地,详见附录附表2。

表8-2　　　　　　　　　　国家级文化产业园

年　份	国家级文化产业试验园区名称	国家级文化产业示范园区名称
2007	—	西安曲江新区(第一批) 深圳华侨城集团公司(第一批)
2008	—	山东省曲阜新区(第二批) 辽宁省沈阳市棋盘山开发区(第二批)
2011	广州北岸文化码头 黑龙江(大庆)文化创意产业园 长沙天心文化产业园区 中国曲阳雕塑文化产业园	开封宋都古城文化产业园区(第三批) 张江文化产业园区(第三批)
2012	福建省闽台文化产业园 山东省台儿庄古城文化产业园 吉林省东北亚文化创意科技园 宁夏回族自治区石嘴山市星海湖文化产业园区	湖南省长沙天心文化产业园区(第四批) 四川省成都青羊绿舟文化产业园区(第四批)

---

① 陶琳、张春河、马颖智:《我国文化产业园区有效集聚形态》,载于《河北联合大学学报(社会科学版)》2012年1月,第59页。

第八章 区域文化产业整合

截至 2011 年年底，这些国家级园区聚集各类文化企业近 8000 家，文化产业从业人员总和超过 40 万人。2011 年，园区内文化企业实现总收入超过 1200 亿元，实现总利润 168 亿元，实现总税收 90 亿元，逐步成为地区经济的重要支撑和我国文化产业的重要力量。华侨城创意文化产业园、西安曲江新区、上海张江文化产业园、长沙天心文化产业园、河北曲阳雕塑文化产业园等，均已成为知名度较高的文化品牌。

在园区建设初期，不一定能形成文化产业集群。只有当主导产业明晰、辅助产业完善、配套服务机构健全后才能产生某类文化产业的集群效应。形成文化产业集群、发挥集群效应，应是文化产业园区的发展目标。要产生集聚效应，既要看集聚的企业数量的空间集中性，也要看集聚的企业之间的产业关联性和协同性。当在某一地理空间中聚集的企业彼此合作时，才能形成提高范围经济和规模经济的产业聚合效应。产业的地理集中性、产业的关联性和产业的集约度是判断一种产业集群能否产生集聚效应的三个关键要素。产业的集中性主要考察的是在一定区域的企业集聚的数量水平；产业关联性考察的是一定区域，从产业链角度看企业之间的技术联系性；而产业的集约度则反映的是集群内生产要素的质量水平和综合效率的高低。

除国家级文化产业园外，各地也纷纷建设文化产业园或创意产业园，但据有关专家分析，目前我国文化产业园，缺少资源整合和产业链的形成，普遍存在产业集聚度低的问题，各地往往先把园区建起来，再去进行招商，把钱都花在了硬件上，缺少对产业和文化内涵的规划和提升。现在不少文化产业园区都是比较初级的，一方面园区内缺乏龙头企业带动形成产业链，同时，园区为企业能提供的都是物业服务，只扮演"房东"的"角色"。可见，我国文化产业园距离成熟的文化园区还很远。

第四节
文化产业链整合

一、文化产业链

产业链描述的是厂商内部和厂商之间为生产最终交易的产品或服务所经历的增加价值的活动过程，它涵盖了商品或服务在创造过程中所经历的从原材料到最终消费品的所有阶段。文化产业链，则是关于文化产业中围绕文化产品或服务而

区域文化经济论

展开的各个环节之间，以及文化产业与其他产业之间所存在的相互依存关系的概念。

可以从以下4个方面理解文化产业链的内涵：

(1) 供需链。在文化产业链中，上下环节之间存在供需关系，上游企业为下游企业提供产品或服务的供给，而下游企业则是需求方。企业为了进行产品的生产，需要具有一定的基础条件作为支撑，需要一定的原材料供应商或者核心主导企业为其提供生产原料以及生产所需的人力，生产出来的产品则需要有相应的消费市场和下游机构为其提供市场基础和再生产的动力，也正是由于这种循环往复的生产消费过程才让企业的生产能够维持生存。

(2) 产品链。文化产业链还是一条由自然资源到文化产品的生产加工过程，链上的每一个企业的共同努力完善了文化产品的使用功能，最终提供给市场能够满足市场需求的文化产品或服务。

(3) 技术链。从技术角度来看，产业链还是一条技术链。文化产业的主导技术和产业本身之间是互动发展的关系，技术的创新促进了文化产业的发展，反过来，产业的发展也会推动技术进步。

(4) 价值增值链。文化产业链所揭示的是文化产业在运动过程中不同的环节和不同产业形态间相互作用的价值关系，其本质是以价值为纽带将能够决定和影响产品主要价值部分连接所构成的链。没有实现价值增值的产业链只是一个物理链。

产业链上不同环节之间必然存在技术经济关联。在一般的产业经济学当中，这种关系称之为"产业关联"。文化产业链具有一般产业关联的基本表现形式，即后向关联和前向关联。

后向关联，是指某一产业在其生产过程中需要从其他产业获得投入品所形成的依赖关系。以电影业和服饰业为例，在生产制作电影产品时，需要大量影视服装制作的投入、服装设计人才的投入，电影业对服装业具有某种程度的依赖性。这样电影业对服装业就具有后向关联。

前向关联，是指某一产业的产品成为其他产业的投入物而形成的产业关联，那么该产业对于其他产业而言，就构成了一种前向关联。还是以电影为例，一部优秀的电影作品往往会带动多个产业的发展，如《星球大战》，全球票房的成功带动了图书、影像、服装、游戏、旅游业的发展。电影产业对于这些产业而言，就构成了前向关联。

以深圳大芬村的油画产业为例，如图8-1所示，深圳大芬村是中国的油画产业集聚区，油画年出口总额超过5亿元，占全球近60%的油画市场，成为世

第八章 区域文化产业整合

界三大油画出口基地之一。深圳大芬村的油画产业就已经形成了一个非常完善的产业链。在大芬村，不仅是包括油画加工，还出售各种风格、档次、用途的画，相关配件产品也全部能在这里一站式采办，此外，还有美术博物馆、专业演出剧院、油画培训中心等机构。

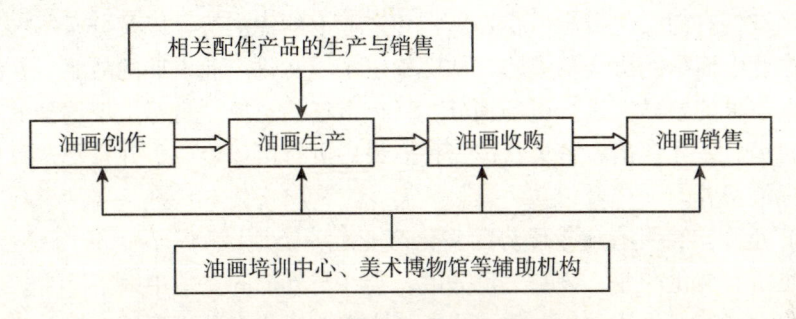

图8-1 深圳大芬村的油画产业链

再以动漫产业链为例，动漫产业链如图8-2所示，从创意产生到，动漫作品的创作、播入及音像制品发行，其产品不仅包括动漫图书、报刊、音像制品、舞台剧和基于现代信息传播技术手段的动漫新品种等，还包含与动漫形象有关的服装、玩具、电子游戏等衍生产品。

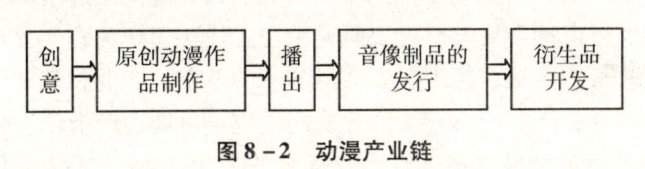

图8-2 动漫产业链

二、区域文化产业链设计的原则

文化产业链设计的目的是最大化文化产品的内在价值，把一种成功的文化产品嫁接到其他相关文化产品上，区域文化产业链的设计应遵循以下原则：

（1）充分利用本地文化资源，发展区域特色文化产业链。有形文化资源是文化产业的基本载体，它包括富有特色的自然生态景观、富含历史文化内涵的遗址和文物、具有鲜明民族地方特色的工艺和饮食文化资源以及文化设施和设备资源等。各个地区的文化要素禀赋存在差异，只有充分利用本地文化资源，发展具有区域特色的文化产业链，才能避免同质化竞争，提高本地文化竞争力。

（2）明确区域文化产业的市场定位。即明确本区域文化产业在消费者心目中占据什么位置，如何将本区域的文化产品（或服务）与其他具有竞争性的同类文化（或服务）区分开，在消费者心目中树立独一无二的形象。定位对于区域文化产业十分重要，它关系着本区域文化产业所生产的产品能否适应市场需求，能否在激烈的竞争中脱颖而出。在进行市场定位时，首先要进行环境分析，明确本区域拥有的文化资源、在发展文化产业上的优劣势，以及分析本区域在发展文化产业中面临的机会及威胁，从而确定区域文化产业发展的战略。在战略指导下根据需求的差异性进行市场细分、目标市场的选择。目标市场选择的策略有无差异营销、差异营销和密集营销三种。最后进行市场定位，并且把这种定位传达给目标消费者。

（3）重点培育具有比较优势的文化产业。一个地区的资源、资金等都有限，如果涉足所有文化产业，势必力量分散，会在与外部的竞争中败下阵来。只有集中资源，发展若干优势文化产业，才能形成文化竞争力，进而进行文化产业链的延伸和深度挖掘。华侨城创意文化产业园、西安曲江新区、上海张江文化产业园、长沙天心文化产业园、河北曲阳雕塑文化产业园等，均已成为知名度较高的文化品牌，在招商引资、聚集人才、壮大产业等方面的竞争力得到大幅提高。

（4）发挥聚集效应。文化产业园区是我国文化产业集聚的主要形态。当在某一地理空间中聚集的企业彼此合作时，才能形成提高范围经济和规模经济的产业聚合效应。上海市社会科学研究院研究中心主任花建认为，文化产业园区有如下功能：实现政策、土地、技术、人力资源等的共享；产业积聚和同业竞争加快了技术创新的速度；产业积聚产生产业协同效应；对周边产业产生拉动作用。

（5）做好产业链延伸。在具有比较优势的文化产业发展起来之后，还需要不断开发衍生产品和服务，延伸文化产业链，最大限度地实现文化产品和服务的经济效益。例如，英国女作家 J. K. 罗琳创作的魔幻现实主义系列小说《哈利·波特》，该系列小说共 7 部，实现了图书出版—电影—衍生产品开发这一完整的产业链，哈利·波特电影后相关产业的经济规模超过了 2000 亿美元，而在这经济链条中，衍生产品的收益就占到总量的 70% 以上。

三、文化产业链整合的原则

文化产业链的整合即文化产业链为了谋求更大、更长远的竞争优势进行的一种战略选择。整合方式包括横向整合、纵向整合以及混合整合。横向整合是指产业链条中某一环节上多个企业的合并与重组。纵向整合是指处在产业链中，上、中、下游环节的企业合并与重组，包括前纵向整合和后纵向整合。全球闻名遐迩

第八章 区域文化产业整合

的大型娱乐传媒跨国公司迪士尼集团除了拥有众多招牌角色外,还经营旗下主题乐园、电玩游戏、电视电影、品牌消费等多项产业。

近几年,迪士尼在发展过程中曾经历了三次大的并购。第一次是2006年,迪士尼以74亿美元并购皮克斯(Pixar)动画公司。此次收购帮助迪士尼整合新、旧媒体,将电影、电视剧、视频游戏以及其他内容推广到计算机、iPod、掌上游戏机甚至手机平台。第二次是2009年,迪士尼并购漫威(Marvel)娱乐集团。这笔并购实现了其拓宽青少年受众群体的目标。第三次是2012年,迪士尼采取现金+股权的方式(各占一半)以40.5亿美元收购卢卡斯影业(Lucas Film)。通过并购,迪士尼将全权管理卢卡斯影业的真人电影制作、消费品生产、动画以及音效后期等全部事宜,并拥有最重要的品牌"星球大战"。并购把星球大战的衍生业务推向国际市场,全世界各地迪斯尼授权的商品、玩具,将更多地出现星球大战中的角色。

在政策与资本的驱动下,国内文化产业的并购事件越来越多。据不完全统计,2012年文化产业领域共有96起并购事件,涉及资金规模超过500亿元。2013年以来,1月,阿里巴巴集团以期权加少量现金的形式收购音乐网站虾米网;2月,掌趣科技以8.1亿元收购网页游戏开发与运营商动网先锋100%股权;5月,百度以3.7亿美元收购PPS视频业务,并将PPS视频业务与其旗下视频网站爱奇艺进行合并,使爱奇艺将成为中国最大的网络视频平台;7月,华谊兄弟公司通过发行股份及支付现金的方式,以6.72亿元购买银汉科技50.88%的股权,进军手机游戏产业;华策影视决定以现金及发行股份相结合的方式收购上海克顿文化传媒有限公司100%的股权,交易金额为16.52亿元,成为国内影视行业中金额最大的并购项目。有人称为中国文化产业的"并购时代"。通过并购整合资源,提高产业的集中度,再从量变到质变,从粗放到科学,无疑将促进文化产业发展方式的转变。

文化产业链整合应遵循以下基本原则:

(1)形成利益共同体。产业链的整合所带来的一个必然结果就是企业之间的利益共享、风险分担,也只有实现了利益共享、风险分担,才能让各个企业能够专注于产业链整体效益的创造。

(2)保持产业链内部的良性竞争与合作。产业链内部的良性竞争有利于保持整条产业链的竞争活力,但同时要注意,产业链上的企业属于同一利益共同体,具有相同的产业目标和利益着落点,彼此之间的利益往往紧密地联系在一起,所以产业链上各个企业要转变传统的"赢—输"的竞争观念为"赢—赢"的合作竞争观念。

（3）良好的协作及信任机制。随着文化产业链上的企业数量增多，在职能的构成上也更加专业，而对于单个企业来说往往很难顾及全面，明智的选择就是集中资源于核心业务。当产业链中所有企业都专注于各自的核心业务时，能够创造出"1+1>2"的协同效应，同时，还可以提高整个产业链对市场的反应速度，从而提高整个文化产业链的市场竞争力。要实现良好的协作，信任机制必不可少。信任可以促进产业链企业间的这种密切合作，促进技术创新和技术扩散，信任还有助于减少产业链企业间的交易成本，有助于增强企业间合作关系的灵活性，提高产业链的快速反应能力。

（4）实现信息共享。链上企业之间的信息共享是文化产业链得以形成和整合的一个重要条件，产业链上的企业之间只有彼此间的信息得到了充分的交换，才能及时感知市场的需求和变化，从而提高对市场变化的敏感性。

第九章

区域文化产业资本与价值创造

　　文化产业与其他产业相比，具有市场规模巨大、投资回报丰厚的特点，有学者将文化产业和高科技产业并称为世界上两大"最挣钱的产业部门"，视其为朝阳产业。文化产业成为国家软实力的重要组成部分和国与国之间竞争的利器。文化产业吸引了各方资金，同时在融资渠道、融资方式上都有所创新，投融资为文化产业发展注入强心剂。

第一节
文化产业投融资

一、文化产业的投资特点

1. 高风险，高回报。

　　马斯洛将人的需要分为生理需要、安全需要、社交的需要、尊重的需要和自我实现的需要五类。与生理需要相比，人们对于文化产品的需要属于较高层次的需要，并非生存的必需品，那么，对于文化产品的需要就会具有相当大的可供选择性。同时，文化产品是一个体验性产品，只有在消费后，才能判断产品的好坏，而消费者的满意度具有一定的主观性。即使某个制片公司花大价钱进行市场调查，然后投入巨资进行拍摄、宣传，但最终出品的影片仍可能不受市场欢迎。这就是好莱坞观察家称为"不可预知"的特性。因而，从人们对于文化产品的需求来看，它比对实体产品的需求表现出更强的选择性和随机性，不确定因素很大。那么，文化产业便成了一个高风险的行业。

　　高风险的同时也伴随着高收益。文化产品的一个重要的特点就是低边际成本，即同一产品第一次生产的成本最高，之后再次生产仅需要投入少量成本。如软件业，一个软件的研发可能需要投入高达数亿的巨额资金，但是软件研发成功后批量生产的边际成本几乎接近于零。文化产品的这种低边际成本的特性意味着当某一产品得到了消费者的喜爱后，生产者能够通过后续的生产不断获取高额的利润。

2. 高收入弹性。

文化产业的兴起是在工业化革命之后，随着人们的收入水平的提高，为了满足人们的精神需求而产生的。文化需求是一个更高层次的需要，只有人们的物质生活达到一定的水准，精神需求足够大并达到可以支撑一个产业的发展的程度时，文化产业才能作为一个独立的产业兴起和发展起来。这就决定了文化产业是一个高收入弹性的产业。

3. 边际成本递减。

文化产业是高固定成本、低边际成本甚至是零边际成本的产业。文化产品生产创造之初，需要投入大量固定成本，但是一旦固定投资成本形成，在追加产品生产时，边际成本迅速地下降，甚至下降为零。如制作激光唱盘，第一张光盘的成本极高，但是大量复制后，边际成本就趋向于零。这也说明文化产业需要很大的规模经济，如果没有强大的规模经济，就难以市场化。

4. 投资的集中和聚集性。

文化产业项目投资相对比较集中，基础设施建设项目投资或者说初始投资所占比例很大。这种一次性大规模初始投资，规模宏大，配套性强，必须同时建成才能发挥作用，因而一开始就需要有较大规模的投资作为创始资本，而实体产业的投资则是均匀地融合于产品生产过程中。例如，要建成一个博物馆或者艺术馆，不仅要建设一个场馆，还要充实数量相当的展览品才能对外开放，在建成开放之后只需要对其管理和更新。如果投资一个电影，九成以上的投资都集中在电影的拍摄及后期制作，之后的宣传以及电影的拷贝所占比例就相对很小。因此，投资文化事业必须进行投资预算，对于较大的初始投资有足够的资金支持。

5. 公益性。

随着人们的物质生活逐渐得到满足，对精神文明的要求就会越来越高，文化产业正好满足人们对精神文明的需求。文化产业中的基础项目投资（如博物馆）本质上是一种政府行为，是对市场在公共产品领域失效的弥补，因为在该领域投资中的外部经济性较强，私人投资不愿或难以进入，理应由政府投资替代。

第九章 区域文化产业资本与价值创造

二、文化产业的融资渠道

1. 政府。

各国政府都在不同程度上对本国的文化产业发展进行支持和鼓励。一方面，政府部门作为管理机构，制定有利于文化产业发展的法律法规和政策；另一方面，政府通过中介机构对文化产业进行财政支持。例如，在美国，政府对文化艺术事业的资助主要依靠法律，通过法律法规和政策杠杆来鼓励中央和地方对文化进行投资。文化娱乐业是纽约仅次于金融业的第二大产业。以百老汇音乐剧为核心的时报广场经济圈年度营业总额逾1100亿美元，占全市年总产值18%。2013年，纽约市政府在文化方面总投资为1.5亿美元，居全美第一。"美国联邦政府所支持的是那些不通过市场运作方式经营的非营利文化团体，申请资助的团体必须是非营利性质的民间机构，而且是从联邦政府取得免税资格者，其盈利部分不得归个人所有。"[①] 在英国，政府对于文化产业的资助主要通过政府委托非政府公共文化机构（或称准官方机构）来进行。值得注意的是，政府文化行政主管部门对非政府公共文化机构不存在行政领导关系。文化、新闻和体育部作为中央政府行政主管部门，只管制定政策和财政拨款，没有直接管辖的文化艺术团体和文化事业机构；国家所有的大型文化单位，如大英博物馆、国家美术馆、大英图书馆等，都是独立运作，不直接隶属于文化、新闻和体育部，具体事务交给非政府公共文化机构，如英格兰艺术委员会、工艺美术委员会、博物馆和美术馆委员会等由专家组成的机构，他们负责对各文化单位进行评估和拨款。"法国是一个历来重视文化发展的国家，但是同其他国家相比，法国又比较避讳使用'文化产业'的概念。它在文化发展方面不太信赖市场的作用，而更相信国家的扶持和庇护。"[②] 反映在文化产业融资方面，"法国对文化投入比例之高是惊人的"，"近年来，法国经济形势严峻，财政赤字巨大，失业率高居不下，社会问题丛生，但它们并没有采取牺牲或削减文化投资的方式来鼓励发展经济，而是选择了通过增加文化投资，以文化的发展来促进经济发展的道路。文化投资的绝对数额在逐年增加，在国家经费预算中所占比例也在逐年提高，并已稳定在1%。"[③] 韩国政府设立的基金会有两类，一类是中央政府设立的基金会，如文化振兴基金、

[①] 熊澄宇著：《世界文化产业研究》，清华大学出版社2012年版，第77页。
[②] 熊澄宇著：《世界文化产业研究》，清华大学出版社2012年版，第199页。
[③] 熊澄宇著：《世界文化产业研究》，清华大学出版社2012年版，第206页。

区域文化经济论

文化产业振兴基金;一类是地方市政府设立的基金会,如首尔文化财团、仁川文化财团等。①

在我国,1986年成立的上海文化发展基金会是国内首家文化发展基金会,被视为政府引导文化产业发展的标志。此后,政府对文化产业的投资力度和引导力量不断加强,客观上对文化产业的发展起到了显著的成效。很多省份也出台了支持文化产业发展的政策,涉及金融支持、产业园建设、区域文化产业协同发展等方面。例如,浙江出台的《关于进一步加快发展文化产业的若干意见》提出,到2015年浙江文化产业要成为重要支柱性产业,增加值比2010年翻一番,占全省生产总值的比重力争达到7%。浙江将从资金、税收、土地、金融、人才和组织等方面对文化产业发展提供支持。完善文化产业投融资服务体系,支持符合条件的省级文化企业联合实力雄厚的民营企业探索设立面向中小文化企业的小额贷款公司,扶持发展优秀中小文化企业;支持符合条件的文化企业进入主板、创业板上市融资,鼓励已上市文化企业通过公开增发、定向增发等方式实施再融资和并购重组;鼓励国有大型企业和社会资本以各种方式组建文化产业风险投资基金,抓紧制定和完善著作权、专利权、商标权等无形资产评估、质押、登记、托管、流转和变现的管理办法,为金融机构开展无形资产质押贷款业务等提供配套支持。

2. 银行。

银行是文化产业的融资渠道之一。我国首部3D武侠巨片《龙门飞甲》出品公司博纳影业负责人曾表示:"《龙门飞甲》的如期完成离不开北京银行提供的资金支持。"2010年9月,博纳影业得到北京银行朝外支行1亿元的"打包式"授信额度,用于《龙门飞甲》等4部电影和1部电视剧的拍摄。北京银行曾先后支持过中国电影集团、北京演艺集团、八一电影制片厂等一批颇具实力的大中型文化企业,也支持过如华谊兄弟、博纳影业、光线传媒、小马奔腾、华录百纳等正在"长大"、渐趋成熟的民企,还有更多处于初创期、成长期的动漫、剧场、传媒等小微企业。此外,2012年2月,北京银行与北京市旅游发展委员会签署战略合作协议,承诺为北京市旅游产业重点企业提供意向性授信100亿元,全面支持旅游产业融资需求,推动首都旅游产业繁荣发展。同时,北京银行还为北京恺撒国际旅行社有限责任公司、北京市昌平区十三陵特区办事处、北京京东石林峡景区服务管理有限公司3家旅游企业提供合计1.1亿元贷款额度,支持旅游企业发展。

---

① 熊澄宇著:《世界文化产业研究》,清华大学出版社2012年版,第136页。

第九章 区域文化产业资本与价值创造

2007年，交通银行北京分行成为首批加入北京市文化创意产业与金融资本对接工作的银行，之后，相继与北京市文化创意产业促进中心、中国广播电视协会电视制片委员会、国际版权交易中心等政府或机构搭建了支持文化产业发展平台。近年来，交通银行北京分行研发并推广了"智融通"文化创意产业版权担保贷款、"北京文化"文化创意产业集合信托融资计划、"视融通"影视行业供应链融资业务等文化产业系列创新金融产品。2011年6月，交通银行北京分行以信用与版权质押相结合的方式，给予完美影视及其旗下鑫宝源影视、希世纪影视、华美时空、完美蓬瑞、完美建信5家子公司9000万元贷款，用于影视剧项目的拍摄、制作和发行。

但相对来说，从事文化创意产业的企业多为中小企业，自有资金相对有限，而创意产品的风险很高，银行又较难评估其价值和风险，因此以版权等无形资产做抵押物很难申请银行贷款。以拍电影为例，拍电影有风险，未来票房销售状况不知道，而且拍电影的抵押物不值钱，所以银行不愿意给拍电影的人贷款。这一情况也存在于其他类型的文化产业中。

3. 资本市场融资。

美国完善成熟的资本市场为文化产业的发展融资带来极大的便利，完善的融资体制、多样化的融资方式、多元化的融资渠道为美国文化产业发展提供了重要的保障，无论个人、团体和金融财团，都给文化产业注入了大量的资金。以电影业为例，电影投资基金的募集通常是由私募基金以高收益债、低收益债和优先股等不同品种的金融产品吸引风险承受能力不同的投资者而完成。

途径有两种，"一种是通过银行发放。融资企业委托银行代理债券发放业务，前者向后者支付债券发放代理费。……另一途径是融资企业自己直接在货币和资本市场上筹措金融资本。"① 随着我国资本市场的发展与完善，为文化产业的融资发展提供了新的融资渠道。1994年，东方明珠传媒在上交所上市，这是中国第一家文化传媒类上市公司。随后，中国"电视第一股"——电广传媒1999年在深交所上市，"报业第一股"——博瑞传播，"有线电视第一股"——歌华有线分别于1995年和2001年上交所相继上市。迄今为止，文化产业上市公司已达20多家。

4. 民间资本。

20世纪90年代，韩国的电影产业率先在文化产业领域中打破了行业垄断，允许私人财团介入投资和发行影片等相关业务领域。此政策一经出台，韩国现

---

① 胡惠林主编：《文化产业概论》，云南大学出版社2005年版，第144~145页。

代、三星、大宇等韩国五大私人财团迅速以极大的热情和巨额的资金投入到影片的制作领域，并依托其固有的商业销售网络实行"搭便车"的影片发行方式。

5. 风险资本。

美国风险投资介入文化产业方式主要采用"赤字模式"，即在新产品开发中，风险投资者和制作者共同分担投资风险，投资者可以获得该产品的使用权，而制作者因承担部分市场风险而享有产品的二级和三级销售权。英国风险投资介入方面采用的是"成本附加模式"，即投资者委托制作者制作产品并支付全部费用，并预付利润（10%），作为回报，投资者不仅可以获得初级权利（如节目首播权），还可以获得大部分二级权利（如多次播放、影碟发行权等）。在韩国，20世纪90年代后期，创业型的风险投资公司完全代替了几年前的私人财团，成为继私人财团之后电影投资的主力。风险投资公司为韩国的电影产业带来了全新的理念，它完全以营利为目的，在表现手法上追求多元化的风格。在影片制作的前期，风险投资公司十分注重作品的创意，并调动一批精通市场需求的文化策划人员对编剧和导演进行指导，在指导的过程中，策划人员会将影片所要包含的其他产业相关信息与影片故事结合的创意列出，以便编剧和导演设置场景和故事情节。"文化产业专门投资组合"的风险投资形式是韩国的国情特色，并已取得明显成效。

我国文化产业基金发展也较快，2011年共设立了43只文化产业基金，其中以艺术品基金的数量最高，为20只，占2011年文化产业基金设立总数的46.51%；其次为综合性文化产业基金，为15只，占总数的34.88%。43只文化产业基金分布于国内11个省、市和自治区，其中以北京设立的文化产业基金最多，为15只，占总数的34.88%；其次为广东，为11只，占总数的25.58%。2012年11月6日，上海文化产业股权投资基金（有限合伙）在上海正式成立，这是我国首家获得证监会行政许可、首家证券公司直投基金。上海文化产业基金目标规模高达100亿元人民币，首期募集30亿元（分两期到位），重点投资领域为文化及相关产业，包括广播影视业、新闻出版业等。

目前活跃在中国影视界的PE主要有：国际数据集团（IDG）新媒体基金、由中影集团等发起的中华电影基金、红杉资本、软银、A3国际亚洲电影基金、韦恩斯坦（TWC）亚洲电影基金、"铁池"私募电影基金，此外，汉能、易凯等私募股权基金以及海外的影业公司和大型投行也在密切关注其中的投资机会。

6. 外国直接投资。

在美国，吸收外国直接投资是文化产业融资的主要渠道之一。美国文化产业是由外国跨国公司来运作的，如在好莱坞最具实力的电影制片厂之中，哥伦比亚

第九章 区域文化产业资本与价值创造

三星的老板是日本的索尼公司，福克斯的老板则是澳大利亚的新闻集团。在流行音乐产业部门更是如此，除了美国的 WEA 公司之外，更多在美国市场上赚取钞票的是日本的索尼、荷兰的宝金、德国的 BMG、英国的 Thorn-EMI 公司等。美国电影与音乐等产业部门对外来资本的依赖尤甚。近些年来美国好莱坞影片的制作成本越来越高，那些更重人文内涵的小制作影片则受到排挤，大制作影片的投资达到了天文级的数字。这些膨胀的资金必定被制片商转嫁给市场的资本融合，依靠强有力的金融市场来支撑美国电影产业。如曾在 1998 年风靡全球的好莱坞大片《泰坦尼克号》，实际上是由 7 个国家的 30 多家公司协作完成的，其中的特技制作包给了有 16 家多国中小技术公司协助的 Digital Domain 公司，音乐制作包给了日本的索尼公司。《泰坦尼克号》的总投资近 2 亿美元，不过它的全球票房却高达 18 亿美元，前期产出（即未含下游产品收入）是投入的 900%。

三、文化产业的投融资模式

1. 市场主导模式。

美国是市场主导模式的典型代表。"美国政府区分了营利性文化产业和非营利性文化组织机构，前者交给市场，政府不控制也不分享其所有权，更不直接参与或干预其经营，这是政府有所不为的地方；后者是无法完全依靠自己的力量在市场经济的大潮里求生存、求发展的，政府于是便通过税收政策或直接资助来扶持他们，这是政府要有所为的地方。"[1]。对于"有所不为的地方"，政府只是为其提供宽松的外部环境和严格的法律保障[2]；对于"有所为的地方"实行直接拨款的方式，政府拨款对象为非营利文化艺术团体。而且，政府采用资金匹配的方式实行有限拨款。联邦政府机构提供的资金支持是有限的，一般要求对任何项目的资助总额不超过所需经费的 50%，其余资金必须由申请者从政府机构以外筹集。这样就避免了文化团体对政府的过分依赖。资金匹配方式要求各州、各地方政府拨出相应的地方财政来与联邦政府资金配套，另一方面也要求各艺术团体或艺术家积极向社会筹集资金以获得政府的资助。显然这种资金匹配方式调动了各州、各地方乃至全社会资助艺术事业的积极性，也调动了各艺术团体、艺术家的积极性。同时，通过多方考察，既确认该项目的社会意义与艺术意义，又提高了

---

[1] 孙有中等编著：《美国文化产业》，外语教学与研究出版社 2007 年版，第 257 页。
[2] 熊澄宇著：《世界文化产业研究》，清华大学出版社 2012 年版，第 77 页。

项目的可实施度，避免了无效投入。[1]

2. 政府引导模式。

英国是政府引导模式的典型代表。英国政府大力扶持文化产业企业，在文化企业自发的形成发展融资需求后，通过财政支持，并由此吸引大量外部资本的介入，从而为兴盛英国的文化创意产业提供了支持。英国目前也是世界上仅次于美国的创意产品输出国，这主要得益于政府的大力支持。"1997年5月布莱尔出任英国首相，为调整产业结构和解决就业问题，并振兴低迷的英国经济，他下定决心发展知识经济，并于当年7月成立了文化媒体体育部。1998年，文化媒体体育部组成了'创意产业工作组'，由布莱尔首相亲任主席"，"1998年英国成立创意产业输出推广顾问团，调查政府政策对创意产业产品出口效益的影响情况，提出改善建议"，另外，"英国贸易和工业部从20世纪90年代开始也对创意产业提供服务"。[2] 这样就形成了还包括文化媒体体育部、贸易工业部、对外贸易部、文化委员会、地方艺术委员会、地方艺术理事会的管理网络系统。

政策方面，要点包括：（1）培养消费市场。强调艺术产品面向大众，鼓励和保障民众积极参加文化活动。政府每年向文化艺术领域投入大额指导性投资，明显倾向于公益性文化。（2）扶助优秀、提倡创造，支持文化艺术门类的产业发展。对于公共生活密切相关的重点文化单位和艺术品种追加拨款，用以带动提高公众对文化以经济价值的认识。（3）指导文化企业主体吸引金融机构或政府投资，鼓励向文化企业捐赠或资助，成立风险基金，激励创业。（4）保证文化艺术成为教育服务体系的组成部分。（5）保护知识产权，推动地方自主权。

3. 政府行政指导模式。

韩国、日本等国家针对市场法律和市场各项制度还不健全的阶段，主要采取文化产业的政府指导模式。政府为了培育和促进本国文化产业的发展，需要政府在政策和市场监管以及文化事业的资金扶持外，政府还对文化产业市场制度的建立、文化产业发展的规划人才的培养、法律法规的完善。为吸引民间资本的政府引导资金、转向扶持资金和文化产业优惠的税收和服务政策的建立等措施的介入，能更快更好地发展该国的文化产业。

4. 政府经营管理模式。

法国是政府经营管理模式的典型代表。法国的文化产业以传统文化为主，注

---

[1] 卢娟：《国外政府文化资助模式及对中国的启示（一）》，文化发展网，http://www.ccmedu.com/bbs9_2601.html。

[2] 毕佳、龙志超编著：《英国文化产业》，外语教学与研究出版社2007年版，第2页。

第九章 区域文化产业资本与价值创造

重高雅和艺术感,但是法国政府独有的金融支持模式使得法国的文化消费高雅而不高价,从而促进了法国人民的文化消费并促进了法国文化产业的繁荣发展。"法国在文化发展方面不太相信市场的作用,而更相信国家的扶持和庇护",法国的文化政策"更多地强调法国政府从王室时代起就关注文化与法国'国家形象'的密切关系,并决定在国内加强政府对文化发展的扶持力度,在国外由法国外交部和其他涉外机构推进法国文化交流,加强法国文化的对外影响"[1]。

另外,法国还非常注重知识产权的保护。此外,为了保护法语文化体系,在对抗英语体系冲击过程中,法国对本国市场化企业也建立了一套完善的保护和资助体系,以培育强大的国内文化企业。

四、我国文化产业融资现状及对策

(一) 我国文化产业融资现状

我国文化产业在融资状况上还存在一些问题,如财政投入缺口大、引导性弱,地方政府存在政绩性投资且投资手段单一;直接融资进入门槛高、融资规模小、融资成本高;间接融资规模小、成本高;各种金融服务中介机构缺失[2];文投融资效率低,投融资渠道缺乏[3]。

融资渠道单一;基本上靠文化企业自身滚动发展,民间投资渠道不畅;园区粗放式发展,资金利用效果不佳。

(二) 我国文化产业融资对策

(1) 对公益性文化项目,以政府投资为主,满足人民群众日益增长的文化需求;对营利性文化项目,以政府投资为引导,带动社会资本进行投资,随着社会资本在这些领域投入的逐步加大,政府应减少投资并逐步从这些领域退出。

(2) 积极利用资本市场融资。鼓励有条件的文化企业积极申请上市融资,对于那些尚不具备进入主板市场的文化企业来说重点可通过中小企业板、二板市场进行融资。

---

[1] 熊澄宇:《世界文化产业研究》,清华大学出版社 2012 年版,第 199 页。
[2] 林丽:《我国文化产业发展中的投融资问题及对策》,载于《经济纵横》2012 年第 4 期,第 68~72 页。
[3] 张伟、周鲁柱:《我国文化产业投融资存在的问题及基本对策》,载于《现代传播》2006 年第 4 期总第 141 期,第 106~112 页。

(3) 引入风险投资或私募股权投资，发展文化产业投资基金。文化产业的投资特点之一是高风险性，与之最匹配的资本是风险资本。通过风险资本与文化产业的对接，不仅为文化产业注入资金上的支持，出于盈利的目的，风险资本必然还会对所投资的文化企业进行监督，以及提供管理、咨询等支持。

(4) 利用外国直接投资，推进文化产业资源配置的国际化。除了利用民间资金和境外资本市场支持以外，我国文化企业也可以考虑利用外国直接投资，推进文化产业资源配置的国际化。我国目前利用外资的程度还相当低。吸收外资进入我国文化产业的方式很多，可以吸引其直接投资建厂，也可以将资金引入大型文化项目，抑或对我国文化企业进行购并或股权互换。引入外资，不仅仅是需要借助其资金，更重要的是引入其先进的管理模式，完善内地文化企业的公司治理结构，增强我国文化企业的核心竞争力。当然，考虑到文化产品的意识形态属性，在引入国外资本的同时，要保持中华文化的主权和独立，抵御外来文化的消极影响。

第二节
文化产业价值创造与风险控制

随着经济发展和人民生活水平的提高，人们对文化产品的需求日益增加。但是精神需要相对于人的生存需要而言，并不是必需品，同时文化产品是一种体验性产品，消费者对文化产品的评价也具有较强的主观性，从而使文化产品的需求具有较强的选择性和随机性。一种产品对于消费者的需求而言，受到时尚潮流、传播炒作、个体嗜好、文化差异、社会环境以及地域特色等多种不确定因素的影响。这使得文化生产的供给和需求之间存在严重的信息不对称，并增加了文化产品的投入风险。此外，盗版对文化产品的冲击，也加大了文化产业者的经营风险。

一、文化产业贡献于经济增长的主要途径

1. 产业融合。

"产业的跨边界融合与创新需要加深了产业之间的横向联系，促进了新的价

第九章 区域文化产业资本与价值创造

值链结构与产业组织形式的诞生。"① 例如，制造业通过为产品注入特定的文化内涵和赋予某种象征意义，实现产品附加值增长。这些新产品不仅能紧跟消费的变化潮流，而且还会因新创意、新构思和新概念的引入为市场创造出新的消费领域和客户群体。另外，有相当大一部分文化产业是在信息产业与出版、电视、音乐、广告、教育等产业融合的基础上发展起来的，融合后的产业性质、价值链增值结构和营销模式都发生了显著的变化。

2. 国际贸易。

"同其他产业一样，文化产业发展要面向国际市场，从国内走向国际，才能真正做大做强，国际化成为文化产业发展的重要方向"，"经济全球化条件下，各国文化市场逐步开放，为文化资本进行国际化运营、文化产业生产和消费国际化提供了市场需求和条件"，"各国经济不断发展，人们收入水平提高，文化素质提升，文化消费能力提高，为国际性文化消费打下了经济、文化基础"。② 通过文化产业的发展，树立国家良好的文化形象，进而带动该国文化产品与非文化产品的出口。扩大一国文化产品的国际市场需求，反过来又会拉动该国文化产业的发展，这会形成一个良性循环。

3. 增长模式的转变。

与传统经济增长方式以资源消耗为代价不同，文化产业主要依靠非物质的智力、社会与文化等资本，它倡导的是一种经济、组织和制度上均具有可持续性的增长模式。"城市文化产业具有低投入高回报、消耗物质能源少取得的效益大的特点"，所以胡惠林认为，"在人类无计划地疯狂掠夺地球能源，使地球资源日益面临枯竭的今天，文化产业显然是最有于实施可持续发展战略的产业。"③ 以北京市为例，"'十一五'期间，北京市文化创意产业增加值占地区 GDP 的比重由 10.14% 增至 12.03%，居全国之首"，"文化创意产业作为支柱产业对北京市经济的升级转型的推动作用日渐显现，特别是对传统工业及其相关区域的改造与提升作用明显，如在首钢的转型升级中文化创意产业居功至伟。"④

4. 带动相关产业发展。

文化产业的发展还会带动其他相关产业的发展，如带动旅游业、餐饮业、住宿业、地产业的发展，甚至会带动服装业、制造业的发展。大芬村是深圳市龙岗

---

① 胡彬：《创意产业价值创造的内在机理与政策导向》，载于《中国工业经济》2007 年 5 月，总第 230 期，第 23 页。
② 邓安球著：《文化产业发展研究》，中国社会科学出版社 2010 年版，第 81 页。
③ 胡惠林主编：《文化产业概论》，云南大学出版社 2005 年版，第 39 页。
④ 叶朗主编：《中国文化产业年度发展报告（2012）》，北京大学出版社 2012 年版，第 296 页。

区域文化经济论

区布吉街道下辖的一个村民小组,占地面积 0.4 平方公里,本村原住居民 300 多人。1989 年,香港画家黄江来到大芬,租用民房招募学生和画工进行油画的创作、临摹、收集和批量转销,由此将油画这种特殊产业带进了大芬村。随着越来越多的画家、画工进驻大芬村,"大芬油画"成了国内外知名的文化品牌。油画产业的发展的同时也带动当地的旅游、地产等产业的发展。

二、文化产业价值创造的内在机理

1. 技术进步的推动。

文化产业的发展离不开技术进步的推动,尤其是伴随信息化过程的电信、广播电视与出版业的融合趋势为文化产业的发展奠定了全新的组织环境和更广泛的传播渠道。信息技术为文化产业的发展提供了巨大的技术支撑和强大动力,如三网融合带动了与文化产业和信息产业相关的众多行业发展,催生了文化创意、数字制作、数字发行、动漫游戏等许多新的业态。

2. 范围经济。

与工业化生产追求规模经济相比,文化产业以产业融合为依托,不再是简单地追求规模经济,而是以范围经济为目标。另外,文化资源可以反复利用,所以文化产品或服务的生产者可以通过对客户需求的细分,来提供多样化的、个性的,甚至可以是定制的文化产品或服务,从而通过差异化在竞争中获胜。对于文化产品或服务的生产者来说,其利润来源不再是简单地依赖于成本的压缩,而且客户价值的创造。此外,以新技术应用为基础的分销形式的出现,取代了传统的批发销售模式,使销售过程变得更加具有计划性,更能够针对购买者情况提供优质、高效和便捷的服务,进而使得上游的内容创新和文化创意能够因时、因地地创造产品的附加价值。

3. 扩大就业。

文化产业的发展,以及文化产业与其他产业的融合发展,可以创造出很多新的行业,从而提供了新的就业空间。据有关资料统计,1981~1993 年,英国的文化产业就业人数增加了 22%,占所有从业人数的比例从 0.72% 上升至 0.84%。1987~1993 年,美国的版权产业就业人数年增长率达 2.7%,是同期其他产业的三倍。① 在国内,"十一五"期间,北京市文化创意产业的从业人员从 89.5 万增至 122.9 万,年复合增长率为 7%,其中 2010 年文化创意产业

---

① 胡惠林主编:《文化产业概论》,云南大学出版社 2005 年版,第 39~40 页。

第九章 区域文化产业资本与价值创造

的从业人员占全市从业人员的 11.9%。① 根据国家统计局《文化产业分类目录》标准测算,2009 年上海文化产业从业人员 56.01 万人,2010 年增长至 57.07 万人。②

4. 提高人力资本水平,促进了经济增长。

王林、顾江（2009）根据长三角地区 14 个城市 1992～2006 年的年度数据,对该地区文化产业发展与经济增长之间的关系,以及文化产业作用于经济增长的机制进行了实证分析,分析发现：文化产业是知识密集型产业,对劳动力素质要求较高,其发展吸引了大批有创造力、想象力和个性化的人才。作为新兴产业,该产业产出效率、回报率均高于一般产业,劳动力报酬也相对较高,形成示范效应,激励区域内劳动力延长受教育时间、参加培训。通过这两个途径,文化产业的发展提高了区域人力资本水平,促进了经济增长。③

三、文化产业的风险控制

文化产业风险的控制有以下三方面：

1. 政府层面的风险控制。

政府在进一步完善市场机制的同时,可通过制度建设和适当的扶持政策对文化产业的风险进行控制。国家在制定文化产业政策时,必须考虑到本国的文化产业发展状况。美国的"普遍主义、自由贸易和文化扩张"的文化产业政策与其文化产业在全球的支配地位存在必然联系。而法国政府对文化产业的"保护与扶持"的政策又与法国的发展历史,以及法国的历史文化有关。从具体的文化产业发展策略上来看,政府也同样能发挥积极的作用。例如,建立良好的文化产业发展信息平台,这有助于掌握文化产业发展规模、结构、状态、特点,避免低水平重复、浪费社会资源的状况,还有利于政策效果的评估,减少政策风险；在文化产业的投融资方面,提供政府担保或部分担保,既可以引导其他社会资金投资文化产业,同时又降低了政府投资的风险,提高资金的利用效率。

2. 投融资环节的风险控制。

在投融资的风险控制上,首先需要对项目进行科学客观的价值评估,一般来

---

① 叶朗主编：《中国文化产业年度发展报告（2012）》,北京大学出版社 2012 年版,第 296 页。
② 杨群：《上海文化创意产业 2010 年实现总产出 5499.03 亿元》,《解放日报》2011 年 9 月 23 日。
③ 王林、顾江：《文化产业发展和区域经济增长》,载于《中南财经政法大学学报》2009 年第 2 期,总第 173 期,第 84～88 页。

说，银行、投资基金公司都有自己的评估专家，也可借助社会中介机构和专业的第三方评估机构进行评估。另外，还可以在投资策略上作适当选择，降低投资风险。例如，如果以私募股权基金形式投资，"遵循不要把鸡蛋房子同一个篮子里"的原则，应将基金分别投在不同的项目上，最好这些项目的风险不是正相关。文化产业的项目融资很多是通过多方参与投资的形式实现的。例如，电影业的"联合摄制模式"，为减少资金压力，整合更多资源，规避投资风险，常由多个投资者联合投资一部电视剧，并根据投资协议来确定各方对影片版权收益的分配。以影片《阿凡达》为例，除新闻集团外，还有两家私募股权基金沙丘娱乐（Dune Entertainment）和天才媒体（Ingenious Media）承担了5亿美元总投资（包括营销费用）投资的60%，私募股权基金的加入无疑加强了福克斯电影娱乐公司财务的灵活性，分散了投资风险。在中国，如《集结号》、《非诚勿扰》等也是采用了"联合摄制模式"。

在过去十几年间，在私募基金和避险基金的追逐下，好莱坞电影制作通过第三方股本融资的现象逐渐普遍，改变了以往主要通过贷款融资的状况。据估计，在好莱坞有超过30%的制片成本是通过第三方股本融资获得的。

3. 市场和交易的风险控制。

人们对某些文化产品的价值认识有个过程，相应的就存在市场和交易的风险。为了让受众尽快认识文化产品或服务的价值，需要借助于适当的媒体进行宣传和推介，做好消费者教育。例如，上海京粹艺术品发展有限公司早期投资刘令华的油画时，便在为他举办画展的同时请专家在媒体上介绍其画作的特点，让人们了解其艺术特点和价值。电影《哈利·波特》每集上映前，各大媒体都会介绍该集即将上映、有何特点等。上海大剧院投资兴办的"艺术课堂"，主要针对要上演的节目邀请专家来进行讲解点评，以提高观众的欣赏能力，因为提高受众鉴赏力可以降低市场风险。再如歌剧《尼伯龙根的指环》，在其上演前曾有七场讲座指导，有3200人听了有关"指环"的课，这不仅大大提高了观众的欣赏水平，也大大增加了票房收入，降低了市场风险。这些活动都是通过主动的消费者教育，增加消费者对文化产品或服务的认知水平，从而降低了市场和交易风险。

另外，风险投资的介入也可以减少市场风险，促成交易的达成。因为文化产品的市场具有较大的不确定性，例如，2008年全球金融危机爆发后，浙江文具之乡宁海县的360户文具生产企业（多为民营中小企业）急需更新产品设计，便结队到上海购买创意设计。在上海创意产业中心的帮助下，一批专业的设计企业为他们提供了许多新的设计，但是在交易过程中就遇到了市场风险的问题：文具

第九章 区域文化产业资本与价值创造

生产企业认为新的设计是否受市场欢迎很不确定,花钱购买新设计存在较大风险;而设计企业也担心新的设计创意泄露后被复制知识产权得不到保护。此时,上海创意产业投资公司的风险资本及时介入,由它出资一半,企业出资一半,将创意设计版权买下,企业生产销售的收益和风险双方共担,投产后如果企业认为市场较好,可将另一半产权购回,交易得以顺利完成。

附　录

附表1　文化及相关产业的类别名称和行业代码

类别名称	国民经济行业代码
第一部分　文化产品的生产	
一、新闻出版发行服务	
（一）新闻服务	
新闻业	8510
（二）出版服务	
图书出版	8521
报纸出版	8522
期刊出版	8523
音像制品出版	8524
电子出版物出版	8525
其他出版业	8529
（三）发行服务	
图书批发	5143
报刊批发	5144
音像制品及电子出版物批发	5145
图书、报刊零售	5243
音像制品及电子出版物零售	5244
二、广播电视电影服务	
（一）广播电视服务	
广播	8610
电视	8620
（二）电影和影视录音服务	
电影和影视节目制作	8630
电影和影视节目发行	8640
电影放映	8650
录音制作	8660

附　录

续表

类别名称	国民经济行业代码
三、文化艺术服务	
（一）文艺创作与表演服务	
文艺创作与表演	8710
艺术表演场馆	8720
（二）图书馆与档案馆服务	
图书馆	8731
档案馆	8732
（三）文化遗产保护服务	
文物及非物质文化遗产保护	8740
博物馆	8750
烈士陵园、纪念馆	8760
（四）群众文化服务	
群众文化活动	8770
（五）文化研究和社团服务	
社会人文科学研究	7350
专业性团体（的服务）*	9421
—学术理论社会团体的服务	
—文化团体的服务	
（六）文化艺术培训服务	
文化艺术培训	8293
其他未列明教育 *	8299
—美术、舞蹈、音乐辅导服务	
（七）其他文化艺术服务	
其他文化艺术业	8790
四、文化信息传输服务	
（一）互联网信息服务	
互联网信息服务	6420

续表

类别名称	国民经济行业代码
（二）增值电信服务（文化部分）	
其他电信服务 *	6319
—增值电信服务（文化部分）	
（三）广播电视传输服务	
有线广播电视传输服务	6321
无线广播电视传输服务	6322
卫星传输服务 *	6330
—传输、覆盖与接收服务	
—设计、安装、调试、测试、监测等服务	
五、文化创意和设计服务	
（一）广告服务	
广告业	7240
（二）文化软件服务	
软件开发 *	6510
—多媒体、动漫游戏软件开发	
数字内容服务 *	6591
—数字动漫、游戏设计制作	
（三）建筑设计服务	
工程勘察设计 *	7482
—房屋建筑工程设计服务	
—室内装饰设计服务	
—风景园林工程专项设计服务	
（四）专业设计服务	
专业化设计服务	7491
六、文化休闲娱乐服务	
（一）景区游览服务	
公园管理	7851

附 录

续表

类别名称	国民经济行业代码
游览景区管理	7852
野生动物保护 *	7712
—动物园和海洋馆、水族馆管理服务	
野生植物保护 *	7713
—植物园管理服务	
（二）娱乐休闲服务	
歌舞厅娱乐活动	8911
电子游艺厅娱乐活动	8912
网吧活动	8913
其他室内娱乐活动	8919
游乐园	8920
其他娱乐业	8990
（三）摄影扩印服务	
摄影扩印服务	7492
七、工艺美术品的生产	
（一）工艺美术品的制造	
雕塑工艺品制造	2431
金属工艺品制造	2432
漆器工艺品制造	2433
花画工艺品制造	2434
天然植物纤维编织工艺品制造	2435
抽纱刺绣工艺品制造	2436
地毯、挂毯制造	2437
珠宝首饰及有关物品制造	2438
其他工艺美术品制造	2439
（二）园林、陈设艺术及其他陶瓷制品的制造	
园林、陈设艺术及其他陶瓷制品制造 *	3079

续表

类别名称	国民经济行业代码
——陈设艺术陶瓷制品制造	
（三）工艺美术品的销售	
首饰、工艺品及收藏品批发	5146
珠宝首饰零售	5245
工艺美术品及收藏品零售	5246
第二部分　文化相关产品的生产	
八、文化产品生产的辅助生产	
（一）版权服务	
知识产权服务 *	7250
——版权和文化软件服务	
（二）印刷复制服务	
书、报刊印刷	2311
本册印制	2312
包装装潢及其他印刷	2319
装订及印刷相关服务	2320
记录媒介复制	2330
（三）文化经纪代理服务	
文化娱乐经纪人	8941
其他文化艺术经纪代理	8949
（四）文化贸易代理与拍卖服务	
贸易代理 *	5181
——文化贸易代理服务	
拍卖 *	5182
——艺（美）术品、文物、古董、字画拍卖服务	
（五）文化出租服务	
娱乐及体育设备出租 *	7121
——视频设备、照相器材和娱乐设备的出租服务	

附　录

续表

类别名称	国民经济行业代码
图书出租	7122
音像制品出租	7123
（六）会展服务	
会议及展览服务	7292
（七）其他文化辅助生产	
其他未列明商务服务业 *	7299
—公司礼仪和模特服务	
—大型活动组织服务	
—票务服务	
九、文化用品的生产	
（一）办公用品的制造	
文具制造	2411
笔的制造	2412
墨水、墨汁制造	2414
（二）乐器的制造	
中乐器制造	2421
西乐器制造	2422
电子乐器制造	2423
其他乐器及零件制造	2429
（三）玩具的制造	
玩具制造	2450
（四）游艺器材及娱乐用品的制造	
露天游乐场所游乐设备制造	2461
游艺用品及室内游艺器材制造	2462
其他娱乐用品制造	2469
（五）视听设备的制造	
电视机制造	3951

续表

类别名称	国民经济行业代码
音响设备制造	3952
影视录放设备制造	3953
（六）焰火、鞭炮产品的制造	
焰火、鞭炮产品制造	2672
（七）文化用纸的制造	
机制纸及纸板制造 *	2221
—文化用机制纸及纸板制造	
手工纸制造	2222
（八）文化用油墨颜料的制造	
油墨及类似产品制造	2642
颜料制造 *	2643
—文化用颜料制造	
（九）文化用化学品的制造	
信息化学品制造 *	2664
—文化用信息化学品的制造	
（十）其他文化用品的制造	
照明灯具制造 *	3872
—装饰用灯和影视舞台灯制造	
其他电子设备制造 *	3990
—电子快译通、电子记事本、电子词典等制造	
（十一）文具乐器照相器材的销售	
文具用品批发	5141
文具用品零售	5241
乐器零售	5247
照相器材零售	5248
（十二）文化用家电的销售	
家用电器批发 *	5137

附　录

续表

类别名称	国民经济行业代码
——文化用家用电器批发	
家用视听设备零售	5271
（十三）其他文化用品的销售	
其他文化用品批发	5149
其他文化用品零售	5249
十、文化专用设备的生产	
（一）印刷专用设备的制造	
印刷专用设备制造	3542
（二）广播电视电影专用设备的制造	
广播电视节目制作及发射设备制造	3931
广播电视接收设备及器材制造	3932
应用电视设备及其他广播电视设备制造	3939
电影机械制造	3471
（三）其他文化专用设备的制造	
幻灯及投影设备制造	3472
照相机及器材制造	3473
复印和胶印设备制造	3474
（四）广播电视电影专用设备的批发	
通信及广播电视设备批发　*	5178
——广播电视电影专用设备批发	
（五）舞台照明设备的批发	
电气设备批发　*	5176
——舞台照明设备的批发	

资料来源：国家统计局。

区域文化经济论

附表2　　　　　　　　国家文化产业示范基地名录

批次	国家文化产业示范基地名称
第一批 2004年	1. 中国对外文化集团公司。2. 中录同方文化传播有限公司。3. 北京市长安文化娱乐中心。4. 北京保利文化艺术有限公司。5. 北京儿童艺术剧院股份有限公司。6. 北京麦乐迪餐饮娱乐管理有限公司。7. 天津市西青区文化旅游发展有限公司。8. 河北吴桥杂技文化经营集团公司。9. 山西灵石县王家大院民居艺术馆。10. 辽宁锦州辽西文化古玩商城。11. 辽宁民间艺术团。12. 大连普利文化产业基地。13. 哈尔滨马迭尔集团股份有限公司。14. 上海张江创意产业基地。15. 上海盛大网络发展有限公司。16. 上海大剧院总公司。17. 上海瑞安集团。18. 常州中华恐龙园有限公司。19. 江苏省文化产业集团有限公司。20. 浙江宋城集团控股有限公司。21. 华宝斋富翰文化有限公司。22. 宁波市新彩虹娱乐有限公司。23. 安徽安美置业投资发展集团。24. 山东爱书人音像（集团）有限公司。25. 湖北省民间艺术团。26. 湖南红太阳娱乐有限公司。27. 岳阳汇泽文化发展有限公司。28. 佛山市民间艺术研究社。29. 广州长隆集团有限公司。30. 佛山市孔雀廊影音电器有限公司。31. 深圳华侨城集团公司。32. 深圳大芬油画村。33. 桂林广维文华旅游产业有限公司。34. 桂林愚自乐园。35. 四川自贡中国彩灯文化发展园区。36. 成都武侯祠锦里旅游文化经营管理公司。37. 四川建川实业集团。38. 四川广元市女皇文化园。39. 云南映象文化产业发展有限公司。40. 丽江丽水金沙演艺有限公司。41. 兰州市文化实业发展总公司。42. 西宁新奇工艺装饰有限公司。
第二批 2006年	1. 雅昌企业（集团）公司。2. 北京520互联网上网服务有限公司。3. 河北易水砚有限公司。4. 山西宇达集团公司。5. 东联集团成吉思汗陵旅游区。6. 辽宁大剧院。7. 大连大青集团。8. 吉林省东北风二人转艺术团。9. 上海时空之旅文化发展有限公司。10. 上海多媒体产业园发展有限公司。11. 江苏泰兴凤灵乐器有限公司。12. 苏州苏绣文化产业群。13. 杭州金海岸娱乐有限公司。14. 安庆市五千年工艺美术有限公司。15. 福建省网龙计算机网络信息技术有限公司。16. 景德镇陶瓷文化博览区。17. 青岛市文化街。18. 河南省文化集团。19. 江通动画股份有限公司。20. 三辰卡通集团。21. TCL文化发展有限公司。22. 广东潮州关键宇航鼠动漫影视有限公司。23. 重庆市綦江农民版画产业发展有限公司。24. 成都市三圣花乡景区。25. 成都市兴文投资发展有限公司。26. 九寨沟演艺产业群。27. 三星堆文化产业园。28. 多彩贵州文化艺术有限公司。29. 云南中天文化产业发展股份有限公司。30. 西安曲江文化产业投资（集团）有限公司。31. 安塞县黄土文化产业开发有限公司。32. 天水汉唐麦积山艺术陶瓷有限公司。33. 吾屯热贡文化艺术村。

附 录

续表

批次	国家文化产业示范基地名称
第三批 2008年	1. 北京老舍茶馆有限公司。2. 俏佳人传媒股份有限公司。3. 天津华夏未来文化发展中心。4. 天津市爱心手工编织制品有限公司。5. 衡水习三内画艺术有限公司。6. 曲阳宏州大理石工艺品有限公司。7. 大同市广灵剪纸文化产业园区。8. 包头市乐园文化传播有限责任公司。9. 沈阳杂技演艺集团有限公司。10. 盘锦辽河文化产业园。11. 大连海昌企业发展有限公司。12. 吉林歌舞剧院集团有限公司。13. 中筝文化集团长春光明艺术学校。14. 显顺琵琶学校。15. 哈尔滨松雷股份有限公司。16. 哈尔滨新媒体集团。17. 上海东方明珠（集团）股份有限公司。18. 上海长远集团。19. 江苏省演艺集团有限公司。20. 江苏爱涛艺术精品有限公司。21. 扬州工艺美术集团有限公司。22. 西泠印社集团有限公司。23. 浙江中南集团卡通影视有限公司。24. 宁波海伦乐器制品有限公司。25. 黄山市屯溪老街。26. 厦门市优必德工贸有限公司。27. 景德镇法蓝瓷实业有限公司。28. 蓬莱八仙过海旅游有限公司。29. 淄博东夷齐文化发展有限公司。30. 嘉祥石雕文化产业园。31. 焦作云台山旅游发展有限公司。32. 郑州市天人文化旅游有限公司。33. 郑州中远演艺娱乐有限公司。34. 湖北三峡非博园发展有限公司。35. 湖南宏梦卡通传播有限公司。36. 张家界魅力湘西旅游开发有限责任公司。37. 广东省广告股份有限公司。38. 深圳市腾讯计算机系统有限公司。39. 中山市小榄镇文化产业发展有限公司。40. 肇庆市端砚文化旅游村开发有限公司。41. 深圳古玩城。42. 百色靖西旧州绣球村。43. 海口市大致坡镇琼剧文化产业群。44. 重庆巴国城文化投资有限公司。45. 重庆洪崖洞城市综合发展有限公司。46. 四川乐山乌木珍品文化博物苑有限公司。47. 成都洛带客家文化产业开发有限责任公司。48. 成都演艺集团有限公司。49. 安顺开发区兴伟文化发展有限责任公司。50. 云南柏联和顺旅游文化发展有限公司。51. 昆明市福保文化城有限公司。52. 拉萨岗地经贸有限公司。53. 西安关中民俗艺术博物院。54. 陕西华清池旅游有限责任公司。55. 华县皮影文化产业群。56. 庆阳香包民俗文化产业群。57. 贵南县石乃亥民间艺术团。58. 宁夏回乡文化实业有限公司。59. 新疆和合玉器有限公司。

续表

批次	国家文化产业示范基地名称
第四批 2010年	1. 北京数字娱乐发展有限公司。2. 北京京都文化投资管理公司。3. 北京贯辰传媒有限公司。4. 北京人大文化科技园建设发展有限公司。5. 北京钧天坊古琴文化艺术传播有限公司。6. 中央新闻纪录电影制片厂（动漫）。7. 北京中外名人文化产业集团有限公司。8. 天津神界漫画有限公司。9. 天津市猛犸科技有限公司。10. 天津市津宝乐器有限公司。11. 大厂评剧歌舞团演艺有限责任公司。12. 河北金音乐器集团有限公司。13. 蔚县圆通文化创意有限责任公司。14. 阳城县皇城相府（集团）实业有限公司。15. 山西晋阳嫦娥文化艺术有限公司。16. 内蒙古鄂尔多斯市达拉特旗响沙湾旅游有限公司（文化旅游）。17. 内蒙古力王工艺美术有限公司。18. 大连圣亚旅游控股股份有限公司（文化旅游）。19. 沈阳三农博览园有限公司。20. 吉林省宇平工艺品制造有限公司。21. 吉林禹硕动漫游戏科技股份有限公司。22. 黑龙江冰尚杂技舞蹈演艺制作有限公司。23. 哈尔滨太阳岛风景区资产经营有限公司。24. 上海天地软件创业园有限公司。25. 上海今日动画影视文化有限公司。26. 扬州智谷投资管理有限公司。27. 江苏周庄文化创意产业投资发展有限公司。28. 江苏金一文化发展有限公司。29. 杭州神采飞扬娱乐有限公司。30. 宁波音王集团有限公司。31. 衢州醉根艺品有限公司。32. 桐城市佛光铜质工艺品有限公司。33. 蚌埠光彩投资有限责任公司。34. 中国宣纸集团公司。35. 艾派集团（中国）有限公司。36. 莆田市集友艺术框业有限公司。37. 福安市珍华工艺品有限公司。38. 萍乡市升华实业有限公司。39. 同方泰豪动漫产业投资有限公司。40. 山东周村古商城旅游发展有限公司（文化旅游）。41. 威海刘公岛实业发展有限公司。42. 潍坊杨家埠民俗艺术有限公司。43. 开封清明上河园股份有限公司。44. 镇平石佛寺珠宝玉雕有限公司。45. 项城市汝阳刘笔业有限公司。46. 海豚传媒股份有限公司。47. 武汉艾立卡电子有限公司。48. 湖南大剧院。49. 拓维信息系统股份有限公司。50. 广东中凯文化传媒有限公司。51. 广州珠江钢琴集团股份有限公司。52. 羊城创意产业园。53. 深圳华强文化科技集团股份有限公司。54. 深圳市永丰源实业有限公司。55. 深圳市同源南岭文化创意园有限公司。56. 海南天涯在线网络科技有限公司。57. 广西钦州坭兴陶艺有限公司。58. 重庆商界传媒有限公司。59. 凉山文化广播电影电视传媒有限公司。60. 贵州平坝县天龙旅游投资开发有限公司（文化旅游）。61. 大理风花雪月文化传播有限责任公司。62. 拉萨市城关区古艺建筑美术公司。63. 宝鸡市文化旅游产业开发建设有限公司。64. 西安大唐西市文化产业投资有限公司。65. 陕西富平陶艺村有限责任公司。66. 敦煌飞天文化产业发展有限责任公司。67. 青海藏羊地毯集团有限公司。68. 青海工艺美术厂有限责任公司。69. 宁夏华夏西部影视城有限公司（文化旅游）。70. 新疆国际大巴扎开发有限公司。

附　录

续表

批次	国家文化产业示范基地名称
第五批 2012年	1. 中国木偶艺术剧院有限责任公司。2. 北京万豪天际文化传播有限公司。3. 北京四达时代软件技术股份有限公司。4. 北京盛世金鹰国际传媒有限公司。5. 北京通惠坊投资有限公司。6. 北京春秋永乐文化传播有限公司。7. 兆讯传媒广告股份有限公司。8. 天津福丰达动漫游戏制作有限公司。9. 金大陆展览装饰有限公司。10. 承德鼎盛文化产业投资有限公司。11. 河北野三坡神悦文化传播有限公司。12. 太原高新区火炬创意产业联盟管理有限公司。13. 平定古窑陶艺有限公司。14. 鄂尔多斯中视实业有限公司。15. 葫芦岛葫芦山庄有限责任公司。16. 吉林省林田远达形象集团有限公司。17. 长春知和动漫产业股份有限公司。18. 黑龙江省同源文化发展有限公司。19. 黑龙江省伊春市柏承工艺品有限公司。20. 上海世博演艺中心有限公司。21. 上海宝山科技控股有限公司。22. 上海淘米网络科技有限公司。23. 南京云锦研究所股份有限公司。24. 南通鸿禧文化创意有限公司。25. 无锡软件产业发展有限公司。26. 龙泉市金宏瓷厂。27. 浙江乐富创意产业投资有限公司。28. 台州市绣都服饰有限公司。29. 浙江大丰实业有限公司。30. 安庆帝雅艺术品有限公司。31. 安徽演艺集团有限责任公司。32. 福建省时代华奥动漫有限公司。33. 厦门根深智业文化创意产业集团有限公司。34. 江西省东源投资发展有限公司。35. 江西婺源朱子实业有限公司。36. 山东金宝集团有限公司。37. 东平水浒旅游开发有限责任公司。38. 诸城中国龙城旅游投资有限责任公司。39. 禹州市神后镇孔家钧窑有限公司。40. 河南安绣文化产业有限公司。41. 宜昌金宝乐器制造有限公司。42. 武汉亿童文教发展有限公司。43. 湖北盛泰文化传媒有限公司。44. 湖南明和光电设备有限公司。45. 湖南金霞湘绣有限公司。46. 广州漫友文化科技发展有限公司。47. 广东奥飞动漫文化股份有限公司。48. 揭阳市阳美宝玉石有限公司。49. 深圳市灵狮文化产业投资有限公司。50. 海南三道圆融旅业有限公司。51. 三亚市天涯海角旅游发展有限公司。52. 广西榜样传媒集团有限公司。53. 重庆演艺集团有限责任公司。54. 重庆猪八戒网络有限公司。55. 四川天遂文化旅游集团有限公司。56. 贵州省雷山县西江千户苗寨旅游发展有限公司。57. 云南文化产业投资控股集团有限责任公司。58. 云南民族村有限责任公司。59. 陕西演艺集团有限公司。60. 西安长风数字文化科技有限公司。61. 甘南州羚城藏族文化科技开发有限责任公司。62. 兰州创意文化产业园有限公司。63. 肃南裕固族自治县祁连玉文化产业开发有限公司。64. 青海天地人缘文化旅游发展有限公司。65. 青海生物产业园开发建设有限公司（博物馆群）。66. 宁夏西夏城文化旅游开发有限公司。67. 宁夏新科动漫产业有限公司。68. 新疆卡尔罗媒体科技有限公司。69. 新疆德威龙文化传播有限公司。

资料来源：文化部文化产业司。

参 考 文 献

[1] [美] 戴维·S. 兰德斯（DAVID S. LANDS）著，门洪华，安增才，董素华，孙春霞译：《国富国穷（The Wealth and Poverty of Nations：Why Some Are So Rich and Some So Poor）》，北京：新华出版社2007年版。

[2] [美] 彭慕兰著，史建云译：《大分流：欧洲、中国及现代世界经济的发展（The Great Divergence：Europe, China, and the Making of the Modern World Economy）》，南京：江苏人民出版社2003年版。

[3] [英] G. L. 克拉克，[美] M. P. 费尔德曼，[加拿大] M. S. 格特勒等编，刘卫东，王缉慈，李小建，杜德斌等译：《牛津经济地理学手册（The oxford Handbook of Economic Geography）》，北京：商务印书馆2005年版。

[4] [英] 约翰·汤姆森著，郭英剑译：《全球化与文化》，南京：南京大学出版社2002年版，第4～10页。

[5] 曹鹏程：《国外文化产业面面观：日本发展动漫产业》，载于《人民日报》2006年6月5日。

[6] 常永新：《传媒集团公司治理》[M]. 北京：北京广播学院出版社2006年版。

[7] 陈飞，柳卫东：《提升文化软实力的战略意义》，载于《重庆科技学院学报（社会科学版）》，2009年第1期，第15～16页。

[8] 陈吉元，胡必亮：《当代中国的村庄经济与村庄文化》，太原：山西经济出版社1996年版，第1～57、235～254页。

[9] 陈江风：《中国传统文化导论》[M]. 北京：北京航空航天大学出版社2010年版。

[10] 陈平：《文明分岔、经济混沌和演化经济动力学》，北京：北京大学出版社2004年版。

[11] 程恩富：《文化经济学通论》[M]. 上海：上海财经大学出版社1995年版。

[12] 崔运武：《公共事业管理概论》北京：高等教育出版社2002年版。

参 考 文 献

[13] 大卫·索罗斯比著, 张维纶等译:《文化经济学》, 典藏艺术家庭出版社2003年版。

[14] 戴安娜·克兰:《文化社会学——浮现中的理论视野》, 南京大学出版社2006年版。

[15] 邓安球著:《文化产业发展研究》, 北京: 中国社会科学出版社2010年版。

[16] 邓显超:《提升我国文化软实力的机遇与挑战》, 长白学刊, 2009年第2期, 第144~147页。

[17] 丁文锋:《经济现代化模式研究》, 北京: 经济科学出版社2000年版, 第66~74页。

[18] 段水雯:《论文化全球化背景下国家文化软实力的提高》, 载于《内蒙古农业大学学报(社会科学版)》2008年第2期, 第127~128页。

[19] 范淑梅:《浅析文化区的经济意义》, 载于《锦州师范学院学报(哲社版)》2000年第22卷第2期, 第96~98页。

[20] 方家良. 文化经济学 [M]. 上海: 上海交通大学出版社1992年版。

[21] 方伟:《文化生产力》, 石家庄: 河北教育出版社2006年版, 第2~86页。

[22] 冈纳·缪尔达尔著, 谭文木, 张卫东译:《亚洲的戏剧》, 北京: 首都经济贸易大学出版社2001年版, 第42页。

[23] 高波, 张志鹏:《文化与经济发展: 一个文献述评》载于《江海学刊》2004年第1期, 第80~87页。

[24] 高波:《文化成本与地点竞争优势——对世界制造中心转移的文化经济学分析》, 载于《南京社会科学》2005年第11期, 第1~8页。

[25] 高波:《中国家族企业的成长文化约束与文化创新》, 载于《南京社会科学》2005年第3期, 第32~39页。

[26] 高放等主编:《社会科学学科大全》, 北京理工大学出版社1996年版, 第256页。

[27] 高鸿业主编:《西方经济学》, 中国人民大学出版社2011年版。

[28] 根据程沄主编的《江西苏区新闻史》(江西人民出版社, 1994年版)一书"附录"和赣州市图书馆保存的1993年版《赣州地区文化志第三篇》统计而成。

[29] 谷玉芬:《红色旅游与红色资源关系解析》, 载于《商业经济》2006年第3期, 第55~57页。

[30] 顾江编著:《文化产业经济学》南京大学出版社2007年版。

[31] 郭卫华:《儒家道德哲学对提高"文化软实力"的启示与回应》,载于《青海社会科学》2008年第1期,第136~138页。

[32] 何芳:《全球语境下的文化软实力》,载于《学术探索》2008年第1期,第72~75页。

[33] 何洪兵:《国家文化软实力中的文化资源研究——基于他国受众需要视角》,载于《四川大学学报(哲学社会科学版)》2013年第2期,第55~62页。

[34] 何星亮:《"保护"与"创新"、"引进"与"输出"相结合,大力提升文化软实力》,载于《湖北民族学院学报(哲学社会科学版)》2008年第3期,第24~28页。

[35] 洪晓楠、邱金英、林丹:《国家文化软实力的构成要素与提升战略》,载于《江海学刊》,2013年1月,第202~207页。

[36] 胡惠林:《文化经济学》,上海文艺出版社2003年版。

[37] 胡惠林主编:《文化产业概论》,云南大学出版社2005年版。

[38] 胡健:《文化软实力研究:中国的视角》,载于《社会科学》2011年第5期,第4~13页。

[39] 胡锦涛在纪念中央革命根据地创建暨中华苏维埃共和国临时中央政府成立七十周年座谈会上的讲话,2001年10月,《巍巍丰碑》,北京:中央文献出版社2003年版,第62~65页。

[40] 黄仁宇:《中国大历史——万历十五年(1587: A Year of No Significance)》,北京:生活·读书·新知三联书店1997年版,第1~6页。

[41] 贾磊磊:《中国文化软实力提升的策略与路径》,载于《东岳丛论》,2012年1月第1期,第41~45页。

[42] 江凌:《中国文化软实力建设的十个问题——基于中美文化软实力比较的视角》,载于《福建论坛(人文社会科学版)》2012年第6期,第105~112页。

[43] 江西省、福建省文化厅革命文化史料征集委员会编:《中央苏区革命文化史料汇编》,江西人民出版社1994年版,第60~62页。

[44] 蒋晓丽:全球化背景下中国文化产业论[M].成都:四川大学出版社2006年版。

[45] 景中强:《马克思的社会生产理论与唯物史观》,载于《河南大学学报(社会科学版)》1996年第3期。

参 考 文 献

[46] 李彬：《提升国家文化软实力——全面发展的一个新视域》，载于《前沿》2008年第5期，第173~175页。

[47] 李金才：《论建设社会主义核心价值体系在国家文化软实力中的地位和作用》，载于《南方论刊》2008年第9期，第9~10页。

[48] 李鹏程：《当代西方文化研究新词典》，吉林人民出版社2003年版，第307页。

[49] 李勤德：《中国区域文化》，山西高校联合出版社1995年版，第11、13页。

[50] 李勤德：《中国区域文化简论》，载于《宁波大学学报（人文科学版）》第8卷第1期，第45页。

[51] 李思屈、李涛：《文化产业概论》，浙江大学出版社2008年版，第55页。

[52] 李小建：《经济地理学》，高等教育出版社2006年版，第372~375页。

[53] 李小建、乔家君：《20世纪90年代中国县际经济差异的空间分析》，载于《地理学报》2001年第56卷第2期，第136~145页。

[54] 李小牧、李嘉珊：《国际文化贸易：关于概念的综述和辨析》，载于《国际贸易》2007年第2期，第43~46页。

[55] 李智：《软实力的实现与中国对外传播战略——兼与阎学通先生商榷》，载于《现代国际关系》2008年第7期，第54~58页。

[56] 李宗桂、张倩：《"三元"并举提升文化软实力》，载于《岭南学刊》2008年第3期，第111~115页。

[57] 联合国教科文组织编，关世杰等译：《世界文化报告——文化的多样性、冲突与多元共存（2000）》，北京大学出版社2002年版，第3~10、100页。

[58] 梁碧波：《文化经济学：两种不同的演进路径》，载于《学术交流》2010年第6期。

[59] 林凌：《东南沿海经济起飞的历史文化因素》，载于《中华文化论坛》1996年第2期，第10~16页。

[60] 林毅夫：《经济发展与转型——思潮、战略与自生能力》，北京：北京大学出版社2008年版，第5、12、95页。

[61] 凌步机：《论苏区精神》，载于《中国井冈山干部学院学报》2006第6期，第25~27页。

[62] 刘德斌：《"软权力"说的由来与发展》，载于《吉林大学社会科学学

报》2004 年 7 月第 4 期, 第 55～62 页。

[63] 刘凤义:《新制度学派与马克思主义经济学: 关于企业理论方法论的比较》政治经济学评论, 中国人民大学出版社 2004 年版。

[64] 刘洪顺:《关于国家文化软实力的几点思考》, 载于《理论学刊》2008 年 1 月第 1 期总第 167 期, 第 14～17 页。

[65] 刘吉发、陈怀平:《文化产业学导论》. 北京: 首都经济贸易大学出版社 2010 年版。

[66] 刘洁、杨连生、杨建华:《和谐社会视角下文化软实力及其构建》, 载于《武汉理工大学学报(社会科学版)》2008 年 6 月第 3 期, 第 399～403 页。

[67] 刘志华、刘慧:《文化软实力研究: 国外经验及借鉴》, 载于《济南大学学报(社会科学版)》2008 年第 4 期, 第 15～19 页。

[68] 刘忠:POD:《出版业创新的"优生儿"》, 载于《中华读书报》2006 年第 8 期。

[69] 陆梅林选编:《西方马克思主义美学文选》, 漓江出版社 1988 年版, 第 612、613 页。

[70] 吕继光:《中国传统体育文化概论》, 内蒙古教育出版社 2000 年版, 第 6～10 页。

[71] 吕拉昌、魏也华:《新经济地理学中的制度转向与区域发展》, 载于《经济地理》2005 年第 25 卷, 第 4、437～441 页。

[72] 罗宾斯:《经济科学的性质和意义》, 商务印书馆 2000 年版, 第 58、59 页。

[73] 马克思:《1844 年经济学哲学手稿》, 人民出版社 1984 年版, 第 53 页。

[74]《马克思恩格斯全集》, 人民出版社 1979 年版。

[75]《马克思恩格斯文集》, 人民出版社 2009 年版。

[76] 马克思《〈政治经济学批判〉导言》,《马克思恩格斯选集》第 2 卷, 人民出版社 1995 年版, 人民出版社 1995 年版, 第 8、9 页。

[77] 马克思《资本论》第 2 卷, 人民出版社 1975 年 6 月版。

[78] 马克思《资本论》第 1 卷上册, 人民出版社 1975 年 6 月版。

[79] 马克思《资本论》第 3 卷上册, 人民出版社 1975 年 6 月版, 第 276 页。

[80] 马克斯·韦伯著, 彭强, 黄晓京译:《新教伦理与资本主义精神》, 西安: 陕西师范大学出版社 2002 年版, 第 174 页。

参考文献

[81] 马勇：《近代中国文化诸问题》（增订本），东方出版中心2008年版，第332页。

[82] 孟淑媛：《提高我国文化软实力之管见》，载于《安徽商贸职业技术学院学报》2008年第2期第7卷总第26期，第75～77页。

[83] 孟召宜：《文化观念与区域可持续发展》载于《人文地理》2002年第4期，第74～77页。

[84] 苗长虹：《变革中的西方经济地理学：制度、文化、关系与尺度转向》，载于《人文地理》2004年第4期，第69～77页。

[85] 苗长虹：《马歇尔产业区理论的复兴及其理论意义》，载于《地域研究与开发》2004年第23卷第1期，第1～6页。

[86] 苗长虹、王兵：《文化转向：经济地理学研究的一个新方向》，载于《经济地理》2003年第5期，第577～581页。

[87] 倪鹏飞主编：《中国城市竞争力报告（推销：让中国城市沸腾）》，北京：社会科学文献出版社2003年版，第64～65页。

[89] 宁向东：《公司治理理论（第二版）》，北京：中国发展出版社2006年版。

[89] 庞效民：《90年西方经济地理学的文化研究趋向评述》，载于《经济地理》2000年第20卷第3期，第6～8页。

[90] 彭小兰：《文化强国战略与中国文化软实力提升》，载于《华南理工大学学报》（社会科学版），2013年4月第2期，第94～97页。

[91] 漆捷、李英姿：《文化在区域经济中的整合功能——以山西区域经济发展为例》，载于《中共山西省委党校学报》2005年第28卷第5期，第34～36页。

[92] 渠爱雪、孟召宜：《区域文化递进创新与区域经济持续发展》，载于《经济地理》2004年第24卷第2期，第149～153页。

[93] 萨缪尔森、诺德豪斯合著：《经济学》第12版中译本上册，中国发展出版社1992年3月版，第39页。

[94] 萨缪尔森、诺德豪斯合著：《经济学》第12版中译本上册，中国发展出版社1992年3月版，第963页。

[95] 萨伊：《政治经济学概论》，商务印书馆1963年版，第938页。

[96] 塞缪尔·亨廷顿、劳伦斯·哈里森：《文化的重要作用——价值观如何影响人类进步》，北京：新华出版社2002年版，第1～24、27～125页。

[97] 沈全芳、范汉熙：《文化经济学研究新进展》，载于《经济学动态》

2010年第6期。

[98] 孙明山：《文化市场指南》，沈阳：沈阳出版社1989年版。

[99] 孙锐、陈鑫：《从提高国家软实力的战略高度来看文化建设》，载于《昆明冶金高等专科学校学报》，2008年3月第24卷第2期，第4~7页。

[100] 孙西辉：《论加快中国文化软实力建设的重大意义》，载于《山东商业职业技术学院学报》2009年6月，第9卷第3期，第112~115页。

[101] 孙希有：《经济发展的人文向度——面向21世纪的中国市场经济转型与文化转型》，吉林大学博士学位论文2004年，第131~135页。

[102] 塔伯里尼（Tabellini，2005）对文化影响欧洲地区经济发展的研究成果。

[103] 覃光广等主编：《文化学辞典》，中央民族学院出版社1988年版，第50页。

[104] 汪丁丁：《市场经济与道德基础》，世纪出版集团、上海人民出版社2007年版，第6、92页。

[105] 王广军：《论加强国家文化软实力建设》，载于《理论界》，2009年1月，第156~158页。

[106] 王海文：《文化产业经济学》，北京：高等教育出版社2013年版。

[107] 王恒富：《文化经济学论稿》，北京：人民出版社1995年版。

[108] 王沪宁：《作为国家实力的文化：软权力》，载于《复旦学报》（社会科学版），1993年第3期，第91~96页。

[109] 王克婴：《中国文化传统、社会变迁与人的全面发展》，天津人民出版社2007年版。

[110] 王伟：《传媒作为诠释的世界——主体间性语境中的传媒文化构建》，载于《成都理工大学学报（社会科学版）》2011年第2期，第38~40页。

[111] 王效民：《文化差异对地区经济的不同影响》，载于《生产力研究》1998年第2期，第56~58页。

[112] 王新兰：《现代公司治理结构的理论与实践》，甘肃人民出版社2006年版。

[113] 王燕：《从经济文化一体化发展的新维度看文化对经济的影响》，载于《长白学刊》2000年第5期，第94~95页。

[114] 王玉印：《文化产业学》，郑州：中原农民出版社1994年版。

[115] 魏恩政、张锦：《关于文化软实力的几点认识和思考》，载于《理论学刊》2009年3月第3期总第181期，第13~17页。

参 考 文 献

[116] 魏后凯：《现代区域经济学》，北京：经济管理出版社2006年版，第25~30页。

[117] 吴桂韩：《中共十七大以来国家文化软实力研究述评》，载于《中共党史研究》2012年第6期，第94~103页。

[118] 吴铁传：《文化软实力概念解析》，载于《济南大学学报》（社会科学版），2013年第1期，第8~15页。

[119] 吴铁传：《我国文化"软实力"存在问题及提升路径探析》，载于《理论前沿》，2009年第7期，第42~43页。

[120] 夏之明、邹征华：《红色印迹——赣南苏区标语漫画选》，文物出版社2006年版，第32~35页。

[121] 夏紫晶、梁林炼：《论地域文化对区域经济发展的影响——以壮乡文化为例》，载于《经济视角》2010年第6期，第15~17页。

[122] 肖运来：《我国油料作物生产的区域比较优势及效率分析》，中国农业科学院，2002。

[123] 谢立中、孙立平：《二十世纪西方现代化理论文选》，上海三联书店2002年版，第591~633页。

[124] 谢雪屏：《文化软实力竞争：关注中国国家文化安全》，福建师范大学学报（哲学社会科学版），2008年第5期总第152期，第1~5页。

[125] 新疆维吾尔自治区对外文化交流协会主编：《维吾尔族民俗文化》，乌鲁木齐：新疆美术摄影出版社、新疆电子音像出版社出版2006年版，第50~52页。

[126] 熊澄宇著：《世界文化产业研究》，清华大学出版社2012年版。

[127] 徐可纯：《和谐文化建设是提高国家文化软实力的根本途径》，载于《经济与社会发展》，2008年4月第4期，第162~165页。

[128] 闫顺利，王雪：《传媒时代文化诉求的后现代意蕴》，载于《成都理工大学学报（社会科学版）》2008年第3期，第25~26页。

[129] 杨承志：《现代化进程中文化——经济协调发展及其管理创新》，南京农业大学博士论文2001年，第1~2页。

[130] 杨继瑞、郝康理等著：《文化经济论：基于成都市文化产业及文化事业对社会经济发展贡献的研究》，西南财经大学出版社2007年版，第33~36页。

[131] 叶朗主编：《中国文化产业年度发展报告（2012）》，北京大学出版社2012年版。

区域文化经济论

[132] 叶小青：《和平发展视阈中的中国文化软实力建构》，载于《长白学刊》，2009 年第 2 期总第 147 期，第 145～148 页。

[133] 尹伯成主编：《西方经济学简明教程》，格致出版社 2011 年版。

[134] 有英：《中国文化软实力建设评述》，载于《实事求是》2008 年第 2 期，第 76～78 页。

[135] 于潇著：《美日公司治理结构比较研究》，中国社会科学出版社 2003 年版。

[136] 于盈：《约瑟夫·奈：从"软实力"到"巧实力"》，载于《南风窗》2009 年第 13 期，第 28～31 页。

[137] 约翰·费斯克等编撰《关键概念：传播与文化研究辞典》李彬译注，新华出版社 2004 年版，第 68、69 页。

[138] 曾海涛、申细花：《浅析提高文化软实力的途径与意义——对葛兰西、哈贝马斯、阿尔都塞相关理论的借鉴》，载于《山西高等学校社会科学学报》2008 年 9 月第 20 卷第 9 期，第 23～25 页。

[139] 张敦富等：《知识经济与区域经济》，中国轻工业出版社 2000 年版，第 53 页。

[140] 张娜、杨亚萌：《我国文化软实力研究述评》，载于《河北大学学报（哲学社会科学版）》2013 年 3 月第 2 期，第 156～158 页。

[141] 张晓明、胡慧林、章建刚主编：《2008 年中国文化产业发展报告》，社会科学文献出版社 2008 年版，第 322、341 页。

[142] 张佑林、陈朝霞：《区域文化精神与区域经济发展的理性思考——兼论"浙江工业化模式"的形成机理》，载于《浙江社会科学》2005 年第 3 期，第 13～18 页。

[143] 张玉芝：《国内学者关于软权力的研究综述》，载于《承德民族师专学报》2007 年 3 月第 27 卷第 1 期，第 65～67 页。

[144] 张寨：《国际服务贸易与国际文化服务贸易之辨析》，载于《江南大学学报》，2011 年 10 第 2 期，第 71～77 页。

[145] 张志安：《媒介营销案例分析》，华夏出版社 2004 年版。

[146] 赵荣等编著：《人文地理学》，高等教育出版社 2006 年版，第 26～28、399～412 页。

[147] 赵英臣、刘光辉：《软实力时代的民族文化发展思考》，载于《泰山学院学报》，2009 年 3 月第 2 期，第 46～49 页。

[148] 赵勇、白永秀：《知识溢出：一个文献综述》，载于《经济研究》

参考文献

2009年第1期，第144～156页。

[149] 中国商务研究网：我国居民文化消费状况分析，2012年第12期。

[150] 周升起：《中国文化贸易研究进展述评》，载于《国际贸易问题》，2013年第1期，第117～130页。

[151] 周振鹤：《中国历史上自然区域、行政区划与文化区域相互关系管窥》，《历史地理》第十九辑，上海人民出版社2003年版，第1页。

[152] 朱国传：《区域文化与经济发展——析淮阴市经济落后的文化地理因素》，载于《地理研究》1995年第1期，第85～93页。

[153] 朱静雯：《中国出版企业集团发展研究》，辽宁人民出版社2005年版。

[154] 朱立元主编：《二十世纪西方美学经典文本》第3卷，复旦大学出版社2001年版，第241页。

[155] 祝影：《中国城乡经济发展差异的文化探析》，载于《探索》2003年第3期，第115～117页。

[156] 左惠：《文化产品供给论——文化产业发展的经济学分析》，经济科学出版社2009年版。

[157] Granovetter M. (1985). Economic action and social structure: the problem of embeddedness. American Journal of Sociology 91, 481–510.

[158] Schulze Günter G., Schuster J., "Mark, Editorial", Journal of Cultural Economics, 2005 (2).

[159] Becattini G, 1991. The industrial district as a creative milieu, In industrial change and regional development edited by Benko G and Dunford M, London: Belhaven, 102–114.

[160] Storper, M. The regional world: territorial development in a global economy [M]. New York: Guilford press, 1997: 1–27.

[161] A. DEFFNER DKaYPE. Culture and Regional Economic Development in Europe: Cultural Political and Social Perspectives. University of Thessaly Press, Volvos (2003) pp. 470.

[162] ChrisGibsonandLilyKong. Cultural economy: a critical review, Progress in Human Geography 29, 5 (2005) pp. 541–561.

[163] A S. The dialectic of culture and economy [A]. Lee R and Wills J (eds) Geographies of Economies [C]. London: Arnold 1997: 27–36.

[164] Box. TNPs. Cultural Geographies of Economies [A]. In Clark G. L.,

Feldman M. R. , Gertler M. S. eds. The oxford Handbook of Economic Geography [C]. Oxford University Press. 2000. 689 – 704.

[165] LRaWJ. Geographies of Economies [M]. London: Arnold: 1997: xvii.